Andrea Ca

Gli arancini di Montalbano

COLLANA: GRANDI AUTORI
Andrea Camilleri
n. 2 - GLI ARANCINI DI MONTALBANO

Prima Edizione : Giugno 2016

EDIZIONI
Via Vincenzo Monti n. 8
20123 MILANO
etcedizioni@gmail.com

La prova generale

La nottata era proprio tinta, botte di vento arraggiate si alternavano a rapide passate d'acqua tanto malintenzionate che parevano volessero infilzare i tetti. Montalbano era tornato a casa da poco, stanco perché il travaglio della jornata era stato duro e soprattutto faticante per la testa. Raprì la porta-finestra che dava sulla verandma: il mare si era mangiato la spiaggia e quasi toccava la casa. No, non era proprio cosa, l'unica era farsi una doccia e andarsi a corcare con un libro. Sì, ma quale? A eleggere il libro col quale avrebbe passato la notte condividendo il letto e gli ultimi pinsèri era macari capace di perderci un'orata. Per prima cosa, c'era la scelta del genere, il più adatto all'umore della serata. Un saggio storico sui fatti del secolo? Andiamoci piano: con tutti i revisionismi di moda, capitava che t'imbattevi in uno che ti veniva a contare che Hitler era stato in realtà uno pagato dagli ebrei per farli diventare delle vittime compatite in tutto il mondo. Allora ti pigliava il nirbùso e non chiudevi occhio. Un giallo? Sì, ma di che tipo? Forse era indicato per l'occasione uno di quelli inglesi, preferibilmente scritti da una fimmina, tutto fatto di intrecciati stati d'animo che però dopo tre pagine ti fanno stuffare. Allungò la mano per pigliarne uno che non aveva ancora letto e in quel momento il telefono sonò. Cristo! Si era scordato di telefonare a Livia, certamente era lei che chiamava, preoccupata. Sollevò il ricevitore.

«Pronto? È la casa del commissario Montalbano?»

«Sì, chi parla?»

«Genco Orazio sono.»

E che voleva Orazio Genco, quasi settantenne ladro di case? A Montalbano quel ladro che in vita sua non aveva mai fatto un gesto violento stava simpatico e l'altro questa simpatia la sentiva.

«Che c'è, Orà?»

«Ci de vo parlari, dottore.»

«E cosa seria?

«Dottore, non ce lo saccio spiegare. È una cosa stramma, che non mi persuade. Ma vossia è meglio se la sa.»

«Vuoi venire a casa mia?»
«Sissi.»
«E come vieni?»
«Con la bicicletta.»
«Con la bicicletta? A parte che ti pigli una purmonia, tu arrivi qua che è già matino.»
«E allora come facciamo?»
«Da dove mi stai chiamando?»
«Dalla gabina che c'è vicino al monumento ai caduti.»
«Aspettami lì, almeno ti ripari. Piglio la macchina e tra un quarto d'ora arrivo. Aspettami.»
Arrivò con tanticchia di ritardo sul previsto perché prima di nèsciri aveva avuto una bella pensata: riempire un thermos di caffè bollente. Assittato allato al commissario dintra la macchina, Orazio Genco se ne scolò un intero bicchiere di plastica.
«Di freddo mi ero pigliato.» Fece schioccare la lingua, beato.
«E ora ci vorrebbe una bella sigaretta.»
Montalbano gli prui il pacchetto, gliela accese.
«Serve altro? Orà, m'hai fatto correre fino a qua perché avevi gana di un cafè e di una sigaretta?»
«Commissà, stanotte ero andato ad arrubbare.»
«E io t'arresto.»
«Commissà, dico meglio: stanotte avevo intinzioni diandare ad arrubbare.»
«Hai cangiato idea?»
«Sissi.»
«E perché?»
«Ora ce lo conto. Fino a qualche anno passato io travagliavo nelle villette a ripa di mare, quando i proprietari se ne andavano perché veniva il malottempo. Ora le cose sono cangiate.»
«In che senso?»
«Nel senso che le villette non sono più disabitate. Ora

la gente ci sta macari d'inverno, tanto con l'automobilevanno dove vogliono. E accussi pi mia è diventato lo stesso arrubbare in paisi o nelle villette.»
«Stanotte dove sei andato?»
«In paisi, qua. Vossia conosce l'officina meccanica che arripara macchine di Giugiù Loreto?»
«Quella sulla strata per Villaseta? Sì.»
«Propio sopra all'officina ci stanno due appartamenti.»
«Ma quelle sono case di povirazzi! Che ci arrobbi?
Un televisore scassato in bianco e nero?»
«Commissà, mi perdonasse. Ma lo sa chi ci abita in uno dei due appartamenti? Tanino Bracceri, ci abita.
Che vossia certamente conosce.»
Altro se lo conosceva, a Tanino Bracceri! Un cinquantino fatto solo di cento chili di merda e di lardoràncido che a suo confronto un maiale ingrassato per essere scannato pareva un figurino, un indossatore di moda. Un usuraio osceno che si diceva si facesse pagare qualche volta in natura, picciliddri o picciliddre, il sesso non aveva importanza, disgraziati figli delle sue vittime. Montalbano non era mai arrinisciuto a metterci sopra la mano, cosa che avrebbe fatto con soddisfazione, ma non c'erano mai state precise denunzie. L'idea ch'era venuta a Orazio Genco di andare ad arrubbare in casa di Tanino Bracceri ebbe l'incondizionata approvazione del tutore dell'ordine e della legge commissario Montalbano dottor Salvo.
«E perché non l'hai fatto? Se lo facevi, capace che non t'arrestavo.»
«Io sapevo che Tanino va a dormiri ogni sera alle dieci spaccate. Nell'altro appartamento, sullo stesso pianerottolo, ci abita una coppia di vecchi che non si vedono mai strata strata. Fanno vita ritirata. Due pensionati, marito e mogliere. Di Giovanni, si chiamano. Io perciò andavo sicuro, macari perché sapevo che Tanino s'intolla di sonniferi per pigliare sonno. Arrivai davanti all'officina meccanica, aspettai tanticchia, con questo tempo non passava anima criata, raprii il portone allato all'officina e in un attimo trasii. La scala era allo scuro. Ad-drumai la pila e acchianai a lèggio a

lèggio. Sul pianerottolo tirai fora gli attrezzi. E m'addunai che la porta dei Di Giovanni era solo accostata. Pinsai che i due vecchi si fossero scordati di chiuderla. La facenna mi preoccupava, con la porta aperta capace che quelli potevano sentire qualche rumorata. Allora m'accostai alla porta, avevo pinsato di chiuderla adascio. Sulla porta c'era appizzato un foglio di carta, mi parse un pizzino come quelli che c'è scritto "torno subito" o cose accussì.»

«E invece su quello che c'era scritto?»

«Ora non mi ricordo. Mi viene in testa una sola parola: generale.»

«Lui, quello che abita lì, Di Giovanni, è un generale?»

«Non lo saccio, è possibile.»

«Vai avanti.»

«Feci per chiuderla adascio adascio, ma la tentazione di una porta mezza aperta era troppo forte. L'anticammara era allo scuro, come puro la càmmara di mangiare e di stare. Invece nella càmmara di dormiri c'era luce. M'avvicinai alla porta e mi pigliò un colpo. Sopra il letto matrimoniale, vestita di tutto punto, c'era una fimmina morta, un'anziana.»

«Come hai fatto a capire ch'era morta?»

«Commissà, quella teneva le mani sul petto e le avevano arravugliàto un rosario tra le dita e doppo le avevano messo un fazzoletto annodato sulla testa per tenerle ferma la bocca. Aveva gli occhi chiusi. Ma il meglio deve ancora venire. Ai piedi del letto c'era una seggia e assittato sopra un omo che mi voltava le spalle. Chiangiva, povirazzo. Doveva essere il marito.»

«Orà, sei stato scalognato, che ci vuoi fare? Quello stava a vegliare la mogliere morta.»

«Certo. Però, a un certo punto, pigliò una cosa che evidentemente teneva sopra le gambe e se la puntò alla testa. Un revòrbaro era, commissario.»

«Oddio. E tu che hai fatto?»

«Fortunatamente, mentre io non sapevo come pensar mela, l'omo parse pentirsi, lasciò ricadere il braccio coll'arma, forse all'ultimo momento gli era mancato il coraggio. Allora caminai all'indietro

senza farmi sentiri, tornai nell'anticammara e niscii dalla casa, sbattendo forte la porta che parse una cannonata. Accussì per qualche tempo gli passava il pinsèro d'ammazzarsi. E ho telefonato a vossia.»
Montalbano non parlò subito, si mise a riflettere. Probabilmente a quell'ora il vedovo si era già sparato. Oppure stava ancora lì, combattuto tra il restare in vita e il chiamarsene fora. Pigliò una decisione. Mise in moto.
«Dove andiamo?» spiò Orazio Genco.
«Al garage di Giugiù Loreto. Dove hai lasciato la bicicletta?»
«Non si preoccupasse, è incatenata a un palo.»
Davanti al garage, Montalbano fermò.
«L'hai chiuso tu il portone?»
«Sissi, quanno sono venuto a telefonarle.»
«Ti pare che filtra luce dalle finestre?»
«Non mi pare.»
«Stammi a sentire, Orà: tu scendi, rapri il portone, trasi e vai a vedere che succede in quella casa. Non ti fare sentiri, qualisiasi cosa che vedi.»
«E vossia?»
«Ti faccio da palo.» A forza di ridere, a Orazio gli pigliò un attacco di tosse. Quanno si fu calmato, scinnì dall'auto, traversò la strata, raprì in un secondo il portone d'ingresso, lo richiuse alle sue spalle. Non pioveva più, ma in compenso il vento si era inforzato. Il commissario s'addrumò una sigaretta. Doppo manco dieci minuti riapparse Orazio Genco, richiuse il portone, traversò la strata di corsa, aprì lo sportello, trasì. Tremava, ma non per il freddo.
«Andiamo via.» Montalbano ubbidì.
«Che hai?»
«Assà mi scantai.»
«E parla!»
«Trovai la porta chiusa, la raprii e...»
«Il foglio di carta c'era ancora?»

«Sissi. Trasii. Tutto era come prima, la luce nella càmmara diletto c'era sempre. M'avvicinai... Commissà, la morta non era morta!»
«Ma che dici?!»
«Quello che sto dicendo. Il morto era lui, il generale.
Stinnicchiato sul letto com'era prima so' mogliere, il rosario, il fazzoletto.»
«Hai visto sangue?»
«Nonsi, la faccia del morto mi parse pulita.»
«E la mogliere, l'ex morta, che faceva?»
«Stava assittata sulla seggia ai pedi del letto e si puntava una pistola in testa, chiangendo.»
«Orà, tu non stai babbiando, vero?»
«Commissà, che ragione avrei?»
«Dai che ti riaccompagno a casa. Lascia perdere la bicicletta, fa freddo.»
Sono liberi due anziani signori, marito e mogliere, di fare la notte a casa loro quello che gli passa per la testa? Travestirsi da indiani, camminare a quattro zampe, appendersi al soffitto a testa in giù? Certamente lo sono. E allora? Se Orazio Genco non si fosse pigliato di scrupolo, lui di tutta questa storia non ne avrebbe saputo niente e avrebbe dormito sireno e tranquillo quelle tre ore di sonno che gli restavano invece di votarsi e rivotarsi nel letto come ora stava facendo, santiando e addiventando sempre più nirbùso. Non c'era verso: lui si comportava davanti a una facenna che non quatrava come Orazio Genco davanti a una porta semiaperta, doveva entrarci dintra, scoprire i perché e i percome. Che veniva a significare quella specie di cerimonia?
«Fazio! Subito da me di corsa!» fece Montalbano trasendo in ufficio.
La matinata era peggio della nottata, accupùsa e fredda.
«Dottore, Fazio non c'è» disse Gallo appresentandosi.
«E dov'è?»
«Stanotte ci fu una sparatoria, hanno ammazzato a uno dei Sinagra. Era previsto, lo sa com'è: una volta uno di una famiglia, la volta appresso uno dell'altra famiglia.»

«Augello è con Fazio?»
«Sissi. Qui ci siamo io, Galluzzo e Catarella.»
«Senti, Gallo, tu lo sai dov'è il garage di Giugiù Logeto?»
«Sissignore.»
«Sopra al garage ci sono due appartamenti. In uno ci abita Tanino Bracceri, nell'altro una coppia di anziani. Voglio sapere tutto di loro. Vai subito.»
«Dunque, dottore. Lui si chiama Di Giovanni Andrea, anni ottantaquattro, pensionato, nativo di Vigàta. Lei invece Zaccaria Emanuela, nata a Roma, ottantadue anni, pensionata. Non hanno figli. Fanno vita ritirata, ma non devono passarsela male male, in quanto tutto lo stabile è di proprietà del Di Giovanni, glielo lasciò in eredità suo padre. Ha venduto l'appartamento a Tanino Bracceri, ma si è tenuto quello dove abita e l'officina che affitta a Giugiù Loreto. Prima abitavano a Roma, da una quindicina d'anni si sono trasferiti qua.»
«Lui era un generale?»
«Chi?»
«Come, chi? Questo Di Giovanni, era un generale?»
«Ma quanno mai! Erano attori, tanto il marito quanto la mogliere. Giugiù m'ha detto che il salotto è tutto pieno di fotografie di teatro e di cinema. Hanno contato a Giugiù che hanno travagliato con i più grossi attori, ma sempre come, aspettasse che tallo che me lo sono scritto, ecco, caratteristi.»
Evidentemente si mantenevano in esercizio. Oppure si ripassavano vecchie scene recitate chissà quando. Forse ripetevano la scena che aveva avuto maggior successo in tutta la loro carriera, quella dove avevano avuto più applausi... Eh, no. Non poteva essere: lo scambio delle parti non aveva senso. Una spiegazione però doveva esserci e Montalbano voleva averla. Quando incornava su una cosa, non c'erano santi. Doveva trovare una scusa per parlare con i signori Di Giovanni. La porta sbatté violentemente contro il muro, il commissario sobbalzò e a stento trattenne una travolgente voglia d'omicidio.

«Catarè, ti ho detto mille volte...»
«Domando pirdonanza, dottori, ma la mano mi scappò.»
«Che c'è?»
«Dottori, c'è Genico Orazio, il latro, ca dice ca ci voli parlari pirsonalmenti di pirsona. Capace che si vole costituzionare.»
«Costituire, Catarè. Fallo passare.»
«Lo sapi che stanotte non ci ho dormito?» fece Orazio Genco trasendo.
«Manco io, se è per questo. Che vuoi?»
«Commissà, una mezzorata fa stavo pigliando un cafè con un amico che l'Arma ha arrestato e che si è fatto tre anni di càrzaro. E mi diceva: "Senza prove m'hanno messo dintra! Senza prove!". Allura questa parola, `prove", m'ha fatto venire in mente quello che c'era sul foglio impiccicato nella porta dei due vecchi. C'era scritto, ora me l'arricordo preciso: "Prova generale". Per questo pinsai che forse lui era un generale.» Ringraziò Orazio Genco che se ne andò. Doppo tanticchia comparve Fazio.
«Dottore, stamattina m'ha cercato?»
«Sì. Eri andato con Mimì per quell'omicidio. Ma io vorrei sapere solo una cosa: come mai nè tu né il dottor Augello non vi siete degnati d'avvertirmi che c'era un morto?»
«Dottore, ma che dice? Lo sa quante volte abbiamo chiamato a casa sua, a Marinella? Ma lei non ha mai risposto. Che aveva, il telefono staccato?»
No, non aveva il telefono staccato. Era fora di casa, a fare il palo a un ladro.
«Parlami di quest'ammazzatina, Fazio.» Il morto ammazzato lo tenne occupato fino alle cinque del doppopranzo. Poi la facenna dei Di Giovanni gli tornò a mente di colpo. E lo preoccupò. Quelli, sul-
la porta, avevano scritto che stavano facendo una prova generale. Il che veniva a significare che il giorno dopo ci sarebbe stato lo spettacolo. Che cos'era, per i Di Giovanni, lo spettacolo? Forse l'attuazione di quello che avevano provato la notte avanti, vale a

dire unamorte e un suicidio veri? Si squietò, afferrò l'elenco telefonico.
«Pronto, casa Di Giovanni? Il commissario Montalbano sono.»
«Sì, sono Andrea Di Giovanni, mi dica.»
«Avrei bisogno di parlarle.»
«Ma lei che commissario è?»
«Di polizia.»
«Ah. E che vuole la polizia da me?»
«Assolutamente niente d'importante. Si tratta di una curiosità mia, tutta personale.»
«E che è questa curiosità?» E qui gli venne l'idea.
«Ho saputo, del tutto casualmente, che voi due siete stati attori.»
«E vero.»
«Ecco, io sono un appassionato di teatro e di cinema. Vorrei sapere...»
«Sia il benvenuto, commissario. In questo paese non c'è uno, dico uno, che ne capisca di teatro.»
«Tra un'ora al massimo sono da voi, va bene?»
«Quando vuole.»
Lei pareva un aceddruzzo implume caduto dal nido, lui una specie di cane San Bernardo spelato e mezzo cieco. La casa specchiava, un ordine perfetto. Lo fecero assittare su una poltroncina, loro invece si misero vicini vicini sul divano, la posizione consueta di quando ta-
liàvano la televisione che stava di fronte. Montalbano appizzò gli occhi su una delle cento fotografie che co- privano le pareti e disse: «Ma quello non è Ruggero Ruggeri nel Piacere dell'onestà di Pirandello?». E da quel momento fu come una valanga di nomi e titoli: Sem Benelli e La cena delle beffe, ancora Pirandello e i Sei personaggi in cerca d'autore, Ugo Betti e Corruzione a Palazzo di Giustizia, mescolati a Ruggeri, Ricci, Maltagliati, Cervi, Melnati, Viarisio, Besozzi... La cavalcata durò un'ora e passa, con Montalbano alla fine intronato e i due vecchi attori felici e ringiovaniti. Ci fu una pausa durante la quale il commissario volentieri accettò un bicchiere diwhisky, evidentemente accattato di prescia dal signor

Di Giovanni per l'occasione. Nella ripresa si parlò invece di cinema che i due vecchi non consideravano molto. Meno ancora la televisione:
«Ma lo vede, commissario, quello che trasmettono?
Canzonette e giochi. Quando fanno la prosa, a ogni morte di papa, ci viene da piangere.»
E ora, esaurito l'argomento spettacolo, per forza Montalbano doveva fare la domanda per la quale si era appresentato in quella casa.
«Ieri notte» disse sorridendo «ero qua.»
«Qua, dove?»
«Sul vostro pianerottolo. Ero stato chiamato dal signor Bracceri per una sua questione che poi si è rivelata senza importanza. La vostra porta era stata dimenticata aperta e mi sono permesso di chiuderla.»
«Ah, è stato lei.»
«Sì, e mi scuso d'aver fatto forse troppo rumore. C'era una cosa però che m'ha messo di curiosità. Sulla vostra porta, con una puntina da disegno, mi pare, c'era attaccato un foglio di carta con sopra scritto: prova generale.»
Sorrise, si diede un'ariata distratta.
«Cosa provavate di bello?» I due addiventarono seri di colpo, si avvicinarono ancora di più l'uno all'altra; con un gesto naturalissimo,ripetuto da migliaia di volte, si pigliarono per mano, si taliàrono. Poi Andrea Di Giovanni disse:
«La nostra morte, provavamo.»
E mentre Montalbano se ne stava impietrito, aggiunse:
«Ma quello non è un copione, purtroppo.»
E stavolta fu lei a parlare.
«Quando ci siamo maritati, io avevo diciannove anni e lui ventidue. Siamo stati sempre assieme, non abbiamo mai accettato scritture in due compagnie diverse e per questo, qualche volta, abbiamo fatto la fame. Poi, quando siamo diventati troppo vecchi per lavorare, ci siamo ritirati qua.»

Continuò lui.
«Da qualche tempo pativamo di malesseri. È l'età, ci dicevamo. Poi ci siamo fatti visitare. Abbiamo il cuore a pezzi. La separazione sarà improvvisa e inevitabile. Allora ci siamo messi a fare le prove. Chi se ne andrà per primo, non resterà solo nell'aldilà.»
«La grazia sarebbe di morire assieme, nello stesso momento» disse lei. «Ma è difficile che ci venga concessa.»
Si sbagliava. Otto mesi dopo Montalbano lesse due righe sul giornale. Lei era serenamente morta nel sonno e lui, accortosene al risveglio, si era precipitato al telefono per chiamare aiuto. Ma a mezza strata tra il letto e il telefono, il cuore aveva ceduto.
La pòvira Maria Castellino
«Parlo con Bonchidassa? Ah? Con Bonchidassa parlo?
Lei pirsonalmente di pirsona è dottori?»
«Sì, Catarè, io di pirsona sono.»
La voce di Catarella arrivava lontanissima, le parole si capivano appena.
«Da dove chiami?»
«Da dovi devo chiamari, dottori? Da Vigàta chiamo.»
«Sì, ma perché parli accussì?»
«Un fazzoletto in bocca mi misi, dottori.»
«E perché?»
«Per non fàrimi sentiri dagli altri. Fazio m'ha dato
priciso ordine di fari questa tilifonata solo a lei con lei.»
«Vabbè, dimmi.»
«Ci fu uno che ammazzò una bottana.»
«L'avete preso?»
«A chi?»
«A questo che ammazzò la buttana.»
«Nonsi, dottori, non sappiamo chi fu. Io dissi che fu
uno pirchì essendo che la bottana è morta strangoliata,
qualichiduno fu. E ragionato?»
«D'accordo. Ma che vuole Fazio da me?»

«Fazio dice che di questo sasinio il dottori Augellonon ci capisce. Capace che i carrabbinera ci arrivano prima di noi. Dice accussì se lei torna a Vigàta presto.
Anzi Fazio disse una cosa ca io non ce la posso dire.»
«E tu dilla lo stesso.»
«Disse accussì ca mentri noi ci troviamo nella merda, salvando la sua faccia, dottori, lei se la mina a Bonchidassa.»
«Vabbè, Catarè, riferisci a Fazio che tornerò prima che posso.»
All'invito di Fazio, oppose una resistenza che durò a malappena un'ora. Poi si vestì e niscì. Quando tornò a casa, aveva in sacchetta il biglietto dell'aereo per il giorno appresso, partenza a mezzogiorno.
Il temuto arrivo di Livia avvenne puntualmente alle diciotto. Appena lo vide, gli gettò le braccia al collo.
«Dio, Salvo, non sai che felicità è per me tornare e trovarti a casa!»
Quando glielo avrebbe detto che aveva deciso d'anticipare di due giorni la fine della vacanza a Boccadasse Genova? Prima o dopo cena? Scelse il dopocena, anche perché avevano stabilito d'andare a mangiare in un ristorante dove cucinavano il pesce come il pesce stesso addomandava d'essere cucinato. Proprio mentre aspet-
tavano il conto, Livia disse una cosa che Montalbano capì avrebbe peggiorato di molto la situazione.
«Sai, amore, domattina dovremo alzarci presto.»
«Perché?»
«Perché andiamo a passare la giornata a Laigueglia, in casa di una mia amica, Dora, che non conosci ma che ti piacerà sicuramente...»
«E dov'è Laigueglia?»
«Vicino Savona. Praticamente la spiaggia è una continuazione di quella di Alassio. Una delizia. E poi c'è un posto che si è comprato il norvegese...»
«Quale norvegese?»
«Quello che con una specie di zattera ha...»
«Thor Eyerdahl, il Kon-Tiki.»
«Quello. Si chiama Colla Micheri.»
«Chi?»

«Il villaggetto che si è comprato il norvegese. Che hai?»
«Io?»
«Sì, tu. Che hai?»
«Niente. Che devo avere?»
«Dai, Salvo. Lo sai come ti conosco. Tu non stai a sentirmi.»
Montalbano tirò un lungo respiro, come chi deve calarsi in apnea.
«Domani parto.»
Sul momento, Livia, pigliata a tradimento, continuò a sorridere.
«Ah, sì? E dove vai?»
«Torno a Vigàta.»
«Ma se avevi detto che restavi fino a lunedì» disse, mentre il sorriso le si astutava lentamente come un cerino.
«Il fatto è che...»
«Non me ne importa.»
Si susì, pigliò la borsetta, nisci dal ristorante. Il tempo di pagare il conto e Montalbano la seguì. La macchina di Livia non era più nel posteggio.
Tornò a casa in taxi e meno male che aveva un doppione delle chiavi perché, certo come la morte, Livia non gli avrebbe mai aperto. Come non gli raprì la porta della càmmara diletto e non rispose al suo chiamare.
Malinconicamente si spogliò e si corcò sul divano del saloncino. Non arrinisci ad appinnicarsi, stava ad arramazzarsi da un lato e dall'altro. Verso le cinco del matino sentì la porta della càmmara diletto che si rapriva e la voce di Livia:
«Vieni a letto, stronzo.»
Si precipitò. Tanticchia perché aveva voglia d'abbracciare la sua fimmina e tanticchia perché aveva desiderio di stinnicchiarsi comodamente.
«Perché sei tornato in anticipo?» gli spiò sospettoso Mimì Augello appena lo vide comparire in ufficio.
«Mah, sai, Livia non ha potuto dire di no a un'amica che l'aveva invitata a passare con lei il fine settimana, io non avevo gana e così... Che ci facevo solo a Boccadasse? Ci sono novità?»

«Non le sai?»
Mimì ancora si teneva al sospetto, la facenna dell'arrivo improvviso del suo capo non lo persuadeva.
«E chi me le doveva contare?»
Augello lo taliò, la faccia del commissario esprimeva la `nnuccenza di un picciliddro nunnàto.
«Hanno ammazzato una.»
«Quando?»
«Il giorno stisso che sei partito.»
«E chi era?»
«Una buttana. Di settant'anni.»
Lo sbalordimento di Montalbano fu autentico, tale da far perdere la diffidenza a Mimi.
«Una sittantina buttana? Stai babbiando?»
«Quando mai! Settant'anni e ancora travagliava. Una brava fimmina.»
«Spiegati meglio.»
«Si chiamava Maria Castellino, maritata, due figli
grandi.»
Montalbano si sentiva pigliato dai turchi.
«Che significa maritata?»
«Salvo, la parola non ha cambiato di significato nei tre jorna che te ne sei stato a Boccadasse. Significa sposata. E il marito lo conosci. È Serafino, quello che fa il cammarèri al bar Pistone.»
«Levami una curiosità. Serafino se l'è maritata prima o doppo che si era messa a fare la buttana?»
«Mentre. L'ha cominciata a frequentare come cliente,poi hanno scoperto d'essere inna.morati e si sono maritati. Un matrimonio felice. Hanno avuto due figli màscoli. Uno...»
«Aspetta. E questo Serafino, dopo il matrimonio, ha lasciato che la mogliere continuasse a fare quello che faceva?»
«Serafino m'ha detto che della cosa non hanno manco parlato. A tutti e due pareva naturale che la fimmina continuasse a travagliare.»

«Esercitava in casa, mentre il marito era fora?»
«Nossignore, Serafino dice che la loro era una casa onorata e rispettabile. Lei si era accattato un catojo in vicolo Gramegna, una stratuzza di quattro case, quasi incampagna. Il catojo, una cammaretta a piano terra che piglia aria da una finestrella allato alla porta, era pulitissimo. E non ti dico il bagno! Specchiante. Quanno la porta del catojo era aperta, veniva a dire che lei era libera, quanno invece era chiusa significava che aveva il cliente. La signora Gaudenzio dice che...»
«Aspetta. Chi è la signora Gaudenzio?»
«Una fimmina che abita al piano di sopra al catojo.»
«Buttana?»
«Ma no, Salvo! È una giovane trentina, matre di due picciliddri, uno di sette e l'altro di cinque anni, volevano molto bene alla morta, la chiamavano `a zà Maria.»
«Non divagare, Mimì. Che ti ha detto la signora Gaudenzio?»
«Che la Castellino, nelle belle giornate, s'assittava Su una seggia fora della porta, ma non ha mai dato scànnalo. Molto discreta, molto riservata.»
«Ma come faceva a procurarsi i clienti?»
«Una spiegazione c'è. La signora Gaudenzio dice che erano tutte persone anziane, vecchi clienti evidentemente.»
«Mai nessun picciotto?»
«Qualche volta. Del resto perché un picciotto dovrebbe andare a sfogarsi con una vecchia con tante bellissime buttane che si vedono in giro?»
«Beh, Mimì, le ragioni ci sarebbero. Tu non le puoi capire dato che possiedi un fucile che non sbaglia un colpo, ma i picciotti che vedi accussì spavaldi arrivati al dunque spesso sono insicuri, incerti... E allura un'anziana, comprensiva... Mi spiegai?»
«Ti spiegasti. E macari può essere stato un picciotto che non cercava comprensione, come dici tu, ma era semplicemente un degenerato.»
«Che ha detto Pasquano?»

«Il dottore ha detto che secondo lui l'assassino prima ha stordito la donna con un pugno in faccia, poi si è levato la cintura dei pantaloni, gliel'ha messa attorno al collo e ha tirato. Pasquano dice che c'è il segno della fibbia sulla pelle. Poi si è rimesso la cintura a posto e se ne è nisciuto di casa. Tanti saluti e sono.»
«Manca qualcosa?»
«Nenti. La borsetta coi soldi era sul comodino allato alletto.»
«Qual era la tariffa?»
«Cinquantamila.»
«E quanto c'era nella borsetta?»
«Duecentocinquantamila.»
«Quanto portava al giorno a casa? Te l'ha detto Serafino?»
«Trecento-trecentocinquantamila.»
«Quindi ad ammazzarla deve essere stato uno degli ultimi clienti della giornata.»
«Macari Pasquano dice che la morte è capitata doppo la digestione del pranzo. Ah, la sai una cosa? Pasquano sostiene che non ha trovato traccia di un rapporto sessuale con l'assassino.»
«La vittima era vestita?»
«Di tutto punto. Solo le scarpe si era levate per corcarsi. L'uomo le si è corcato allato, forse macari lui vestito e tutto `nzemmula le ha dato un pugno.»
«Evidentemente l'omo è andato a trovarla non per fottere, ma per parlare.»
«Ma di cosa?»
«Questo è il busillisi» disse Montalbano. Doppo essersi arriposato un due orate nella sua casa di Marinella, il commissario pigliò l'auto e tornò a Vigàta. Si era fatto spiegare bene dov'era vicolo Gramegna, ma ci perse tempo lo stesso per trovarlo. Quattro case, aveva detto Mimì, e quattro case erano. Tre erano case d'abitazione, uguali tra loro, catojo sotto e un appartamentino sopra. La quarta costruzione era invece un magazzino, chiuso da un catinazzo arrugginito. Stava proprio di fronte al catojo di Maria Castellino. Davanti allaporta chiusa c'era, appoggiato `n terra, un

mazzo di fiori. Due picciliddri girarono l'angolo inseguendosi e facendo voci. Vedendo lo stràneo, si fermarono di colpo.
«La signora Gaudenzio è vostra matre?»
«Sissi» fece il più grande dei due.
«C'è tuo patre a casa?»
«Nonsi, me' patre travaglia fino a notti.»
«E tua matre c'è?»
«Sissi, ora ce la chiamo.»
S'infilò di corsa nel portoncino. Il più nico dei due picciliddri lo taliàva attentamente.
«Mi la dici una cosa?» spiò a un tratto.
«Certu.»
«Veru è ca la nonna morsi?»
Mimì si era sbagliato, non la chiamavano zia, ma nonna. Non ebbe tempo di cercare una risposta, perché dal balconcino sopra il catojo s'affacciò una trentina, mentre suo figlio riapparse dal portoncino e corse via, seguito dal fratellino chissà pirchì piangente.
«Lei chi è?»
«Il commissario Montalbano sono.»
«Se vuole parlarmi, acchianasse.»
La casa era linda e pinta. Mobili di scarso valore, ma tirati a lucido. Montalbano venne fatto accomodare su una poltrona del salottino.
«Ci posso offriri qualichi cosa?»
«No, grazie, signora. Mi tratterrò poco.»
«Che voli sapiri? Ho già detto tutto al signor Augello.»
Montalbano ebbe l'impressione che, nel dire quel nome, la giovane e graziosissima signora Gaudenzio fosse leggermente arrussicata. Vuoi vidiri che l'infallibile Mimì si era già messo all'opra?
«Ho saputo che lei conosceva bene la pòvira signora Maria.»
Subito, due lagrime. Era una che non ammucciava i suoi sentimenti, la signora Gaudenzio.
«Era una di famiglia, signor commissario. I miei figli la consideravano la loro nonna. Per la befana, voleva che i picciliddri mettessero le quasette nel catojo. E letrovavano sempre piene di

cose che solo la sua fantasia sapeva inventare, cose che piacevano tanto a loro...»
«La conosceva da tempo?»
«Da Otto anni. Appena maritata, sono venuta ad abitare qua. Mio marito, Attilio, travaglia alla centrale elettrica. Il mio secondo figlio, Pitrinu, quello che ha cinque anni... Io l'aspittavo, mancava qualche jorno alla nascita, ma sono caduta per le scale... mi sono messa a fare voci... Nonna Maria mi ha sentito, è corsa... se non era per lei, io morivo e Pitrinu moriva con mia...»
Si mise a chiàngiri, senza fare niente per tenere le lagrime.
«Era accussì buona! Non dava scànnalo, mai abbiamo sentito una discussione tra lei e qualche cliente...»
«Signora, con lei parlava di questi clienti?»
«Mai. Una tomba era.»
«Quindi lei non è in grado di dirmi niente.»
«Nonsi, ma una cosa ci la devo diri. Me l'ha detta solo oggi me' figliu Casimiru, il cchiù grannì...»
«Che le disse?»
«E un fatto che capitò una decina di jorna passati. Nonna Maria aveva il portone del catojo chiuso, Casimiru stava passando per tornare a la casa, quanno si sentì chiamare da nonna Maria che era darrè alla finestrella mezza chiusa. Disse a Casimiru di curriri in fondo al vicolo e accertarsi se c'era un omo che se ne stava andando... Casimiru corse e vitti effettivamenti a uno che s'alluntanava. Tornò narrè e lo rifirì alla nonna. La quali allura raprì la porta del catojo.»
«Evidentemente qualcuno che non voleva incontrare. L'aveva visto arrivare e aveva chiuso la porta come faceva quando riceveva un cliente.»
«Macari io pinsai la stissa cosa. Chi fa, chista storia ci la conta lei o ci la conto io?»
«A chi?»
«Al signor Augello.»
«Vuol dire che io l'avverto e lei ce la conta per filo e per segno.»
«Grazie» fece la signora Gaudenzio avvampando.

Montalbano si susì per andarsene.
«Ho visto davanti alla porta del catojo un mazzo di fiori. Lei sa chi l'ha portato?»
«Il preside Vasalicò.»
«Il preside del liceo?!»
«Sissignori. Veniva una volta a la simana. Sia quannoera maritato, sia quanno è ristato vidovo. Erano amici.»
«Sei andato a parlare con la signora Gaudenzio?!» fece Mirnì arraggiato.
«Sì. E proibito?»
«No. Ma stabiliamo una cosa qui, ora e una volta per tutte. Quest'inchiesta la porto avanti io o tu?»
«Tu, Mimì. Quindi viene a dire che se io vengo a sapiri qualichi cosa d'utile, non te ne parlo. Va bene accussì?»
«Non fare lo strunzo.»
«Non lo fare macari tu. Mi rispondi a una domanda?»
«Certo.»
«Sei più interessato a scoprire l'assassino o le cosce della signora Gaudenzio?» Mimì lo taliò, gli veniva di sorridere.
«Tutte e due le cose, se possibile.»
«Mimì, tu hai la faccia stagnata. A proposito, come si chiama?»
«Teresita.»
«Beh, corri da Teresita prima che il marito torni dal turno alla centrale. Ti dirà che la signora Maria aveva un cliente che non voleva più praticare. O non voleva principiare a praticare.»
«Dottori? Mi permette una parola?» spiò Catarella trasendo nell'ufficio di Montalbano con l'ariata del perfetto cospiratore.
«Va bene.»
Catarella chiuse la porta alle spalle. Poi si fermò.
«Dottori, ci pozzo dan un giro di chiavi?»
«Va bene» fece Montalbano rassegnato. Catarella chiuse la porta a chiave, s'avvicinò al tavolino del commissario, vi si appoggiò con le mani, si calò in avanti. Aveva mangiato qualichi cosa con molto aglio.

«Dottori, il caso risolsi. Ho chiuso pirchì non voglio ca l'altri vengono pigliati d'indivvia sapendo che ho il soluto la facenna.»
«Quale facenna?»
«Quella della bottana, dottori.»
«E come hai fattc ?»
«Aieri notti vitti una pinlicola alla tilivisioni. Era la storia di uno che in America ammazzava bottane vecchie.»
«Un serialkiller?»
«Nonsi, dottori, non si chiamava accussì. Mi pari ca si chiamava Gionni Guest, una cosa accussì.»
«E pirchì questo Gionni ammazzava le buttane vecchie?»
«Pirchì ci arricordavano la matre che faceva la bottana. E allura io pinsai che la cosa era semprici semprici.
Basta che lei, dottori, si metti a circari e arrisolve tutto.»
«E chi devo circare, Catarè?»
«Un clienti della bottana che è figliu di bottana.»
Al telefono, il preside Vasalicò non fece nisciuna difficoltà, anzi si mostrò cortesissimo.
«Vuole che venga in commissariato?»
«Per carità, signor preside. Vengo io da lei, a casa sua,
tra una mezzorata. Le va bene?»
«L'aspetto.»
Prima però decise di fare un salto al bar Pistone. Serafino non c'era. Il signor Pistone, assittato alla cassa, gli spiegò come e qualmente avesse dato una simana di primisso al povirazzo per la disgrazia che gli era capitata. Il commissario si fece dare l'indirizzo del cammarèri.
Il preside Vasalicò era un omo sicco ed elegante. Fece assittare il commissario dintra a uno studio ch'era un'unica grannissima libreria che correva torno torno alle pareti.
«Lei è venuto per la pòvira Maria, vero?»
«Sì. Ma solo perché ho saputo che lei ha portato un mazzo di...»
«Verissimo. E non ho fatto nulla per nascondermi alla signora che abita al piano di sopra che tra l'altro conosco benissimo».
«Era da molto che frequentava la... signora Maria?»

«Io avevo diciotto anni e lei ne aveva dieci di più. È stata la prima donna che ho avuto. Poi, dopo sposato, ho continuato a frequentarla. Non per... ma per amicizia. La consigliavo. Mia moglie lo sapeva.»
«Che consigli dava alla signora?»
«Mah, vede, Serafino è tanto una cara persona, ma è ignorante. Io ho guidato i suoi figli negli studi...»
«Che fanno?»
«Uno è un geologo, lavora in Arabia. L'altro è ingegnere, vive a Caracas. Sono tutti e due sposati con figli.»
«Quali erano i rapporti tra loro?»
«Dei figli con la madre, dice? Ottimi. Lei mi faceva vedere di tanto in tanto le foto dei nipotini che le mandavano...»
«Venivano a trovare i genitori?»
«Sì, ogni anno, ma...»
«Dica.»
«Fino a quando non si sono sposati. Forse temevano che le mogli venissero a sapere, capisce. Lei ci soffriva, si consolava con le fotografie.»
«Solo sull'educazione dei figli le ha domandato consiglio?»
Il preside parse avere una leggera esitazione.
«No... qualche volta anche su possibili investimenti...»
«Di che?»
«Aveva abbastanza denaro.»
«Quanto?»
<Con precisione non saprei... Seicento... settecento milioni.., e poi la casa dove abitava col marito era sua... qui a Vigàta aveva tre o quattro appartamenti che affit tava...»
«Lei se ne intende?»
«Di che?»
«Di investimenti, di speculazioni...»
«Di tanto in tanto gioco in Borsa.»
«E ha fatto giocare anche la signora Maria?»
«Mai.»

«Senta, la signora Maria le confidò qualche problema?»
«In che senso?»
«Beh, certo che col mestiere che faceva era esposta a cattivi incontri, no?»
«Che io sappia, non si è mai trovata in difficoltà. Solo nell'ultimo mese era diventata nervosa.., distratta... Io le domandai cosa le stesse capitando e lei mi rispose che un cliente le aveva fatto proposte inaccettabili, lei l'aveva mandato via, ma quello di tanto in tanto tornava insistendo.»
Montalbano pinsò a quello che gli aveva contato la signora Gaudenzio, di so' figlio Casimiru mandato dalla signora Maria, barricata in casa, a vedere se un certo omo si era allontanato.
«Le fece il nome di questo cliente?»
«Scherza? Era la riservatezza in persona. È già tanto che mi abbia detto dell'episodio.»
Mentre andava a trovare Serafino, vide dei manifesti listati a lutto ancora umidi di colla. Annunziavano che la cerimonia funebre per la signora Maria Castellino sarebbe stata celebrata l'indomani, domenica, alle dieci del matino nella chiesa di Cristo Re. Macari la casa di Serafino non babbiava in fatto di pulizia. Il cammarèri ultrasittantino del bar Pistone era sempre parso al commissario una specie di tartaruca, ora gli parse un fossile preistorico. La morte della mogliere, sembrava impossibile, era stata capace di farlo invecchiare di più. Le manigli tremavano.
«Pinsasse, commissario, che Maria aveva addeciso di non travagliare cchiù. Tempo una misata e avrebbe finito.»
«Era stanca del travaglio che faceva?»
«Stanca? Nonsi. Lo faceva pi mia.»
«Non volevi che continuasse?»
«Pi mia poteva continuare fino a quanno aveva clienti. No, lo faciva per non fari travagliare a mia.»
«Serafi, scusami, ma non ho capito.»
«Vidisse, commissario, io travagliavo al bar pirchì

Maria faciva la vita che faciva. Io travagliavo e mi guadagnavo u pani pirchì in paisi non si doviva diri ca io campavo come un ruffiano alli spaddri di me' mogliere.
Per chisto sono rispettato da tutti, in primisi dalla bonarma di Maria e doppo dai me' figli.»
«Serafì, to' mogliere ti disse mai di qualcuno dei suoi clienti che...»
«Commissario, Maria non mi parlava mai del suo travaglio e io non ci spiavo nenti di nenti. Solo il preside Vasalicò, che prima era stato un cliente e doppo era addiventato un amico, veniva qualichi volta qua.»
«Pirchì?»
«Iddru e me' mogliere parlavano. Si mettevano nella càmmara di mangiari e parlavano di cose d'affari ca io non ci capiscio nenti. Io me ne venivo qua in salotto a taliàre la televisione.»
«Serafi, io a to' mogliere non l'ho mai conosciuta. Ce l'hai una bella fotografia?»
«Sissi. Se l'era fatta fare un misi fa per mannarla ai figli.»
La signora Maria Castellino era stata una bella, seria fimmina. Non eccessivamente truccata, ci abbadava però all'aspetto. E non solo per il mestiere che faceva, pinsò il commissario. Il fatto è che era una che ci teneva a se stessa come teneva alla pulizia della casa e del catojo.
«Me la puoi prestare?»
Niscendo dal portone, taliò il ralogio. Si erano fatte le nove di sira. Si mise in macchina e si diresse a Montelusa dove c'erano gli uffici e lo studio di Retelibera. Aspettò che il suo amico Zito finisse il telegiornale, lo pregò di fargli un favore dandogli la fotografia della morta.
Doppo si rimise in macchina e se ne andò a Marinella senza passare dal commissariato. La cammarèra Adelina, che gli puliziava la casa e gli priparava il mangiare, aveva questa di non rispondere al telefono («lu tilefunu porta disgrazia»). Montalbano non aveva perciò potuto avvisarla del ritorno anticipato. Dovette addubbare con quello che trovò nel frigo: olive, passuluna, tumazzo,alici. Scongelò un panino e

si portò il mangiare nella verandina. La sirata settembrina era appena appena càvuda, dava calma e fiducia. A mezzanotte raprì il televisore. Zito fu di parola. A un certo punto del notiziario mostrò la fotografia di Maria Castellino e disse che il commissario Montalbano e il suo vice Augello erano alla ricerca d'informazioni sull'omicidio. Si rivolgevano, s'appellavano alla «sensibilità dei vecchi amici della signora», s'espresse proprio accussì. Garantivano la massima discrezione, non c'era bisogno di andare di persona al commissariato, bastava telefonare o scrivere. Che riferissero tutto, macari le cose che ritenevano non importanti. La mossa funzionò, la "sensibilità dei vecchi amici" scattò. Alle otto del matino del giorno appresso, arrivando in ufficio, il commissario spiò a Catarella:
«Ci sono state telefonate?»
«Sissi, dottori. Sei pirsone tilifonaro per quella facenna della bottana sasinàta! I nomi su questo pizzino ce li scrissi.»
Per ogni nome c'era il numero di telefono, segno che non avevano da ammucciare a qualcuno la loro saltuaria relazione con la fimmina. Alla fine delle telefonate, risultò che i clienti interpellati erano tutti intorno alla sissantina e nisciuno sapiva nenti dell'altro.
La porta si spalancò di colpo, Montalbano sussultò. Era Catarella.
«Finì di tilifonari, dottori?»
«Sì. Pirchì tutta questa prescia?»
«Pirchì da stamatina alli sette c'è uno ca ci voli parlari pirsonalmente di pirsona della istissa `ntifica facenna.»
«Dov'è?»
«Nella càmmara d'aspittanza.»
«Da stamatina alle sette? Perché non me l'hai detto quando sono arrivato?»
«Perché quanno che vossia arrivò, mi spiò se c'erano tilifonate. E io ce lo dissi. Non gli dissi del signore pirchì non aveva tilifonato.»
La logica di Catarella era, al solito, ferrea. L'omo che s'appresentò al commissario era un quarantino ben vestito.
«Mi chiamo Marco Rampolla e sono pediatra a Montelusa. Vengo per quella povera prostituta assassinata.»

«S'accomodi e mi dica. La conosceva?»
«Sì. Sono stato una volta da lei.» Fece una leggerissima pausa. «A parlarle. A stabilire una linea comune.»
«Linea comune? Su cosa?»
«Su mio padre. È completamente pazzo, anche se non appare.»
«Senta, è meglio che lei mi racconti la storia a modo suo.»
«Sette anni fa la mamma è morta. Un incidente d'auto. Alla guida c'era mio padre che amava moltissimo la mamma. Si fissò ch'era colpa sua...»
«Lo era?»
«Purtroppo sì. E da allora non è stato più lui. Depressione, manie religiose, fissazioni... Ho cercato di farlo curare. Niente, è peggiorato di giorno in giorno. Io sono scapolo, ancora per poco, e non ho avuto difficoltà a tenerlo in casa con me. Del resto non era pericoloso per nessuno. Ma un mese fa circa è tornato a casa eccitato.
Mi raccontò che era venuto a Vigàta e che aveva incontrato la mamma. Di colpo, passò dalla felicità alla disperazione, mi disse che la mamma faceva la prostituta. E che questo lui non lo poteva tollerare. Mi spaventai. A Montelusa c'è un investigatore privato, lo contattai. Mi riferì, dopo tre giorni, che a Vigàta esisteva una prostituta anziana. Allora mi sono preoccupato sul serio, anche perché ora papà aveva momenti di inaudita violenza. Venni qua a Vigàta e parlai con quella povera donna.
Lei mi disse che della storia ne aveva informato per filo e per segno un suo amico preside e che quello, se le fosse capitato qualche cosa, sarebbe andato dalla polizia. Io consigliai la signora di far in modo che papà non l'incontrasse più. Lei promise che non l'avrebbe più ricevuto. E l'ha fatto, mentre papà, per questo rifiuto, diventava sempre più violento.»
«Concretamente, che voleva suo padre?»
«Che la donna abbandonasse il mestiere e tornasse avivere con lui.»
«Come fa a escludere che non sia stato suo padre a...»

«Vede, il giorno prima che quella povera donna venisse assassinata, io sono riuscito a portare papà in una clinica di Palermo. Da allora non ne è più uscito.»
Si mise una mano in sacchetta, tirò fora un foglietto.
«Qui ho scritto l'indirizzo e i telefoni della clinica.
Può informarsi.»
«Mi dica una cosa: perché ha sentito il dovere di raccontarmi questa storia?»
«Perché, essendoci stato un omicidio, non vorrei che venisse fuori il nome di papà. Oltretutto, se questo preside era stato informato dalla donna, molto probabilmente ne avrebbe parlato con voi. E voi sareste stati messi, involontariamente, su una falsa pista.»
Quando il dottore sinni niscì, Montalbano non si scommodò di telefonare alla clinica. Era certo che Marco Rampolla gli avesse contato la verità. Aveva calcolato che la funzione stava per finire quando si mosse verso la chiesa di Cristo Re. C'inzertò. Appoggiate ai lati del portone c'erano una decina di corone. Il tabbuto niscì dalla chiesa seguito da una fiumardi pirsone. Il commissario si fece avanti, andò a stringere la mano di Serafino che mostrava sul collo rughe oramà millennarie.
«1 me' figli non ci la fecero a tempu a viniri. M'hanno promissu ca saranno qua il dù di novembiri, per i morti.»
Stava per andarsene, quando venne raggiunto dal preside Vasalicò.
«Devo parlarle, commissario.»
«Lei non segue il corteo fino al cimitero?»
«Ritengo più utile parlarle subito.»
Si avviarono verso il commissariato.
«Ho ripensato molto al nostro discorso di ieri» attaccò il preside «e mi sono reso conto di non essere stato esauriente su una cosa che, a considerarla bene, m'èparsa di grande importanza.»
«Macari io volevo spiarle una cosa» fece Montalbano.
«Mi dica.»

«A proposito di un cliente, ora non ricordo bene, che avrebbe fatto alla signora proposte inaccettabili, mi pare che lei abbia proprio detto così. Erano proposte inaccettabili sul piano sessuale?»
«Ma guarda che combinazione!» fece il preside. «Proprio di questo volevo parlarle! No, commissario, era uno che si era messo in testa che Maria era sua moglie e voleva che tornasse a vivere con lui. Un pazzo furioso.
La picchiò a sangue. Due volte. Può darsi perciò...»
«Aspetti. Lei mi sta dicendo che questo pazzo, conti-
nuando a ricevere rifiuti dalla signora, ha completamente perso la testa e l'ha ammazzata?»
«E un'ipotesi plausibile, no?»
«Plausibilissima. Ma perché non me l'ha detto ieri?»
«Mah, sa, per scrupolo di coscienza. Prima d'accusa-
re qualcuno che poi può risultare innocente...»
«Capisco il suo scrupolo. E la ringrazio. Lei sa il nome di quest'uomo?»
«Maria non lo fece. Però non sarebbe difficile per voi...»
Erano arrivati davanti al commissariato.
«La ringrazio sinceramente per il suo contributo» disse Montalbano.
«Pronto, dottor Rampolla? Il commissario Montalbano sono. Può parlare?»
«Sì. Mi domandi quello che vuole.»
«Suo padre le confessò mai d'avere picchiato la signora Maria?»
«No. E non credo che l'abbia fatto.»
«Perché? Lei stesso m'ha detto che negli ultimi tempi
era diventato piuttosto violento.»
«Guardi, per le condizioni nelle quali si trovava e per come parlava con me, se l'avesse fatto me l'avrebbe detto. Ma c'è un'altra cosa: quando io andai a parlare con quella povera donna, lei non mi disse di essere stata picchiata da papà. Mi disse che era insistente, minaccioso. Ma non mi parlò di botte ricevute. L'avrebbe fatto se

queste botte ci fossero state, non le pare? E, dopo il nostro colloquio, la donna non ha più incontrato papà, ne sono più che certo.»
E le parole del dottore quatravano col racconto del figlio della signora Gaudenzio: pur di non vedere quel cliente particolare, la signora Maria preferiva chiudersi in casa.
Andò a sbafarsi certe linguate fritte alla trattoria San Calogero che gli tinsero di rosa l'avvenire immediato. Doppo, andò a casa di Serafino. lì vecchio gli mostrò la tavola imbandita.
«Le vicinelle mi prepararo da mangiari, ma io non ho gana.»
«Fatti forza, Serafi, e mangia. Macari cchiù tardo, doppo che ti sarai tanticchia corcàto. Ti lascio subito.
Dimmi una cosa. Tu aieri dicisti che to' mogliere e il preside Vasalicò si mettevano qua, nella càmmara di mangiari, e parlavano d'affari. E accussì?»
«Sissi, accussì.»
«Dove sono le carte di questi affari?»
«Li misi tutte dintra a una valigia.»
«Tu le hai messe? E pirchì?»
«Pirchì stasira verso li novi passa il signor presidi e se le piglia. Dice che le deve taliàre attentamenti per vi- diri se a Maria ci toccano soldi di certe speculazioni opuro no.»
«Senti, Serafi, dammi questa valigia. Prima delle novi te la riporto.»
«Comu voli vossia.»
La valigia pesava un quintale. Santiò come un pazzo, sudando. Ma a metà strata incontrò Fazio, la salvizza. Così come teneva in ordine la casa, allo stesso modo Maria Castellino teneva in ordine le sue carte. Contratti d'affitto, atti notarili di compera d'appartamenti o di negozi, estratti conto bancari, entrate e uscite. Il commissario ci mise due ore a taliàre le carte. Poi pigliò tre fogli che aveva messo da parte, se l'infilò in sacchetta e andò nella càmmara di Mimì Augello.
«Mimì, ti devo parlare.»

Se il preside si sorprese a vederli, non lo mostrò. Lifece assittare nel salotto.
«Il dottor Augello è il mio vice» disse Montalbano.
«Signor preside, sono venuto a dirle che la persona che lei mi ha cortesemente segnalata stamattina, non può essere l'assassino.»
«No? Perché?»
«Perché già dal giorno avanti l'omicidio era stato ricoverato in una clinica di Palermo. Lei, evidentemente, questo particolare non lo conosceva.»
«No» fece il preside aggiarniando.
Con tutta calma Montalbano s'addrumò una sigaretta, fece `nzinga a Mimì di continuare lui.
Prima di mettersi a parlare, Augello tirò fora dalla sacchetta tre fogli di carta e li taliò come per averne sicura memoria.
«Signor preside, la signora Maria era molto ordinata.Tra le sue carte, che lei conosce in parte dato che Serafino ci ha detto che le consultavate assieme, abbiamo trovato tre appunti scritti di mano della defunta. Sulla grafia non esiste dubbio di contraffazione. Nel primo appunto c'è scritto: prestati al preside Vasalicò cento milioni.»
Il preside fece un sorrisetto saputo.
«Se è per questo, allora ci deve essere un secondo appunto dov'è scritto il prestito di altri duecento milioni.
Dovrebbe risalire a due anni fa.»
«Esatto. E sa anche il contenuto del terzo foglietto?»
«No. E non ha nessuna importanza perché io non ho chiesto altri prestiti a Maria. E i trecento milioni glieli ho restituiti.»
«Può darsi, signor preside. Ma dove sono andati a finire? Non abbiamo trovato traccia di ricevute di versamenti di questo genere. E in casa non li teneva.»
«E perché volete sapere da me dove li ha messi?»
«Lei è certo di averglieli restituiti?»
«Fino all'ultimo centesimo.>'
«Quando?»

«Mi ci lasci pensare. Diciamo un mesetto fa.»
«Guardi che il terzo foglio, del quale non abbiamo ancora parlato, è la brutta copia di una lettera che la signora Maria le inviò esattamente dieci giorni fa. Voleva indietro i trecento milioni.»
«Fatemi capire» disse il preside susendosi. «Mi state accusando di avere ammazzato Maria per una questione di soldi?»
«Il fatto è che non abbiamo le prove» intervenne Montalbano.
«E allora uscite immediatamente da questa casa!»
«Un attimo solo» fece Mimì frisco come un quarto di pollo.
Ora veniva il momento più delicato di tutta la facenna, ma Mimì recitò da Dio la minchiata che avevano deciso di contare al preside.
«Lei sa che la signora è stata strangolata con una cintura per pantaloni?»
«Sì.»
Il preside, sempre addritta, l'ascoltava a braccia conserte.
«Bene. La fibbia, secondo il medico legale, ha prodotto una profonda ferita al collo della vittima. Non solo, ma il cuoio ha lasciato tracce infinitesime nella pelle. Ora io, formalmente, le chiedo di consegnarmi tutte le cinture che possiede a cominciare da quella che indossa in questo momento.» Il preside piombò di colpo sulla poltrona, le ginocchia gli erano venute a mancare.
«Voleva indietro i soldi» balbettò. «Io non ce li avevo, li ho persi in Borsa. Minacciò di denunziarmi e allora io...» Montalbano si susì, niscì fora dalla porta, principiò a scinniri le scale. Quello che il preside avrebbe spiegato a Mimì non l'interessava più.

Il gatto e il cardellino

La signora Erminia Tòdaro, di anni ottantacinque, mogliere di un ex ferroviere pensionato, niscì come tutte le matine da casa per andare prima ad assistere alla santa missa e didoppo a fare la spisa al mercato. Non è che la signora Erminia fosse praticante per fatto di fede, lo era piuttosto per fatto di mancanza di sonno, come capita a quasi tutte le pirsone anziane: la missa matutina le serviva per far passare tanticchia di tempo di quelle giornate che di anno in anno si facevano, chissà pirchì, sempre più lunghe e vacanti. Nelle istisse ore della matinata, il marito, l'ex ferroviere che di nome faceva Agustinu, si metteva alla finestra dalla quale si vedeva la strata e non si cataminava più fino a quanno la mogliere non gli dice- va che era pronto a tavola. Dunque la signora Erminia niscì dal portone, s~assistimò il cappotto pirchì faceva tanticchia di frisco e pigliò a camminare. Nel braccio destro teneva appinnuta una vecchia borsa nivura con dintra la carta d'intinnirintà, la foto della figlia Catarina maritata Genuardi che campava a Forlì, la foto dei tre figli della coppia Genuardi, tre foto dei figli dei figli della coppia Genuardi, un santino con sopra raffigurata santa Lucia, lire ventiseimila di carta e settecentocinquanta di metallo. L'ex ferroviere Agustinu dichiarò d'aver visto che appresso alla mogliere andava, lentissimo, un motorino guidato da uno col casco. A un certo momento il guidatore del motorino, come stufato d'andare col passo della signora Erminia che non poteva certamente dirsi svelto, accelerò e sorpassò la fimmina. Poi fece una cosa stramma: effettuata una curva a U, tornò narrè, puntando dritto verso la signora. Per la strata non passava anima criata. A tre passi dalla signora Erminia, il guidatore fermò, poggiò un piede in terra, cavò dalla sacchetta un revòrbaro e lo puntò verso la fimmina. La quale, essendo incapace di distinguere un cane a venti centimetri di distanza a malgrado degli occhiali spessi, continuò tranquillamente a procedere, ignara, verso l'omo che l'amminazzava. Quanno la signora Erminia si venne a trovare quasi naso a naso coll'omo, s'addunò dell'arma e assai si maravigliò che qualichiduno avesse una qualche ragioneper spararle.

«Che fai, figlio mio, mi vuoi ammazzare?» spiò, più sorpresa che scantata.
«Sì» disse l'omo «se non mi dai la borsetta.» La signora Erminia si sfilò la borsetta dal braccio e la consegnò all'omo. A questo punto Agustinu era arrinisciuto a raprire la finestra. Si sporse fora a rischio di catafottersi di sotto e si mise a fare voci: «Aiuto! Aiuto!».
L'omo allora sparò. Un solo colpo verso la signora, non verso il marito che stava facendo tutto quel mutupèrio. La signora cadì in terra, l'omo girò il motorino accelerò, scomparse. Alle vociate dell'ex ferroviere si raprirono diverse finestre, òmini e fimmini corsero in strata per portare soccorso alla signora stinnicchiata in mezzo alla strata. Subito s'addunarono, con sollievo, che la signora Erminia era solamente sbinùta per lo scanto.
La signorina Esterina Mandracchia, di anni settanta- cinque, ex maestra elementare in pensione, mai maritatasi, viveva sola in un appartamento lasciatole in eredità dai genitori. La particolarità delle tre càmmare, bagno e cucina della signorina Mandracchia era costituita dal fatto che le pareti erano completamente tappezzate da santini a centinaia. Inoltre c'erano delle statuette: una Madonna sotto una campana di vetro, un Bambin Gesù, un sant'Antonio da Padova, un Crocefisso, un san Gerlando, un san Calogero e altri non facilmente identificabili. La signorina Mandracchia andava in chiesa alla prima missa, poi ci tornava per il vespero. Quella matina, due giorni appresso alla sparatina della signora Erminia, la signorina nisci di casa. Come contò poi al commissario Montalbano, aveva appena pigliato la strata della chiesa che venne sorpassata da un motorino sopra al quale c'era un omo col casco. Doppo pochi metri, il motorino fece una curva a U, tornò narrè, si fermò a pochi passi dalla signorina e l'omo scocciò un revòrbaro. L'ex maestra, a malgrado dell'età, ci vedeva benissimo. Isò in alto le braccia, come aveva visto fare in televisione.
«M'arrendo» disse trimando.
«Dammi la borsetta» disse l'omo.

La signorina Esterina se la sfilò dal braccio e glielaprui. L'omo la pigliò e le sparò, mancandola. Esterina Mandracchia non gridò, non svenne: semplicemente andò al commissariato e fece denunzia. Nella borsetta, dichiarò, a parte un centinaro e passa di santini, aveva esattamente diciottomila e trecento lire.
«Mangio meno di un passero» spiegò a Montalbano.
«Un panino mi basta per due giorni. Che bisogno ho di andare in giro coi soldi nella borsetta?»
Pippo Ragonese, notista politico di Televigàta, era dotato di due cose: una faccia a culo di gallina e una contorta fantasia che lo portava a immaginare complotti. Nemico dichiarato di Montalbano, Ragonese non fagliò l'occasione per attaccarlo ancora una volta. Sostenne infatti che dietro all'improprio scippo fatto alle due vecchiette c'era un preciso disegno politico a opera di non meglio identificati estremisti di sinistra. Essi, con queste azioni terroristiche, tendevano a dissuadere i credenti dall'andare in chiesa per l'avvento di un nuovo ateismo.
La spiegazione del fatto che la polizia di Vigàta non avesse ancora arrestato lo pseudoscippatore la si doveva cercare nell'inconscia remora esercitata dalle idee politiche del commissario, certo non orientate né al centro né a destra. "Inconscia remora" sottolineò per ben due volte il notista, a scanso d'equivoco e di querela.
Montalbano invece non s'arraggiò, anzi ci fece sopra una bella risata. Non rise però il giorno appresso quando venne convocato dal questore Bonetti-Alderighi. Il quale, davanti a un Montalbano ammammaloccuto, non sposò la tesi del notista, ma, in un certo senso, se la fidanzò, invitando il commissario a seguire "anche" quella pista.
«Ma signor Questore, ci rifletta: quanti pseudoscippatori occorrono per dissuadere tutte le vecchiette di Montelusa e provincia dall'andare alla prima messa?»
«Lei stesso, Montalbano, ha adoperato proprio ora l'espressione "pseudoscippatori". Converrà, spero, che non si tratta di un modus operandi tipico di uno scippatore. Quello estrae ogni volta la pistola

e spara! Senza un motivo! Gli basterebbe allungare un braccio e portarsi via comodamente le borsette. Che ragione c'è di tentare d'ammazzare quelle povere donne?»

«Signor Questore» disse Montalbano al quale era smorcato lo sbromo, vale a dire la voglia di pigliare per il culo l'interlocutore «tirare fuori un'arma, una pistola, non significa per niente la morte del minacciato, molto spesso la minaccia non ha valenza tragica, ma cognitiva. Almeno così sostiene Roland Barthes.»

«E chi è?» spiò il Questore con la bocca spalancata. «Un eminente criminologo francese» menti il commissario.

«Montalbano, io me ne fotto di questo criminologo! Quello non solo estrae l'arma, ma spara!»

«Però non le colpisce, le vittime. Può darsi che si tratti di una valenza cognitiva accentuata.»

«Si dia da fare» tagliò Bonetti-Alderighi.

«Per me» disse Mimì Augello «è il classico balordo drogato.»

«Mimì, ma ti rendi conto? Quello in tutto è riuscito a scippare quarantacinquemila e cinquanta lire! Se si vende i proiettili del revolver capace che ci guadagna di più! A proposito, li avete trovati?»

«Abbiamo cercato a vacante. Chissà dove sono andati a finire, i colpi.»

«Ma perché questo stronzo spara alle vecchiette dopo che quelle gli hanno consegnato la borsetta? E perché le sbaglia?»

«Che viene a dire?»

«Mimì, viene a dire che le sbaglia. E basta. Talè, la prima volta possiamo pensare che abbia avuto una reazione istintiva quando il marito della signora Tòdaro si è messo a fare voci dalla finestra. Però non si capisce lo stesso perché invece di sparare all'omo che gridava, ha sparato alla signora che era a quaranta centimetri da lui. Mimì, non si sbaglia un colpo da quaranta centimetri. La secon-
da volta, con la signorina Mandracchia, le ha sparato mentre con l'altra mano agguantava la borsetta. Tra i due doveva esserci sì e no

un metro di distanza. E sbaglia macari questa seconda volta. Però, la sai una cosa, Mimì? Penso che i due colpi non li abbia sbagliati.»
«Ah, sì? E come mai le due fimmine non sono state manco ferite?»
«Perché i colpi erano a salve, Mimì. Fai una cosa, fai analizzare il vestito che indossava quella matina la si-
gnora Erminia.»
C'inzertò. Il giorno dopo dalla Scientifica di Montelusa fecero sapere che persino a un esame superficiale il vestito della signora Tòdaro, all'altezza del petto, risultava avere un'ampia macchia di residui di polvere da sparo.
«Allora è un pazzo» fece Mimì Augello.
Il commissario non rispose.
«Non sei d'accordo?»
«No. E se è un pazzo... c'è molta logica in quella follia.»
Augello, che non aveva letto Amleto o se l'aveva letto
se l'era scordato, non rilevò la citazione.
«E che logica è?»
«Mimì, tocca a noi scoprirla, non ti pare?»
Alla scordatina, quando in paisi quasi non si parlava più delle due aggressioni, lo scippatore (ma come lo si poteva chiamare diversamente?) tornò a farsi vivo. Alle sette di una domenica matina, col solito rituale, si fece consegnare la borsetta della signora Gesualda Bommarito. Poi le sparò. E la pigliò alla spalla destra, di striscio. A taliàre bene, una ferita da niente. Ma che mandava all'aria la teoria del commissario sul revolver caricato a salve. Forse i residui di polvere da sparo trovati sul vestito della signora Tòdaro erano dovuti a un'improvvisa torsione del poìso dello sparatore che all'ultimo secondo doveva essersi pentito di quello che stava facendo. Stavolta il proiettile venne ricuperato e quelli della Scientifica fecero sapere a Montalbano che doveva trattarsi molto probabilmente di un'arma antidiluviana. Nella borsetta della signora Gesualda, che aveva avuto più scanto che danno, c'erano undicimila lire. Ma è possibile che uno scippatore (o quello che era) se ne vada in giro a scipparevecchiette che vanno alla messa di primo matino?

Uno scippatore serio, professionista, prima di tutto non è armato e poi aspetta la pensionata che esce dalla posta con la pensione o la signora elegante che va dal parrucchiere.
No, c'era qualcosa che non quatrava in tutta la facenna. E dopo il ferimento della signora Gesualda, Montalbano principiò a preoccuparsi. Se quell'imbecille continuava a sparare con proiettili veri, prima o poi avrebbe finito coll'ammazzare qualche povirazza.
E infatti. Una matina la signora Antonia Joppolo, cinquantina, mogliere dell'avvocato Giuseppe, venne arrisbigliata mentre che dormiva, erano le sette, dallo squillo del telefono. Sollevò il ricevitore e riconobbe subito la voce del marito.
«Ninetta mia» fece l'avvocato.
«Che c'è?» spiò di subito allarmata la signora.
«Mi capitò un piccolo incidente di macchina alle porte di Palermo. Sono ricoverato in una clinica. Ti ho voluto avvertire io personalmente prima che venissi a saperlo da altri. Non ti allarmare, non è niente.»
La signora, invece, si allarmo.
«Piglio la macchina e vengo» disse.
Questo dialogo venne contato a Montalbano dall'avvocato Giuseppe Joppolo quando il commissario andò a trovarlo alla clinica Sanatrix.
È logico quindi supporre che la signora, vestitasi di corsa, sia uscita da casa e si sia precipitata verso il garage che distava un centinaio di metri. Fatti pochi passi, era stata sorpassata da un motorino. Annibale Panebianco, che stava in quel momento niscendo dal portone del palazzo dove abitava, ebbe il tempo di vedere la signora porgere la borsetta all'omo in motorino, sentire un colpo, assistere, impietrito, alla caduta per terra della poveretta e alla fuga del motorino. Quando poté muoversi e correre verso la signora Joppolo, che conosceva benissimo, non c'era più niente da fare, era stata pigliata in pieno petto. Nel suo letto allo spitàle, l'avvocato Giuseppe faceva come una maria per la disperazione.
«Tutta colpa mia! E pensare che le avevo detto di non

venire, di restarsene a casa, che non era niente di grave! Povera Ninetta, quanto mi voleva bene!»
«Era da molto che lei si trovava a Palermo, avvocato?»
«Ma quando mai! Io l'ho lasciata a Vigàta che ancora dormiva e sono partito per Palermo con la mia auto. Due ore e mezzo dopo ho avuto l'incidente, le ho telefonato, lei ha insistito per venire a Palermo ed è capitato quello che è capitato.»
Non poté proseguire, gli mancava l'aria tanto singhiozzava. Il commissario dovette aspettare cinque minuti prima che l'altro tornasse in condizione di rispondere alla sua ultima domanda.
«Mi perdoni, avvocato. Sua moglie portava grosse somme nella borsa, abitualmente?»
«Grosse somme? Che intende per grosse somme? In casa abbiamo una cassaforte dove ci sono sempre una decina di milioni in denaro liquido. Ma lei prendeva lo stretto necessario. D'altra parte oggi tra Bancomat, carta di credito e libretto d'assegni, che bisogno c'è di portarsi appresso molti soldi? Oddio, questa volta, venendo a Palermo e pensando di dover far fronte a spese impreviste, qualche milione l'avrà preso. Beh, avrà preso anche qualche gioiello. Era come un'abitudine, per la povera Ninetta, mettersene qualcuno nella borsa quando doveva lasciare Vigàta, sia pure per poco tempo.»
«Avvocato, com'è avvenuto l'incidente?»
«Mah, devo avere avuto un colpo di sonno. Sono andato a finire dritto sparato contro un palo. Non avevo lacintura di sicurezza, ho due costole rotte, ma niente di più.»
Il mento ripigliò a tremargli.
«E per una cretinata così, Ninetta ci ha lasciato la vita!»
«E vero» commentò il notista politico di Televigàta insistendo nella sua idea «che la vittima non stava recandosi in chiesa a pregare dato che la sua meta era il garage.» Ma chi poteva escludere che, prima di partire per Palermo a confortare il marito, la signora non avrebbe sostato, sia pure per pochi minuti, in chiesa, per elevare una preghiera a favore dell'avvocato che intanto giaceva nel suo

letto di dolore? E dunque tutto tornava, questo delitto era da ascriversi alla setta di coloro che volevano, col terrore, rendere deserte le chiese.
Cose che manco ai tempi di Stalin. Si era davanti, certamente, a una spaventosa escalation di atea violenza. Macari un furibondo Bonetti-Alderighi adoperò la parola "escalation".
«E un'escalation, Montalbano! Prima spara a salve, poi ferisce di striscio e quindi uccide! Altro che la valenza cognitiva che sostiene il suo criminologo francese, come si chiama, ah sì, Marthes! Lo sa chi era la vittima?»
«Onestamente ancora non ho avuto il tempo di...»
«Glielo faccio risparmiare io il tempo. La signora Joppolo~ a parte che era una delle donne più ricche della provincia~ era cugina del sottosegretario Biondolillo che mi ha già telefonato. E aveva amicizie importanti, che dico importanti, importantissime negli ambienti politici e finanziari dell'isola. Si rende conto? Guardi, Montalbano, facciamo così e non se l'abbia a male: a condurre l'indagine, d'intesa naturalmente col Sostituto, sarà il capo della Mobile. Lei lo affiancherà. Le va bene?» Al commissario, stavolta, andava benissimo. All'idea di dover rispondere alle inevitabili domande del sottosegretario Biondolillo e di tutti gli ambienti politici e finanziari dell'isola, aveva principiato a sudare: non certo per timore, ma per intollerabile fastidio verso il mondo della signora Joppolo.
Le indagini della Mobile, che Montalbano si guardò bene dall'affiancare (macari perché nessuno glielo domandò di essere affiancato) si risolsero con l'arresto di due picciottazzi drogati e in possesso di motorini. Arresto che il Gip si rifiutò di convalidare. I due vennero rimessi in libertà e l'indagine finì lì, anche se il questore Bonetti-Alderighi si affannava a spiegare al sottosegretario Biondolillo e agli ambienti politici e finanziari ch assai presto l'omicida sarebbe stato individuato e arrestato.
Naturalmente il commissario Montalbano svolse una sua indagine parallela, tutta in immersione, sotto il pelodell'acqua. E arrivò alla

conclusione che entro tempi brevi ci sarebbe stata un'altra aggressione. Si guardò bene dal farne parola col Questore, ne accennò invece a Mimì Augello.
«Ma come?!» scattò Augello. «Mi vieni a contare che quello ammazzerà un'altra fimmina e te ne stai assittato beato e tranquillo? Se sei convinto di quello che mi stai dicendo, bisogna fare qualcosa!»
«Calma, Mimì. Io ho detto che quello aggredirà e sparerà a un'altra fimmina, ma non ho detto che l'ammazzerà. C'è differenza.»
«Come fai a esserne così sicuro?»
«Perché le sparerà a salve, come ha fatto le prime due volte. Perché è inutile venirmi a dire che l'assassino non ha sparato a salve, che all'ultimo secondo si è pentito e ha deviato l'arma... Tutte minchiate. È stata un'escalation, come dice il questore. Studiata con intelligenza.
Sparerà a salve, la mano sul foco.»
«Salvo, lasciami capire. Siccome sarà un caso se piglieremo lo sparatore, questo secondo te viene a dire che ci saranno ancora, nell'ordine, due fimmine sparate a salve, una ferita di striscio e l'ultima ammazzata?»
«No, Mimì. Se ho ragione io ci sarà solo un'altra vicchiareddra che sarà sparata a salve e si piglierà uno spavento terribile. Speriamo che il cuore le regga. Ma la facenna finirà lì, non ci saranno più aggressioni.»
Due mesi dopo i solenni funerali della signora Ioppolo, una matina verso le sette che Montalbano ancora dormiva perché era andato a corcarsi alle quattro, il telefonosquillò a Marinella. Santiando, il commissario ululò:
«Chi è?»
«Avevi ragione tu» fece la voce di Augello.
«Di che stai parlando?»
«Ha sparato a un'altra vecchiareddra.»
«L'ha ammazzata?»
«No. Probabilmente era un colpo a salve.»

«Arrivo subito.»
Sotto la doccia, il commissario intonò con tutto il fiato dei polmoni "O toreador ritorna vincitor". Vecchiareddra, gli aveva detto Mimì per telefono. La signora Rosa Lo Curto stava assittata davanti a Montalbano tutta impettita. Grassa, rosciana ed espansiva, dimostrava dieci anni di meno dei sessanta che aveva dichiarato.
«Lei stava andando in chiesa, signora?»
«Io?! Io non metto piede in chiesa da quando avevo otto anni.»
«È sposata?»
«Sono vedova da cinque anni. Mi sono maritata in
Svizzera, rito civile. Non sopporto i parrini.»
«Perché è uscita di casa così presto?»
«Mi aveva telefonato un'amica. Bajo Michela, si chiama. Aveva passato una nottata laida. È malata. E io allora ho detto che andavo a trovarla. Ho pigliato macari una bottiglia di vino bono, di quello che a lei piace. Non ho trovato una busta di plastica e così la bottiglia la tenevo in mano, tanto la casa di Michela è a cinque minuti di cammino.»
«Che è successo, esattamente?»
«La solita cosa. Sono stata sorpassata da un motorino. Poi ha fatto una curva a U ed è tornato indietro. Si è fermato a due passi, ha scocciato un revòrbaro e me l'ha puntato. "Dammi la borsetta", ha detto.»
«E lei che ha fatto?»
«"Non c'è problema" gli ho detto. E ho allungato la mano con la borsa. Lui, mentre la pigliava, mi ha sparato. Ma io non ho sentito niente, ho capito che non mi aveva colpito. Allora, con tutta la mia forza, gli ho rotto la bottiglia sulla mano che teneva la borsetta e che aveva appoggiata al manubrio per dare gas e ripartire. I suoi òmini hanno raccolto i pezzi della bottiglia. Sono insanguinati. Devo avergli scassato la mano, a quel grandissimo cornuto. La borsetta se l'è portata via. Ma tanto dintra ci avevo sì e no una decina di mila lire.»
Montalbano si susì, le porse la mano.

«Signora, la mia ammirazione più sincera.»
Il notista politico di Televigàta, dato che la signora Lo Curto, intervistata, aveva dichiarato che manco le passava per l'anticamera del cervello di andare in chiesa la matina dell'aggressione, sorvolò sull'argomento preferito della congiura tendente alla desertificazione delle chiese.
Chi non sorvolò fu Bonetti-Alderighi.
«E no! E no! Ricominciamo daccapo? Guardi che l'opinione pubblica si rivolterà di fronte alla nostra inerzia! Anzi, perché nostra? La sua, Montalbano!»
Il commissario non poté tenersi dal fare un sorrisino che fece arraggiare di più il Questore.
«Ma cos'ha da sorridere, per Dio?!»
«Se mi dà due giorni di tempo, le porto qua i due.»
«Quali due?»
«Il mandante e l'esecutore materiale delle aggressioni e dell'omicidio.»
«Sta scherzando?»
«Per niente. Quest'ultima aggressione l'avevo prevista. Era, come dire, la prova del nove.»
Bonetti-Alderighi strammò, si sentì la gola arsa. Chiamò l'usciere.
«Portami un bicchiere d'acqua. Ne vuole anche lei?»
«Io no» disse Montalbano.
«Commissario! Che bella sorpresa! Come mai è venuto a Palermo?»
«Sono qui per un'indagine. Mi trattengo qualche ora e poi me ne torno a Vigàta. Ho saputo che tanto a Vigàta quanto a Montelusa ha venduto tutte le proprietà della povera sua signora.»
«Commissario, mi creda, non ce la facevo a vivere tra quei dolorosi ricordi. Ho comprato questa villa a Palermo e qui continuerò a campare. Quello che non mi suscitava dolorosi ricordi l'ho fatto portare qui, il resto l'ho, come dire, alienato.»
«Ha alienato macari il gatto?» gli spiò Montalbano.
L'avvocato Giuseppe Joppolo parse per un attimo pigliato dai turchi.
«Quale gatto?»

«Dudù. Il gatto al quale la povera signora sua moglie era tanto affezionata. Aveva macari un cardellino. Li ha portati qui con sé?»
«Beh, no. Io avrei voluto, ma nel trambusto del trasloco, purtroppo... il gatto è scappato, il cardellino è volato via. Purtroppo.»
«La signora ci teneva molto, tanto al gatto quanto al cardellino.»
«Lo so, lo so. Aveva, poveretta, queste forme infantili di...'>
«Mi perdoni, avvocato» l'interruppe Montalbano.
«Ma ho saputo che tra lei e sua moglie c'erano dieci anni di differenza. Voglio dire, lei era di dieci anni più giovane della signora.»
L'avvocato Giuseppe Ioppolo scattò dalla seggia e fece la faccia sdignata.
«Questo che c'entra?»
«Non c'entra, infatti. Quando c'è l'amore...»
L'avvocato lo taliò con gli occhi socchiusi a pampineddra e non disse niente. Montalbano continuò.
«Quando si è maritato, lei era praticamente uno spiantato, vero?»
«Fuori da questa casa.»
«Me ne vado tra un attimo. Ora invece, con l'eredità, è diventato ricchissimo. A occhio e croce una diecina di miliardi ha ereditato. La morte delle persone che amiamo non sempre è una disgrazia.»
«Che vuole insinuare?» spiò l'avvocato giarno come un morto.
«Nient'altro che questo: lei ha fatto ammazzare sua moglie. E so anche da chi. Lei ha ideato un piano geniale, tanto di cappello. Le prime tre aggressioni erano un falso scopo, lo scopo vero era la quarta; quella, mortale, di sua moglie. Non si trattava di rubare le borsette, ma di coprire coi finti furti il vero scopo, l'omicidio della sua signora.»
«Mi scusi: ma dopo l'omicidio della povera Ninetta mi pare che a Vigàta ne abbiano tentato un altro.»
«Avvocato, le ho già fatto tanto di cappello. Quello era il tocco d'artista, per depistare definitivamente gli eventuali sospetti su di

lei. Ma non ha pensato all'affetto chela sua signora aveva per il gatto Dudù e per il cardellino.
E stato un errore.»
«Mi vuole spiegare cos'è questa storia imbecille?»
«Tanto imbecille non è, avvocato. Vede, io ho fatto le mie indagini. Accurate. Lei, quando sono venuto a trovaria in clinica dopo l'incidente e l'assassinio di sua moglie, mi ha detto che, al telefono, aveva insistito perché la signora restasse a Vigàta. E vero?»
«Certo che è vero!»
«Vede, lei, immediatamente dopo l'incidente, venne ricoverato in clinica in una camera a due letti. L'altro paziente era separato da lei da un paravento. Lei, stordito per il finto incidente che l'aveva comunque ammaccato, telefona alla signora. Poi la trasportano in una camera singola. Ma l'altro paziente ha sentito la telefonata. E pronto a testimoniare. Lei supplicò sua moglie di venirla a trovare in clinica, le disse che stava malissimo. Invece lei a me riferì, e l'ha ripetuto or ora, di avere insistito perché sua moglie non si muovesse da Vigàta.»
«Cosa vuole che mi ricordi, dopo un incidente che...»
«Mi lasci finire. C'è di più. La sua signora, preoccupatissima per quello che lei le ha detto al telefono, decide di partire immediatamente per Palermo. Ma ha il problema del gatto e del cardellino, non sa quanto tempo starà via da casa. Allora sveglia la vicina della quale è amica, le racconta che lei le ha detto che è praticamente in fin di vita. Deve perciò partire di corsa. Affida all'amica e vicina il gatto e il cardellino e scende in strada dove l'aspetta l'assassino, pronto a portare a termine l'ingegnoso piano da lei ideato.» Il bell'avvocato Giuseppe Joppolo perse l'appiombo.
«Non hai manco uno straccio di prova, brutto stronzo.»
«Forse non sa che il suo complice ha avuto una mano scassata da una bottigliata ricevuta dalla sua ultima vittima. Ed è andato a farsi medicare all'ospedale di Montelusa, nientemeno. L'abbiamo arrestato. I miei lo stanno torchiando. Questione di ore. Confesserà.»

«O Cristo!» fece l'avvocato Ioppolo crollando sulla seggia più vicina. Non c'era niente di vero nella facenna del complice arrestato, era tutta una farfanteria, un au- tentico saltafosso, secondo il gergo della polizia. Ma quel fosso l'avvocato non l'aveva saputo saltare, ci era caduto dintra con tutti i vestiti.
Sostiene Pessoa Montalbano si era susùto alle sei di matino e la cosa in sé non gli avrebbe fatto né càvudo né friddo se non fosse stata una giornata smèusa. Cadeva una pioggia rada che fingeva di non esserci, proprio quella che i contadini chiamavano "assuppaviddranu". Una volta, quando ancora si travagliava la terra, con una pioggia così il viddrano non smetteva, continuava a lavorare di zappa, tanto è una pioggia leggera che manco pare: in conclu-
sione, quando tornava a casa la sera i suoi abiti erano come inzuppati dintra all'acqua. E questo non fece che peggiorare il malumore del commissario il quale alle nove e mezzo di quella matina doveva trovarsi a Palermo, due ore di strata in macchina, per partecipare a una riunione che aveva come tema l'impossibile, vale a dire l'individuazione di modi e sistemi per distinguere, tra le migliaia di clandestini che sbarcavano nell'isola, quali fossero poveri disgraziati in cerca di lavoro o scappati da orrori di guerre più o meno civili e quali fossero invece delinquenti puri, infiltrati fra le torme di disperati.
Un qualche genio del ministero sosteneva d'aver trovato un modo quasi infallibile e il signor ministro aveva deciso che tutti i responsabili dell'ordine nell'isola ne venissero debitamente messi al corrente. Montalbano aveva pinsato che a quel genio ministeriale avrebbero dovuto conferire il Nobel: minimo minimo, era arrinisciuto a inventarsi un sistema capace di distinguere il Bene dal Male. Si rimise in macchina per tornare a Vigàta che già erano le cinque del doppopranzo. Era nirbùso, la rivelazione del genio ministeriale era stata accolta con malcelati sorrisini, praticamente era inattuabile. Giornata persa. Come previsto.Non era prevista invece l'assenza totale dei suoi òmini dal commissariato. Non c'era

manco Catarella. Doveerano andati a finire? Sentì i passi di qualcuno nel corridoio. Era Catarella che rientrava, affannato.
«M'ascusasse, dottori. In farmacia andai, la gaspirina accattai. Mi sta vinendo la `mprudenza.»
«Ma si può sapere dove sono gli altri?»
«Il dottori Augello tiene la `mprudenza, Galluzzo tiene la `mprudenza, Fazio e Gallo...»
«... tengono la `mprudenza.»
«Nonsi, dottori. Lori bene stanno.»
«Dove sono?»
«Andarono indovi che hanno ammazzato a uno.»
Ecco qua: non puoi allontanarti per mezza giornata, che ne approfittano e si fanno il morto.
«E lo sai dove?»
«Sissi, dottori. In contrada Ulivuzza.»
Come ci si arrivava? Se lo spiava a Catarella, capace che quello lo faceva andare al Circolo polare artico. Poi gli tornò a mente che Fazio aveva il cellulare.
«E che viene a fare, dottore? Il Sostituto ha dato l'ordine di rimozione, il dottor Pasquano l'ha visto, la Scientifica sta per finire.»
«E io vengo lo stesso. Aspettatemi, tu e Gallo. Spiegami bene la strada.»
Poteva benissimo seguire il consiglio di Fazio e non cataminarsi dall'ufficio. Ma sentiva la necessità di rifarsi, in qualche modo, di quella giornata a vacante, sprecata in quattro e passa ore di macchina e un diluvio di parole prive di senso.
Contrada Ulivuzza era proprio al confine con Montelusa, ancora cento metri e il commissariato di Vigàta non avrebbe avuto nulla a che fare con la facenna. La casa dove avevano trovato il morto era completamente isolata. Fatta di pietre a secco, consisteva di tre càmmare allineeate a piano terra. C'era una porta d'entrata con allato un'apertura: quest'ultima dava sulla stalla dove ci abitava un asino solitario e malinconico. Quando arrivò, ci stava solo un'auto, quella di Gallo, davanti allospiazzo: si vede che il mutupèrio di

medici, infermieri, Scientifica e Sostituto con seguito era finito. Meglio accussì. Scese dalla macchina e infilò le scarpe in mezzo metro di fango. La pioggia ad "assuppaviddranu" non cadeva più, ma gli effetti persistevano. La soglia della casa, infatti, era sepolta sotto tre dita di fango e fango era dovunque nella càmmara dintra la quale trasì. Fazio e Gallo si stavano facendo un bicchiere di vino in piedi davanti al focolare a legna. C'era macari un forno, chiuso da un pezzo di latta tagliato a semicerchio. Il morto se l'erano portato via. Sul tavolo al centro della càmmara, c'era un piatto con i resti di due patate bollite, trasformate dal sangue, che aveva colmato il piatto ed era debordato sul legno del tavolo, in barbabietole violacee.

Sul tavolo, non conzato con la tovaglia, c'era macari una forma di tomazzo intatta, mezza scanata di pane, un bicchiere pieno a metà di vino rosso. Non c'era il fiasco, era quello dal quale stavano servendosi Fazio e Gallo. In terra, allato alla seggia di paglia, una forchetta. Fazio aveva seguito il suo sguardo.

«E stato mentre mangiava. L'hanno giustiziato con un solo colpo alla nuca.»

Montalbano arraggiava quando, alla televisione, scangiavano il verbo ammazzare con giustiziare. E pure con i suoi se la pigliava. Ma questa volta lasciò correre, se Fazio se l'era fatto scappare, significava ch'era restato impressionato da quell'unico colpo alla nuca sparato con freddezza.

«Che c'è di là?» spiò il commissario accennando con la testa all'altra càmmara.

«Nenti. Un letto a due piazze, senza linzòli, solo coi matarazzi, due comodini, un armuàr, due seggie come a queste che sono qua.»

«Io lo conoscevo» fece Gallo asciucandosi la bocca con la mano.

«Il morto?»

«Nonsi. Il padre. Si chiamava Firetto Antonio. Il figlioinvece di nome faceva Giacomo, ma io non l'ho mai conosciuto.»

«Dov'è finito il padre?»

«Questo è il busillisi» disse Fazio. «Non si trova.

L'abbiamo cercato torno torno la casa e nei paraggi manon l'abbiamo trovato. Secondo mia, se lo sono portati quelli che gli hanno ammazzato il figlio.»
«Che sapete del morto?»
«Dottore, Firetto Giacomo è il morto!»
«Ebbè?»
«Dottore, da cinque anni si era buttato latitante. Era un manovale della mafia, faceva travagli di bassa macelleria, almeno così si diceva. Solo lei non ne ha mai inteso parlare.»
«Apparteneva ai Cuffaro o ai Sinagra?»
I Cuffaro e i Sinagra erano le due famiglie che da anni si facevano guerra per il controllo della provincia di Montelusa.
«Dottore, Firetto Giacomo quarantacinque anni aveva. Quando stava qua, apparteneva ai Sinagra. Era picciotto allora, ma prometteva bene. Tanto che i Riolo di Palermo se lo fecero imprestare. Prestito che è durato fino a quando non l'hanno ammazzato.»
«E il padre, quando lui veniva da queste parti, gli forniva l'ospitalità.»Fazio e Gallo si scangiarono una rapissima taliàta.
«Commissario, il padre era un gran galantomo» disse deciso Gallo.
«Si può sapere perché dici: era?»
«Perché, secondo noi, a quest'ora l'hanno già ammazzato.»
«Fatemi capire: secondo voi come sono andati i fatti?»
«Se lei mi permette» fece Gallo «vorrei aggiungere ancora una cosa. Antonio Firetto teneva quasi sittant'anni, ma aveva l'animo di un picciliddro. Faceva poesie.»
«Come?»
«Sissignore, poesie. Non sapeva né leggere né scrivere, ma faceva poesie. Belle, io gliene ho sentito dire qualcuna.»
«E che trattava in queste poesie?»
«Mah, la Madonna, la luna, l'erba. Cose accussì. E non volle mai cridiri a tutto quello che dicevano di suo figlio. Sosteneva che Giacomo non era capace, che aveva il cuore bono. Mai ci volle

credere. Una volta, in paisi, fece un'azzuffatina a sangue con uno che gli disse che suo figlio era un mafioso.»
«Ho capito. Quindi tu mi stai venendo a dire che era più che naturale che desse ospitalità al figlio credendolo `nnuccenti come a Cristo.»
«Esattamente» disse, quasi a sfida, Gallo.
«Torniamo al nostro discorso. Com'è andata, secondo voi, la facenna?»
Gallo taliò a Fazio come a dirgli che ora la parola spettava a lui.
«Nelle prime ore di doppopranzo Giacomo arriva qua. Deve essere stanco morto, perché si getta sul letto con le scarpe infangate. Suo padre lo lascia riposare, poi gli prepara da mangiare. Giacomo si mette a tavola, oramai è scuro. Suo padre, che non ha pititto o mangia di solito più tardi, esce per andare a dare adenzia allo scecco nella stalla. Ma fora ci sono almeno due òmini che aspettano il momento giusto. L'immobilizzano, tràsino a piede lèggio nella casa e sparano a Giacomo. Poi si portano appresso il vecchio e la macchina con la quale Giacomo è arrivato.»
«E perché secondo voi non l'hanno ammazzato qua stesso come hanno fatto col figlio?»
«Mah, forse Giacomo aveva confidato qualche cosa al padre. E loro volevano sapere che si erano detti.»
«Potevano farlo nella stalla l'interrogatorio.»
«Capace che pensavano che la facenna sarebbe stata lunga. Poteva capitare qualcuno. Come difatti è stato.»
«Spiegati meglio.»
«A scoprire l'omicidio è stato un amico di Antonio che abita a trecento metri da qui. Certe sere, doppo mangiato, si bevevano un bicchiere e chiacchiariàvano. Si chiama Romildo Alessi. Questo Alessi, che ha un motorino, è corso in una casa vicina dove sapeva che c'era un telefono. Quando siamo arrivati, il corpo era ancora càvudo.»
«La vostra ricostruzione non quatra» disse brutalmente Montalbano.

I due si taliàrono imparpagliati.
«E perché?»
«Se non ci arrivate da soli non ve lo dico. Com'era vestito il morto?»
«Pantaloni, cammisa e giacchetta. Tutta roba lèggia,
col càvudo che fa a malgrado dell'acqua.»
«Quindi era armato.»
«Perché doveva essere armato?»
«Perché uno che d'estate porta la giacchetta viene a dire che è armato sotto la giacchetta. Allora, era armato o no?»
«Non gli abbiamo trovato armi.» Montalbano fece una smorfia.
«Voi perciò pensate che un latitante pericoloso se ne va a spasso senza manco un miserabile revòrbaro in sacchetta?»
«Può darsi che l'arma se la sono portata quelli che l'hanno ammazzato.»
«Può darsi. Avete taliàto in giro?»
«Sissi. E macari quelli della Scientifica. Non abbiamo trovato manco il bossolo. O l'hanno ricuperato o l'arma era un revòrbaro.»
Un cassetto del tavolo era aperto a metà. Dintra c'erano fili di raffia, un pacco di candele, una scatola di fiammiferi da cucina, un martello, chiodi e viti.
«L'avete aperto voi?»
«Nonsi, dottore. Era così quando siamo arrivati. E così l'abbiamo lasciato.»
Sul ripiano davanti al forno c'era un rotolo di nastro adesivo per pacchi, marrone chiaro, alto tre dita. Doveva essere stato pigliato dal cassetto rimasto semiaperto e mai rimesso a posto.
Allora andò davanti al forno, levò la chiusura di latta ch'era semplicemente appoggiata lungo il bordo dell'imboccatura.
«Mi date una pila?»
«Là dintra abbiamo taliàto» disse Fazio mentre gliela porgeva «ma non c'è niente.»
Invece qualcosa c'era: uno straccio una volta bianco ora diventato completamente nivuro di scorie. Inoltre due dita di fuliggine impalpabile si erano ammassate nproprio dietro l'imboccatura,

come se fosse stata fatta cadere dalla parte iniziale della volta del forno. Il commissario rimise a posto la chiusura.
«Questa me la tengo io» fece mettendosi in sacchetta
la pila.
Poi principiò a fare una cosa che apparse stramma a Fazio e a Gallo. Chiuse gli occhi e camminò, a passo normale, dalla parete dove c'erano la cucina e il forno al tavolo e viceversa, poi dal tavolo alla porta d'ingresso e viceversa. Insomma, sempre con gli occhi chiusi, caminava avanti e narrè che pareva nisciuto pazzo. Fazio e Gallo non osarono spiargli niente. Poi il com missario si fermò.
«Io stanotte resto qua» disse. «Voi astutate la luce, chiudete la porta e le finestre, mettete i sigilli. Si deve dare l'impressione che qua dintra non sia rimasto nessuno.»
«E che motivo hanno quelli di tornare?» spiò Fazio.
«Non lo so, ma fate come vi dico. Tu, Fazio, porta a Vigàta la mia macchina. Ah, una cosa: prima di andarvene via, dopo che avete messo i sigilli alla porta, andate nella stalla a governare lo scecco. Quella pòvira vestia deve avere fame e sete.»
«Come comanda» disse Fazio. «Vuole che nella mati-
nata vengo con la sua macchina a pigliarla?»
«No, grazie. Tornerò a Vigàta a piedi.»
«Ma è lunga la strata!»
Montalbano lo taliò negli occhi e Fazio non osò insistere.
«Commissario, mi leva una curiosità prima che me ne vado? Perché il nostro ragionamento su come è stato ammazzato Giacomo Firetto non funziona?»
«Perché Firetto stava mangiando assittato a taliàre la porta. Se qualcuno fosse entrato, l'avrebbe visto e avrebbe reagito. Invece qua nella càmmara tutto è in ordine, non c'è segno di colluttazione.»
«E con questo? Capace che il primo è entrato puntando un'arma contro Giacomo e tenendolo sempre sotto punteria gli ha ordinato di restare com'era, mentre il secondo ha fatto il giro del tavolo e gli ha sparatoalla nuca.»

«E tu pensi che uno come Giacomo Firetto, a quanto mi avete contato voi, è un tipo da lasciarsi ammazzare mentre se ne sta immobile e scantato? Alla disperata, morto per morto, qualcosa la tenta. Beh, buonanotte.»
Li sentì chiudere la porta, li sentì mentre armeggiavano a mettere i sigilli (un foglio di carta con sopra scarabocchiato qualcosa e un timbro, impiccicato a un'anta con due pezzetti di scotch), li sentì tripistiàre e santiare nella stalla allato mentre accudivano allo scecco (si vede che l'asino non voleva avere a che fare con due strànei), li sentì mettere in moto le auto e allontanarsi. Rimase ancora immobile nello scuro completo vicino al tavolo. Passati pochi secondi, gli arrivò il rumore della pioggia che aveva ripigliato a cadere.Si levò la giacchetta, la cravatta che aveva ancora e che si era dovuto mettere per il convegno palermitano, la cammisa, rimase a torso nudo. Con la pila in mano, camminò deciso verso il forno, pigliò la copertura di latta e la poggiò a terra cercando di non fare rumorata, infilò il braccio dintra al forno e spinse il pulsante della pila. Dintra al forno ci trasì macari lui con tutto il busto, isandosi sulla punta dei piedi. Facendo una torsione, si ritrovò appoggiato di schiena sul ripiano, metà del corpo dintra al forno; culo, gambe e piedi invece fora. Tanticchia di fuliggine gli cadì sugli occhi, ma non gli impedì di vedere il revòrbaro tenuto impiccicato sulla volta del forno, proprio darrè all'imboccatura, con due strisce di nastro adesivo per pacchi che sparluccicarono sotto la luce. Astutò la pila, niscì dal forno, rimise a posto la chiusura, si puliziò alla meglio col fazzoletto, indossò nuovamente camicia e giacca, la cravatta se la mise in sacchetta. Poi s'assittò sopra a una seggia che c'era quasi davanti ai due fornelli. Allora, ma non solo per passare tempo, il commissario principiò a pensare a una lettura fatta qualche giorno prima. Sostiene Pessoa, attraverso le parole che mette in bocca a un suo personaggio, l'investigatore Quaresma, che se uno, passando per unastrada, vede un omo caduto sul marciapiede, istintivamente è portato a domandarsi: per quale motivo quest'uomo è caduto qui? Ma, sostiene Pessoa, questo è già un errore di ragionamento e

quindi una possibilità di errore di fatto. Quello che passava non ha visto l'uomo cadere lì, l'ha visto già caduto. Non è un fatto che l'omo sia caduto in quel punto. Quello che è un fatto è che egli si trova lì per terra. Può darsi che sia caduto in un altro posto e l'abbiano trasportato sul marciapiede. Può essere tante altre cose, sostiene Pessoa. E quindi come spiegare a Fazio e a Gallo che l'unico fatto della facenna, a parte il morto, era che Antonio Firetto non era sul luogo del delitto nel momento in cui erano arrivati loro? Che se lo fossero portato via gli assassini del figlio non era assolutamente un fatto, ma un errore di ragionamento. Poi gli tornò a mente un altro esempio che confortava il primo. Sostiene Pessoa, sempre attraverso Quaresma, che se un signore, mentre fuori piove e lui se ne sta in salotto, vede entrare nella camera un visitatore bagnato, inevitabilmente è portato a pensare che il visitatore sia con gli abiti zuppi d'acqua perché è stato sotto la pioggia.
Ma questo pensiero non può essere considerato un fatto, dato che il signore non ha visto con i suoi occhi il visitatore in strada sotto la pioggia. Può darsi invece che gli abbiano rovesciato un catino pieno d'acqua dentro casa. E allora come spiegare a Fazio e a Callo che un mafioso "giustiziato" con un preciso colpo alla nuca non è necessariamente vittima della mafia stessa per uno sgarro, per un inizio di pentimento?
Sostiene ancora Pessoa che...Non seppe mai cos'altro in quel momento stesse sostenendo Pessoa. La stanchezza della giornata gli calò addosso di colpo, come un cappuccio che aggiunse scuro allo scuro che già c'era nella càmmara. Calò la testa sul petto e s'appinnicò. Prima di sprofondare, arrinisci a darsi un ordine: dormi come i gatti. Col sonno leggero dei gatti che sembrano dormire profondamente, ma che basta un niente a farli saltare in piedi e in posizione di difesa. Non seppe per quanto tempo dormi, aiutato dal sottofondo costante della pioggia. L'arrisbigliò di colpo, proprio come un gatto, un rumore lèggio alla porta d'ingresso. Poteva essere un armàlo qualsiasi. Poi sentì la chiave girare nella toppa, la porta cautamente aprirsi. S'irrigidì sulla seggia. La porta si richiuse.

Non l'aveva vista né aprirsi né chiudersi nuovamente, nessuna alterazione nel muro di scuro fitto, tanto fora quanto dintra la casa. L'omo era entrato, ma restava troppo vicino alla porta, immobile: il commissario non osava cataminarsi macari lui, temeva che persino il suo respiro potesse tradirlo. Perché non veniva avanti? Forse l'omo fiutava una presenza estranea dintra la sua casa, come un armàlo tornato nella tana. Poi finalmente l'omo fece due passi verso la tavola e nuovamente s'arrestò. Il commissario si sentì rassicurato, ora con un balzo avrebbe potuto, se c'era la necessità, saltare dalla seggia e agguantarlo. Ma non ce ne fu di bisogno.
«Cu si?» spiò una voce di vecchio, bassa, senza tremore.
Chi sei. L'aveva veramente fiutato, un'omora estranea nell'ammasso di ombre che costituiva la càmmara, all'interno del quale l'omo oramà sapeva distinguere per antica consuetudine quello che stava al proprio posto e quello che non ci stava. Era in svantaggio, Montalbano: per quanto si fosse impressa in testa la disposizione di ogni cosa, capiva che l'altro avrebbe potuto serrare gli occhi e muoversi liberamente mentre lui, assurdamente, proprio in quello scuro fitto sentiva la necessità di tenere gli occhi sgriddrati.
E capì macari che sarebbe stato un errore irrecuperabile dire in quel momento la parola sbagliata.
«Sono un commissario. Montalbano sono.>; L'omo non si cataminò, non parlò.
«Voi siete Antonio Firetto?»
Il "voi" gli era venuto spontaneo e con quel particolare tono che indicava considerazione, se non rispetto.
«Sì.»
«Da quanto tempo non vedevate Giacomo?»
«Da cincu anni. Vossia mi cridi?»
«Vi credo.»
Dunque durante tutto il periodo della latitanza suo figlio non si era fatto vedere. Forse non osava.
«E aieri come mai si presentò?»

`<Non lo saccio u pirchì. Era stancu, stancu assà. Non vinni con la machina, vinni a pedi. Trasì, m'abbrazzò, si ittò supra u lettu cu tutti i scarpi. Doppu s'arrisbigliò e mi dissi c'aviva pitittu. Allura m'addunai ch'era armatu, aviva u revòrbaru supra u cumudinu. Io ci spiai pirchi girasse armatu e lui m'arrispose ch'era pirchì si potìvano fari incontri tinti, cattivi. E si misi a ridiri. E a miami s'aggilò u sangu.»
<`Perché vi si gelò il sangue?»
«Per comu ridiva, commissariu. Non ci parlammo cchiù, lui restò corcato, io venni qua a pripparargli il mangiari. Per lui solo, io non potiva, mi sintiva una ma- nu di ferru ca mi stringiva la vucca dello stòmacu.» S'interruppe, fece un sospiro. Montalbano rispettò quel silenzio.
«Quella risata mi sonava sempri dintra la testa» ripigliò il vecchio. «Era una risata parlante, ca diciva tutta la virità supra a me' figliu, la virità ca iu non aveva mai vulutu cridiri. Quannu le patate furono pronte, lo chiamai. Lui si su sì, trasì ccà dintra, posò u revòrbaru supra a tavula, principiò a mangiari. E allura iu ci spiai: "Quanti cristiani hai ammazzatu?". E iddru, friscu come se si parlasse di formicole: "Otto". E doppu disse una cosa ca non mi doveva diri. Disse: "E macari un picciliddro di nove anni". E continuò a mangiari. Madunnuzza santa, continuò a mangiari! Allura iu pigliai u revòrbaru e ci sparai darrè al cozzo. Un corpo solo, come fanno coi condannati a morti.»
"Giustiziato" aveva detto Fazio. E aveva detto giusto. La pausa questa volta fu molto lunga. Poi parlò il commissario.
«Perché siete tornato?»
«Pirchì mi vogliu ammazzarì.»
«Col revolver che avete nascosto dentro il forno?»
«Sissi. Era chiddru di me' figliu. Manca un corpu.»
«Avete avuto tutto il tempo che volevate per ammazzarvi. Perché non l'avete fatto subito?»
«Mi trimava troppu la manu.»
«Potevate impiccarvi a un albero.»

«Nun sugnu Giuda, signor commissario.»
Già, non era Giuda. E non poteva gettarsi in fondo a un pozzo come un disperato. Era un poeta che non aveva voluto vedere fino all'ultimo la verità.
«E ora che fa, m'arresta?»
Ancora quella voce bassa e ferma, senza tremore.
«Dovrei.»
Il vecchio si mosse velocemente, pigliando di sorpresa il commissario. Nello scuro, Montalbano sentì la latta messa a chiusura del forno cadere per terra. Ora sicuramente il vecchio teneva il revolver in mano e lo puntava contro di lui. Ma il commissario non aveva nessuna paura~ sapeva che c'era solo una parte da recitare. Si susi lentamente, ma appena in piedi ebbe come un capogiro, una stanchezza fatta di lastre di cemento lo stava seppellendo.
«Vossia è sotto punteria» disse il vecchio. «E iu le dugnu l'ordini di nèsciri immediatamente da chista casa.
Vogliu muriri ccà, sparatu dal revòrbaru di me' figliu. Assittato allo stisso postu indove che iu ci sparai. Se vossia è un omo, capisce.»
Stancamente Montalbano si diresse alla porta, l'aprì, niscì. Aveva smesso di piovere. Ed era certo che non avrebbe trovato un passaggio per Vigàta.

Un caso di omonimia

«Me la vuoi spiegare meglio `sta storia?» spiò, arraggiato, Montalbano.
All'altro capo del filo a Boccadasse-Genova, la voce di Livia si fece di colpo gelida.
«Non gridare con me. Non c'è nessuna storia da spiegare. Una mia cara amica, ci conosciamo da piccole, m'ha invitato a passare con lei le vacanze di Natale, tutto qua.»
«Ma che mi conti? Se ve ne andate a Nuovaiorca!»
«Embè? Trascorreremo il Natale a New York da suo fratello che vive là.»

«Avresti potuto stare con me! Salivo io o scendevi tu.»
«Dai, non farmi ridere, Salvo! Da quanti anni stiamo assieme? Parecchiucci, no? Quanti Natali abbiamo festeggiato sotto lo stesso tetto?»
«Beh, in questo momento non ricordo.»
«Ti rinfresco la memoria: uno solo.»
«Non è stata colpa mia.»
«E nemmeno mia. Ascolta, Salvo, m'è venuta un'idea: perché non mi raggiungi?»
«Dove?»
«Come, dove? A New York.»
«Io, a Nuovaiorca? Manco se mi sparano.»
«Allora senti. Io vado con la mia amica, torno a Boccadasse il 27, il giorno appresso piglio un aereo e vengo da te a Vigàta. Va bene così?»
«Natale è una cosa, capodanno un'altra.»
«Salvo, sai che ti dico? M'hai stufata. Il numero di New
York te l'ho già dato: se mi vuoi sentire, mi chiami.»
«Non ho soldi da buttare, io.»
«Ora sei diventato anche tirchio? Pare che nel periodo natalizio sarà possibile fare una telefonata intercontinentale di venti minuti e pagarne solo dieci. O qualcosa di simile. Informati.»
«Auguri» fece Montalbano a denti stretti.
«Non li accetto. Me li devi fare a voce o alla vigilia o il giorno stesso di Natale» disse dura Livia. E riattaccò. E così, per puro masochismo, accettò l'invito del suo amico, il vicequestore Valente, ora a capo di un commissariato di periferia a Palermo, di passare il Natale conlui. Masochismo perché la mogliere di Valente, Giulia,ligure di Sestri e coetanea di Livia, cucinava (ma si poteva usare il verbo nel caso specifico?) come i picciliddriquando mischiano in una scodella mollica di pane, zucchero, peperoni, farina e tutto quello che trovano a portata di mano e poi te l'offrono, dicendo che ti hanno preparato il mangiare. Mentre fermava l'auto davantiall'albergo che aveva scelto, capì che quello che lui ave va chiamato masochismo

era in realtà una specie di attoespiatorio per essere stato così sgarbato con Livia. A Valente aveva detto che sarebbe arrivato il 24 mattina: siera invece ripromesso di passare la serata del 23 tambasiando per le strade palermitane, senza obbligo di parola con nessuno. S'era scordato però che a Natale la gente viene pigliata dalla smania d'accattare regali, i negozierano illuminatissimi, le strade affocate di persone, lescritte degli archi luminosi aguravano pace e felicità.Camminò per un'orata, scegliendo accuratamente unarotta quanto più possibile lontana dall'attività accattatoria, ma macari nei vicoli più squallidi c'era semprequalche negozietto dalla vetrina decorata da una fila dilampadinuzze colorate che ritmicamente s'addrumavano e s'astutavano. A tradimento, senza capire perché opercome, l'assugliò una gran botta di malinconia. Glitornò a mente un Natale di quando lui, picciliddro... Basta. Decise di porvi immediato riparo. Accelerò il passoe arrivò finalmente a un'osteria dove andava ogni volta
che si trovava a Palermo. Trasì e vide ch'era l'unicocliente. Il proprietario-cameriere del locale, sei tavolini in tutto, era chiamato don Peppe. Sua mogliere stava incucina e sapeva fare le cose come Dio comanda. DonPeppe conosceva Montalbano per nome e cognome, mane sconosceva la professione: se l'avesse saputa, forse sisarebbe addimostrato meno espansivo, la sua osteria
era frequentata da persone non tanto per la quale.Sbafàtosi a occhi socchiusi per il piaciri un piattod'involtini di milanzàne con la pasta e la ricotta grattuggiata, stava aspettando il secondo quando don Peppe gli si avvicinò.

«La chiamano al telefono, signor Montalbano.»

Il commissario strammò. Chi poteva sapere che lui inquel momento s'attrovava lì? Certo c'era uno sbaglio.Ad ogni modo si susì, andò al telefono posato su un ta-volinetto allato alla porta del gabinetto.

«Pronto?»

«Montalbano sei?»

«Sì, sono Montalbano, ma...»

«Niente ma. Hai accettato, non fare storie. La primametà dei soldi te li pigliasti. Senti: quella persona la trovi verso mezzanotte. Sta a via Rosales 32, un villino. Faiuna cosa pulita pulita. Doppo mi telefoni e riferisci. Ilnumero è 0012126783346. Ti dico dove puoi andare a pigliare il resto dei soldi. Chiama, eh?»
Gesù! Quello stava a New York! Lo sapeva perché leprime sei cifre erano le stesse del numero che gli avevalasciato Livia. Uno sbaglio, come aveva pensato subito,un caso di omonimia.
«Mi scusi, don Peppe, lei ha altri clienti che si chiamano come a mia?»
«Nonsi. Perché?»
Trasì uno e s'assittò a un tavolino. Un trentino, conuna faccia da spavento se l'incontravi a solo di notte.
«Lei come si chiama?»
«E a lei che gliene fotte?»
«Sono un commissario. Come si chiama?»
«Filippazzo Michele. Vuole i documenti?»
«No» disse Montalbano.
Filippazzo si susì e fece, rivolto al proprietario:
«Mi scusasse, don Peppe, ma il pititto mi passò.»Sinni nisci.
Montalbano si riassittò, il secondo già sultavolo mandava un sciàuro divino, ma macari a lui erapassata la gana di mangiare, tanto più che ora don Peppe lo squatrava di traverso. Taliò il ralogio, le nove emezzo, domandò il conto, pagò, nisci in strada, s'appuntò L'indirizzo di Palermo e il numero di telefono diNuovaiorca. Si fermò a poca distanza, per controllarechi trasiva nell'osteria, e si mise a ragionare. Dato percerto che la cosa pulita pulita da fare era un omicidio sucommissione del quale era stata pagata la prima rata,era chiaro che il Montalbano killer non era direttamenteconosciuto né da don Peppe né dall'omo di Nuovalorca. A questo omonimo era stato detto solo di andare nell'osteria di don Peppe e d'aspettare una telefonata persapere l'indirizzo della vittima e come riscuotere la seconda rata. Però il fatto era che il Montalbano numerodue non si era apprresentato. Se l'era pentita? Il trafficogli stava impedendo

d'arrivare a tempo? Una coppiastava in quel momento trasendo nell'osteria, due vecchietti di settantina passata. Principiava a sentire freddo, il giubbotto di montone non ce la faceva a fargli càvudo. Passò un'altra mezzorata. Era chiaro che l'altroMontalbano non sarebbe più venuto. E anche se si fossepresentato in ritardo non avrebbe conosciuto né l'indirizzo della vittima né il numero di telefono di Nuovaiorca, perché l'altro non aveva più motivo di richia- mmare, oramai s'era fatto convinto d'avere parlato colvero Montalbano. Tornato in albergo, acchianò nella suacàmmara, chiamò Livia, a Nuovaiorca dovevano essere le quattro e mezzo del doppopranzo.«Hullo?» fece una voce d'omo.

«Salvo Montalbano sono.»

«Che piacere sentirla! Lei è il fidanzato di Livia, vero?Gliela passo.»

«Pronto, Salvo? Com'è che ti sei deciso a farmi gli auguri?»

«E infatti non mi sono deciso. Ti chiamo per un favore.»

Le spiegò quello che voleva. Ma la telefonata durò alungo, perché le interruzioni di Livia furono tantissime.

(«Si può sapere che ci fai a Palermo?» «A questo puntopotevi venire a New York!» «Ma la moglie di Valentenon cucina malissimo?» «Che rogna stai andando a cercarti?») Finalmente Montalbano ce la fece e Livia glipromise che avrebbe richiamato immediatamente. Il telefono infatti squillò dopo manco un quarto d'ora.

«Il numero che mi hai dato corrisponde al LibertyBar. Non è un indirizzo privato.»

«Grazie. Mi faccio vivo più tardi» fece Montalbano. Epoi, dopo una pausa: «Per gli auguri».

Un bar qualsiasi di New York, un'osteria qualsiasi diPalermo. Erano bravi, dei veri professionisti. Nessunaconoscenza diretta tra di loro, nessun numero privato. Eora che fare? Erano le undici, pigliò una decisione. Scinnì nella hall, consultò lo stradario di Palermo. Poi,con la sua macchina, s'avviò verso via Rosales, al capoopposto della città, una strada scurosa che già sentiva lacampagna. Non ci passava anima criata. Il commissariofermò all'altezza del 32, un grande cancello di ferro chenascondeva un villino. Era mezzanotte. Forse la

vittimadesignata era già in casa. I fari d'una macchina in arrivol'abbagliarono. Una luce gialla lampeggiò sopra il cancello che si aprì lentamente, la macchina passò, il cancello ripigliò a chiudersi. Il commissario aspettò che restasse un varco strettissimo, balzò fora dall'auto e passòmacari lui, lasciandoci qualche bottone. L'auto si erafermata davanti alla villa. Ne scinnì una giovane fimmina, raprì la porta, la richiuse alle sue spalle. Le finestredel pianoterra s'illuminarono, poi macari quelle del piano superiore. Solo allora Montalbano si mosse verso lacasa con quatela. La finestra di mancina allato alla portad'entrata era socchiusa, la sospinse, si spalancò. «Abbiamo fatto trenta, facciamo trentuno» si disse scavalcando, non senza una certa fatica, il davanzale. Si trovòdintra a un salone vastissimo, quadri e mobili di granvalore. Un'ampia scalinata di legno, coperta da unospesso tappeto, portava al piano di sopra. Montalbanomosse un passo e si paralizzò. Che fesseria stava facendo? Perché si comportava esattamente come il killer?L'unica era di riscavalcare il davanzale e andare a tuppiare alla porta, qualificandosi. Si voltò, ebbe appena iltempo d'isare il piede che si sentì agguantare per lespalle. Si divincolò e, reagendo con una prontezza chelo meravigliò, mollò un cazzotto in faccia non a quello che gli afferrava le spalle ma a un altro che gli stava allato. Quello che lo teneva gli assistimò una poderosa ginocchiata alla schiena mentre l'altro, riavutosi dal cazzotto, gli sparava un pugno nella pancia. Il commissariocadì affacciabocconi, le braccia gli vennero piegatedarrè alla schiena, sentì, ammammaloccuto, lo scatto familiare delle manette.
«Chiama una gazzella, digli che l'abbiamo pigliato»fece uno dei due. Sentendosi assuppare di sudore per la vrigogna, Montalbano capì d'essere stato arrestato dai carabinieri.Portato in caserma, identificato, la voce si sparse. La metà dei carabinieri in servizio a Palermo si precipitòper taliàrlo, tra risatine e ammiccamenti, come una vestia rara allo zoo. Dopo un'orata di patimento, s'appresentò un capitano fora dalla grazia di Dio. «Perché si èintromesso?! Da una settimana stavamo dietro a questaoperazione e lei ha mandato

tutto a vacca! La signoraCosentino aveva capito che il marito voleva farla ucci dere, ce ne ha dato le prove e noi l'abbiamo messa sotto sorveglianza. Stanotte doveva essere la volta buonaperché il marito si era fatto un alibi andandosene a Berlino con l'amante. E ora, grazie a lei, non riusciremo asapere più niente di questa storia. Farò rapporto al Questore.»
Montalbano, che se ne stava con la testa calata, isò gliocchi e spiò: «Posso fare una telefonata?»
Il capitano si strinse nelle spalle e indicò il telefono. Ilcommissario compose il numero del Liberty Bar di Nuovaiorca.
In sottofondo, risate, musica, brusio, rumori di bicchieri. Era un bar, Livia aveva detto giusto.
«Montalbano sono.»
«Beh, cominciavo a stare in pensiero» fece l'altro, lostesso che l'aveva chiamato all'osteria di don Peppe.
«Ho fatto tardi perché quella persona è tornata tardi.È stato un travaglio pulito, come volevi tu. E ora dovevado a pigliare il resto?»
L'altro glielo disse. Il capitano lo taliàva con gli occhisbarracati.
«Ha telefonato a New York? Dal mio ufficio?! E comela giustifico?»
«Le sto offrendo un buon punto di partenza, capitano. Ho telefonato allo stesso bar di New York dal qualeieri sera ero stato chiamato. Prenda nota del numero.Non può essere stato un cliente del bar, è qualcuno chedeve essere sempre lì a rispondere. Il padrone, il gestore, veda lei, s'informi. È certamente lui che organizza gliomicidi. Il resto dei soldi ce l'ha il proprietario di un negozio di calzature in via Sciabica 28. Mi è stato dettoora. Basta dire: "Montalbano". Lo faccia arrestare e lometta sotto torchio.»
Il capitano si susì, gli porse la mano, gli augurò buonNatale. Montalbano ricambiò e se ne tornò in albergo.Erano le quattro del matino. Chiamò Livia per contarletutta la facenna.«Un momento!» fece Livia. «Perché in quell'osteriahai risposto al telefono?»
«Ma perché cercavano un certo Montalbano!»«Certo! E tu, egocentrico come sei, hai risposto subitocome se fossi l'unico Montalbano al mondo!»Non c'era che da litigare. Litigarono per

venti minuti.Dieci, per fortuna, erano gratis.Finita l'azzuffatina intercontinentale, gli venne unaviolenta botta di stanchizza. Nudo, sotto la doccia, capìch'era inutile andare a corcarsi. Certamente non avrebbepotuto pigliare sonno. Si era trovato tirato dintra a una storia per un'evidente omonimia, aveva fatto coi carabinieri una figura di minchia e ora lasciava perdere tuttocome se non fosse capitato niente? La conclusione fu chebattevano le cinco del matino quando si trovò davanti alnumero 28 di via Sciabica. Non c'era nessun negozio discarpe: a quel numero corrispondeva un rispettabileportone tirato a lucido e a quell'ora debitamente chiuso, il portone di una casa d'abitazione con allato il citofono eil nome di quelli che ci stavano. A mano mancina c'eraun negozio con sopra un'insegna: "Addamo-Frutta everdura". A mano dritta c'era un altro negozio: "Salume-ria Di Francesco". Si fece capace che forse aveva sentitomale il numero. Potevano avere detto 38. Fece pochi me-
tri. Al numero 38 ci stava un'agenzia di Pompe Funebri.Niente, l'unica era percorrere con santa pacienza tutta lastrata e vedere se c'era una qualche insegna di scarparo.In quel momento, sopra una bicicletta, vide un angeloche gli veniva incontro. Per l'occasione l'angelo avevaindossato una divisa di guardia notturna.
«Buongiorno» disse Montalbano fermandolo.
«Buongiorno» rispose l'altro mettendo un piede aterra.
«Un commissario sono» fece Montalbano mostrandola tessera.
«Mi dica.»
«Per caso, lei sa se in questa strada c'è un negozio dicalzature?»
«No.»
La risposta era stata immediata e inequivocabile.
«Ne è certo?»
«Certissimo. Faccio servizio da queste parti da almenoquattro anni. Il negozio di scarpe più vicino si trova quat-tro traverse più avanti, in via Pirrotta. Al 70, mi pare.»
«Grazie. Buon Natale.»
«Buon Natale a lei.»

Perché da quel bar di New York avevano volontariamente, su questo non aveva dubbi, dato un indirizzosbagliato o inesistente al presunto killer?Mentre tornava verso l'albergo, vide un bar aperto. Vi trasì, l'odore delle brioscie càvude, appena tirate foradal forno, lo distrasse dal suo pinsèro. Se ne sbafò due,accompagnandole con un cafè triplo. Niscì, s'accostò aun'edicola che stava raprendo, accattò il giornale. Apasso lento, non sapendo dove andare, dato che i trecafè gli avevano levato di mezzo ogni possibilità di sonno, si mise a tambasiare leggendo le notizie di cronaca,erano le prime che l'attiravano. Dopo venivano i necrologi. Ogni volta che Livia s'accorgeva di questo suo modo di leggere il giornale, attaccava turilla.
«Ma si può sapere perché vai a guardare i necrologi?»
«Così.»
«Che significa così?»
«Significa semplicemente così. Non so perché lo faccio, ma lo faccio. Del resto uno sportivo, tanto per fareun esempio, non va subito a guardare le notizie dellosport?»
«Ah, sì? E il tuo sport preferito è quello di frequentare i morti?»
La notizia di cronaca che lo paralizzò lì, sulla strata, e lo fece addivintare una statua, pigliava sì e no una ventina di righe. Era intitolata: INVESTIMENTO MORTALE. E diceva:
Ieri sera, verso le 20,30 in via Scaffidi, un'auto ha travolto un passante, tale Montalbano Giovanni, di anni 40, nativo di Palermo e quivi residente. Accompagnato all'ospedale San Libertino dallo stesso investitore, Caruso Andrea, ragioniere pressol'ufficio demaniale del comune, il Montalbano è deceduto malgrado le pronte cure alle quali è stato sottoposto. Numerosi testimoni concordano sulla dinamica del mortale incidente, il Montalbano avrebbe traversato di corsa la strada, sbucando improvvisamente da un vicolo e rendendo vano il tentativo di frenata del Caruso. Il Montalbano è risultato essere un ricercato per reati contro la proprietà e per tentato omicidio. Passò un taxi. Montalbano isò un braccio per fermarlo, ma l'auto continuò a muoversi. Arraggiato, il

commissario gli corse dietro. Non si addunò che stava urlando, sorprendendo e imparpagliando i rari passanti. Il taxi finalmente si fermò, Montalbano raprì la portiera e trasì a fianco del guidatore.
«Sono fuori servizio.»
«Ti ci rimetti, in servizio.»
Il tassinaro lo taliò malamente, Montalbano lo ricambiò con una taliàta ancora più mala.
«Dove la devo portare?»
«Prima a via Scaffidi e poi in via Lojacono dove c'è la trattoria di un certo Peppe. La conosci?» Il tassinaro, arraggiato, non rispose. Si limitò a ingranare e partire. E a santiare come un pazzo contro le altre scarse macchine. Come aveva previsto, via Scaffidi era a un centinaro di metri dall'osteria di Peppe. Dato che oramai c'era, disse al tassinaro d'accompagnarlo in albergo.
«Quand'è che finisce sta camurria?» murmuriò l'altro.
«Ragioniamo» si disse Montalbano stinicchiato sul letto in mutande, canottiera e calzini. «Un balordo che ha il mio stesso cognome viene assoldato per l'omicidio di una signora. Il balordo non conosce l'indirizzo della vittima: gli verrà comunicato in una certa osteria con una telefonata da New York. Il mio omonimo, che dev' essere in ritardo per l'appuntamento telefonico, s'avvia correndo verso la trattoria di Peppe, ma viene travolto da un'auto e muore poco dopo. Per un caso che ha dell'incredibile, io, che mi chiamo Montalbano come lui, vado in quell'osteria e rispondo alla telefonata. E succede quello che succede. Dopo qualche ora, sono io a chiamare New York equesta volta mi viene dato un indirizzo sbagliato. Il primo mi era stato dato giusto, il secondo no. Perché? Ragioniamoci. Durante la prima telefonata quelli di New Yorknon hanno nessuna possibilità di pensare a uno scangio di persona, praticamente Montalbano Giovanni è appena morto all'ospedale, e mi dicono le cose giuste. Dopo qualche ora sono io a richiamare, dico che tutto è andato bene e domando dove devo andare a ritirare il resto dei soldi. E loro mi danno, apposta, un indirizzo sbagliato. Fanno, di proposito, una cosa che può rivelarsi molto pe-

ricolosa per loro: bruciando il paglione al killer, cioè mettendolo in condizioni di non poter riscuotere l'altra metà dei soldi, si espongono alle sue reazioni. Va bene che tutto è stato organizzato da professionisti, ma se si sparge la voce che quelli di New York non pagano dopo aver commissionato un lavoro, questa voce porta sicuramente danno all'organizzazione. Sarebbe una specie di suicidio commerciale. Non c'è che una conclusione, semplice e banale. Mentre io me ne stavo sotto interrogatorio nella caserma dei carabinieri, qualcuno li ha avvertiti di come erano andate le cose con la signora Cosentino. E cioè che il killer incaricato non era mai arrivato nella villa e che al suo posto si era presentato una testa di minchia, vale a dire il sottoscritto. Quando ho telefonato, mi hanno dato una risposta intelligente, mi hanno tenuto buono per qualche ora mentre loro, a New York, facevano sicura-mente sparire le tracce dell'organizzazione.» Calò, di colpo, lo scuro. Non nel senso che si astutarono d'improvviso le luci, ma proprio perché le palpe-
bre di Montalbano gli calarono sugli occhi e lui s'addormentò senza manco rendersene conto, alloppiato dalla stanchizza e dal càvudo del termosifone che andava alla massima. L'arrisbigliò il telefono. Taliò il ralogio: si era fatto tre ore di sonno.
«Dottor Montalbano? C'è un capitano dei carabinieri che desidera parlarle.»
«Me lo passi.»
«Dottor Montalbano? Sono il capitano De Maria. Cisiamo conosciuti la notte scorsa.»
Gli parse che, nel dire l'ultima frase, il signor capitano se la stava scialando.
«Mi dica» fece, urtato.
«Vorrei scambiare due parole con lei.»
«Mi dia il tempo di vestirmi e poi vengo in caserma.» «Che bisogno ha di venire in caserma? Sono venuto io a trovarla. Faccia con comodo, l'aspetto giù al bar.»
Bih, che camurria! Perse apposta tempo a lavarsi e a vestirsi, poi scinnì e si diresse al bar. Il capitano, a vederlo, si susì. Si strinsero la

mano. Il bar era deserto. Si assittarono a un tavolino d'angolo. Il capitano aveva un sorrisino che al commissario disturbava.
«Le devo domandare scusa» attaccò De Maria.
«E di che?»
«Lei, da quando ha lasciato stanotte la nostra caserma, è stato costantemente seguito da un nostro appuntato, bravissimo in questi pedinamenti. Pensi che lei stesso...»
«... io stesso gli ho parlato» l'interruppe Montalbano.
«Era vestito da guardia notturna, no?» L'altro lo taliò ammammaloccuto.
«Lasciamo perdere» fece il commissario, magnanimo. «Di cosa mi sospettavate?»
«Per la verità non la sospettavamo. Ma mi sono detto: uno come Montalbano non lascia le cose a metà. Se è entrato per caso in questa storia, la vorrà percorrere fino in fondo. Seguiamolo e vediamo dove ci porta.»
«Grazie. E lei è arrivato alle stesse conclusioni alle quali sono arrivato io?»
«Credo di sì. Penso che, prima che lei telefonasse a New York dal mio ufficio, qualcuno abbia avvertito gli organizzatori che il loro piano era andato a monte. E hanno fornito il falso indirizzo del negozio di scarpe.»
«Lei ha idea di chi possa essere stato ad avvertire New York?»
«Io sì» fece il capitano.
«Io macari» disse Montalbano.
«Parlo io o parla lei?»
«Parli lei.»
«L'unica persona a sapere che il piano era andato a monte era la signora Cosentino.»
«Giusto. La quale, mentre voi mi portavate in caserma, ha telefonato da casa sua al bar di New York. Ma voi avevate messo il suo telefono sotto controllo e lei, la signora, non lo sapeva.»
«Giusto» fece a sua volta il capitano. «In tutta questa storia, il marito...»

«... non c'entra assolutamente niente. Non gli è mai passato manco per l'anticamera del cervello di fare ammazzare sua moglie. Era lei che voleva sbarazzarsi di lui. Non so come, ha contattato qualcuno per inscenare un finto tentativo d'omicidio. Lei vi ha avvertito e si è fatta mettere sotto protezione. Il mio omonimo killer però non sapeva che, andando in quella villa, sarebbe caduto nella trappola. Se confessava, avrebbe fatto il gioco della signora: non avrebbe potuto dire altro che era stato pagato per ammazzarla. E il marito se la sarebbe passata assai male.»
«Giusto» fece il capitano.
«E ora cosa contate di fare?»
«Già fatto» disse il capitano. «Abbiamo preso la signora e l'abbiamo torchiata. Ha confessato, fatto i nomi.»
«Perché ha voluto contarmi questa storia?» spiò Montalbano.
«Niente. Così. Lo prenda come un regalo di Natale.»
Catarella risolve un caso «Ma chi me l'ha fatto fare?» si spiò Montalbano scendendo dalla macchina e taliàndo torno torno. Erano le sei e la matinata s'annunziava di una confortevole serenità. Ora, dopo mezzorata di strata verso Fela e dopo un quarto d'ora d'impraticabile trazzèra, gli restava ancora da fare un altro quarto d'ora minimo minimo, ma tutto a piedi, perché la trazzèra si era di colpo cangiata in un viottolo che solo le capre. Taliò in alto. Sulla cima della collinetta che avrebbe dovuto raggiungere, il vecchio bunker non si vedeva, ammucciato in mezzo a troffe di piante servagge. Santiò, pigliò sciàto come sedovesse immergersi in apnea e principiò a fare l'acchianata. Un'ora e mezzo avanti era stato arrisbigliato dagli squilli del telefono.
«Pronti, dottori? È lei pirsonalmente di pirsona?»
«Sì, Catarè.»
«Che faceva, dormiva?»
«Sino a un minuto fa sì, Catarè.»
«E ora inveci non dorme cchiù?»
«No, ora non dormo più, Catarè.»
«Ah, meno mali.»

«Meno mali perché, Catarè?»
«Pirchì accussì non l'arrisbigliai, dottori.»
O spararlo in faccia alla prima occasione o fare finta di niente.
«Catarè, se la cosa non ti porta fastidio, mi vuoi dire perché mi stai telefonando?»
«Pirchì il dottori Augello tiene la frussiòne con la febbri.»
«Catarè, che mi fotte a me che mi vieni a contare alle quattro e mezzo del matino che Augello è malato? Chiamagli un medico e telefona a Fazio.»
«Macari Fazio non c'è. È in appostazione con Gallo e Galluzzo.»
«Vabbè, Catarè, che c'è?»
«Tilifonò un picoraro. Disse che trovò un morto.»
«E dove?»
<`In località Passo di Cane. Dintra a un vecchio banker. Se l'arricorda che vossia ci andò roba di un tre anni passati per...»
«Sì, Catarè, lo so dov'è. E si dice bunker.»
«Pirchì, io come dissi?»
«Banker.»
«Sempri l'istissa cosa è, dottori.»
«Da dove telefonava questo pecoraro?»
«E da dovi doviva tilifonari? Dal banbunker, dottori.»
«Ma se lì non c'è telefono! Quello un posto perso è.»
«Il picoraro tilifonò col suo ciallulare, dottori.»
E come ti sbagliavi? Ancora qualche annetto e poi, in Italia, chi veniva sorpreso senza telefonino sarebbe stato passibile d'arresto immediato.
«Vabbè, Catarè, ci vado. E appena in ufficio torna qualcuno, me lo mandi al bunker.»
«E come faccio, dottori?»
«Che cosa?»
«Come faccio a sapiri chi tQrna in ufficio? Io qua sono.» Il commissario si sentì aggelare.
«Mi stai dicendo che sei andato tu al bunker?»
«Sissi, dottori. Datosi che non c'era nisciuno...»

«Aspettami lì e non toccare niente, mi raccomando. A proposito, da dove mi stai telefonando?»
«Ci lo dissi. Sono nisciuto fora pirchì dintra non piglia. Col mio ciallulare sto tilifonando.»
«Dato che hai il ciallulare, ciàllula a Pasquano e al giudice.»
«Dottori, mi pirdonasse, non si dice ciàllula. Macari se uno tilifona col ciallulare sempri tilifonari si dice.» Appena lo vide comparire a distanza, Catarella cominciò ad agitare le braccia in aria come un naufrago su un'isola deserta che vede passare una nave.
«Qua sono, dottori! Qua sono!» Il bunker era stato costruito proprio sull'orlo di uno sbalanco con una parete ripidissima. Sotto c'erano una striscia sottile di spiaggia giallo-oro e il mare. Montalbano notò sulla spiaggia un'auto ferma.
«Come mai c'è quella macchina?»
«Io lo saprebbi, dottori.»
«Dillo.»
«Pirchì io con quella macchina venni. È mia d'appartenenzia.»
«E come hai fatto a salire fin quassù?»
«La parete mi feci. Io meglio di un arpino sono.»
Al collo, Catarella portava una grossa lampada a pile. Una volta tanto, aveva fatto la cosa giusta, il bunker sarebbe stato completamente allo scuro. Scesa una scaletta che una volta era stata di cemento e ora s'appresentava come un cassonetto per la munnizza, altra munnizza trovarono dintra. Alla luce della lampada di Catarella, il commissario camminò su uno spesso strato di merda, sacchetti di plastica, scatole, bottiglie, preservativi, siringhe. C'era macari un passeggino arrugginito. Il corpo giaceva supino, la metà inferiore nascosta dai rifiuti. Era una donna a torso nudo, i jeans leggermente aperte sul ventre. Roditori e cani le avevano devastato la faccia, rendendola irriconoscibile. Montalbano si fece dare la lampada e taliò il corpo da vicino.
«Dottori, se mi premette, io nescio fora» disse Catarella che non doveva reggere allo spettacolo. Non si vedevano tracce di ferite

d'arma da fuoco. Ma poteva essere stata strangolata o colpita da un'arma da taglio alle spalle. L'unica era andarsene fora e aspettare il dottor Pasquano, macari perché dintra non si respirava, c'era un tanfo che pigliava alla gola.
«Me l'arrigala una sicaretta?» gli spiò Catarella, giarno in faccia.
Fumarono in silenzio per tanticchia, taliàndo il mare.
«E il pecoraio?» spiò il commissario.
«Se ne andò pirchì aviva chiffare con le pecore. Però ci appigliai nomi, cognomi e intirizzo.»
«Te l'ha detto perché è entrato nel bunker?»
«Un bisogno ci scappava.»
«Io una mezza idea di chi possa essere questa povirazza ce l'ho» disse Fazio ch'era tornato dall'appostamento, andato a vacante, per catturare un latitante. Montalbano era tornato in ufficio dopo che il dottor Pasquano si era portato via il cadavere per l'autopsia. Aveva promesso di far sapere qualcosa il giorno dopo.
«E chi è, secondo te?»
«Dovrebbe chiamarsi Lojacono Maria, maritata con un certo Piscopo Salvatore, di professione ambulante.» Il commissario diede evidenti segni di nirbù so. La meticolosità anagrafica di Fazio gli dava sempre fastidio.
«E tu come lo sai?»
«Perché il marito, tre mesi fa, ne denunziò la scomparsa. Ho di là la fotografia, gliela vado a pigliare.»
Maria Lojacono era stata una bella ragazza, dal viso sorridente e aperto, grandi occhi neri. Doveva avere da poco passata la ventina.
«Quand'è successo?»
«Esattamente con oggi fa tre mesi.»
«Il marito ha raccontato i particolari?»
«Sissi. Questa Lojacono si è maritata che aveva appena fatto diciotto anni. Nove mesi dopo le è nata una picciliddra. E morta dopo due mesi. Una disgrazia terribile: soffocata da un rigurgito. Da allora la picciotta principiò a stare male di testa, voleva ammazzarsi, dice va che la responsabilità della morte della picciliddra era sua. Il

marito l'ha portata a Montelusa per farla curare, ma non c'è stato verso. Peggiorava sempre. Tanto che Piscopo, il marito, non volendo lasciarla sola, quando doveva andare a fare i suoi giri la portava in casa della sorella di lei che la teneva d'occhio. Una sira la sorella andò a corcarsi e prima di pigliare sonno sentì che Maria andava in bagno. S'appinicò perché era stanca. Quando s'arrisbigliò, verso le quattro del matino, ebbe una specie di presentimento e si susì. Il letto di Maria era vacante e freddo. La finestra del bagno era aperta. Maria era scappata da almeno cinque ore. Il marito tornò a casa dopo manco un'ora e si mise a cercarla nelle vicinanze. Poi avvertì noi e l'Arma. Da allora di questa povirazza non se n'è saputo niente.»

«Piscopo ci descrisse com'era vestita la moglie?»

«Sissi. Ho taliàto nella denunzia quando sono andato a pigliare la fotografia. Aveva un paro di jeans, una camicetta rossa, un golfino nero, scarpe...» «Senti, Fazio, quando l'abbiamo vista noi, non aveva reggipetto e non aveva né camicetta né golfino.»

«Beh, non è detto che significhi qualcosa. Fammi un piacere. Piglia una lampada forte, fatti accompagnare da Galluzzo e andate al bunker. Portatevi guanti robusti e state molto attenti a non ferirvi le mani. Cercate qualche indumento che possa esserle appartenuto.»

«Che lei sappia le mutandine ce l'aveva?»

«Sì. Si vedono sotto i jeans slacciati a metà.» Fazio si ripresentò dopo quattr'ore. Teneva in mano
un sacchetto di plastica trasparente, dentro si scorgeva quello che una volta doveva essere stato un golfino nero.

«Mi scusasse per il ritardo. Ma dopo che io e Galluzzo abbiamo cercato per un'ora e passa in mezzo alla merda, mi sono sentito impestato. Prima di venire qua, sono passato da casa mia a farmi una lavata e a cangiarmi di vestito. Solo un golfino abbiamo trovato. Corrisponde al colore che ci disse il marito. A lui, com'era vestita la mogliere, glielo spiegò la sorella.»

«Senti, Fazio. La povirazza, quando l'abbiamo trovata, aveva una fede all'anulare. Fai un salto a Montelusa e fattela dare dal dottor

Pasquano. Poi, col golfino e l'anello, vai da questo Piscopo e faglieli vedere. Se li riconosce, me lo porti qua.»
Salvatore Piscopo, ch'era un quarantino, parse subito al commissario un omo che stava patendo un vero, profondo dolore. Era mingherlino, un paio di baffetti sottilissimi.
«È sicuramente mia mogliere» fece con voce soffocata.
«Condoglianze» disse Montalbano.
«Ci volevamo bene. Quella picciliddra che è morta, povera `nnuccente, ha consumato la nostra vita.»
E non poté più tenere i singhiozzi, terribili. Montaibano si susì, girò attorno alla scrivania, si assittò allato all'omo, gli strinse forte un ginocchio.
«Coraggio. Vuole tanticchia d'acqua?» Piscopo fece `nzinga di no con la testa. Il commissario
aspettò che si ripigliasse.
«Senta, signor Piscopo. Quando ha saputo che sua moglie è scomparsa, dove è andato a cercarla per prima cosa?»
A malgrado del dolore e dello stordimento, l'omo taliò fisso negli occhi il commissario.
«Perché mi fa questa domanda?»
«Perché vedo che il suo dolore è sincero, signor PIscopo. Dal giorno della scomparsa di sua moglie a oggi sono trascorsi tre mesi. Per tutto questo tempo lei ha
sperato che sua moglie fosse viva? E se sì, dove ha pensato che fosse andata a nascondersi? Da una parente? Da un'amica? Ecco perché le ho fatto quella domanda.»
«No, commissario, io già il giorno appresso alla scomparsa m'ero fatto persuaso che non l'avrei più rivista viva.»
«Perché?»
«Perché non aveva né parenti né amici né conoscenti. Non aveva dove andare, solamente sua sorella c'era. E se lei mi vede come sono, commissario, è perché una cosa è pensare al peggio e un'altra cosa è sapere che quel peggio è successo.»
«Come mai la signora non aveva amicizie?»

«Intanto erano rimaste orfane, lei e sua sorella Annarita che è più grande di quattro anni e che si è maritata presto. Io abitavo di casa vicino a loro, le conoscevo da picciliddre. Tra me e Maria c'erano vent'anni di differenza. Ma non contava. Dopo il matrimonio, lei, povera picciotta, non ha avuto modo di fare conoscenze. Lei sa quello che ci capitò.»
«E allora dove andò a cercarla, la signora?»
«Mah... firriai torno torno alla casa... domandai ai vicini se l'avevano vista... Tra l'altro, quella notte, faceva friddo e pioveva. E poi era tardo e gente strata strata non ne passava più. Nessuno seppe dirmi cosa. Allora prima sono andato dai Carabinieri e poi qua. Mi sono messo a cercare negli spitàli di Vigàta, di Montelusa, dei paisi vicini, nei monasteri, nelle case di carità, nelle chiese... Nenti.»
«La signora era religiosa?»
«La duminica andava alla missa. Ma né si confessava né si comunicava. Non dava confidenza manco ai parrinì.» Fece un evidente sforzo su se stesso per domandare al commissario con voce bassissima:
«Si è ammazzata? O è morta di friddo? Tre mesi fa c'era un gelo.»
Montalbano allargò le braccia.
«No, non è morta di freddo o di stenti» fece il dottor Pasquano. «È stata ammazzata. o si è ammazzata.»
«Come?» spiò Montalbano.
«Comunissimo veleno per topi. Ho parlato col collega che l'aveva avuta in cura qui a Montelusa. Soffriva di fortissime crisi depressive, ha tentato più volte e coi si stemi più disparati di togliersi la vita.»
«Quindi l'ipotesi del suicidio sarebbe la più praticabile?»
«Non è detto. Apparentemente la più praticabile, cc»
me dice lei.»
«Perché apparentemente?»
«Perché ho trovato... Guardi, Montalbano, che non mi sbaglio: la tenevano legata, con un pezzo di corda, per i polsi e per le caviglie.»
Il commissario ci pensò sopra tanticchia.

«Potrebbe darsi che persone della famiglia, che so, il marito o la sorella la legassero, quando per necessità la dovevano lasciare sola, per evitare che si suicidasse, che facesse del male agli altri. In fondo, la vecchia camicia di forza dei manicomi doveva servire a questo, no?»
«Io non so se la tenevano legata a fin di bene, questo riguarda le sue indagini. Io le sto semplicemente dicendo come stanno le cose.»
«Va bene, dottore, la ringrazio» fece Montalbano susendosi.
«Non ho finito.»
Montalbano si assittò. Il carattere del medico legale non era tanto compatibile con l'universo criato; se gli saltava il firticchio di non parlare più, il commissario avrebbe dovuto aspettare i tempi lunghi del rapporto scritto.
«C'è una cosa che non mi persuade.»
Il commissario non fiatò.
«Quando ha detto che è sparita dalla casa della sorella?»
«Più di tre mesi fa.'>
«Di una cosa sono assolutamente certo, commissario. Non è morta tre mesi fa. Il corpo era in pessime condizioni, ma solo perché animali d'ogni tipo ne avevano approfittato. Curiosamente, il processo di decomposizione è stato lentissimo. Ma la morte non risale a tre mesi fa.»
«E quando sarebbe morta, allora?»
«Da due mesi. Forse qualcosa di meno.»
«E che avrebbe fatto in quel mese di vita? Dov'è andata? Pare che nessuno l'abbia vista!»
«Cazzi suoi, commissario» disse, con molto garbo, il dottor Pasquano.
«Allora ti dico com'è la situazione?» fece Mimì Augello ancora pallido per l'influenza che aveva avuto. «La sorella di Maria Lojacono si chiama Concetta. E m'è parsa una brava fimmina. Macari suo marito, che travaglia alla surgelazione del pesce. Hanno tre figli, il più grande ha sei anni. La signora Concetta esclude che sua sorella si sia procurata il veleno in casa, non l'hanno mai avuto,

lei dice che i picciliddri che si ritrova, squieti come sono, erano capaci di mangiarselo loro al posto dei sorci. E mi pare un argomento convincente. Alla mia precisa domanda se qualche volta, per necessità, fossero stati costretti a legare Maria, mi hanno taliàto con sdegno. Credo che non l'abbiano mai fatto. Allora ho spiato se poteva essere stato PIscopo, il marito. Concetta ha escluso questa possibilità: se Salvatore l'avesse fatto, lei se ne sarebbe accorta, come di qualsiasi altro tipo di violenza. Certe volte, mi ha spiegato, sua sorella cadeva in uno stato di completa abulia, pareva una pupa di pezza, mi ha testualmente detto. Quindi lei, Concetta, era costretta a spogliarla nuda per lavarla. Se qualcuno ha legato Maria Lojacono mani e piedi, non è da quella parte che bisogna cercare. Ah, mi ha domandato di un anellino.»
«Che anellino?»
«Il marito di Maria le ha detto che, per il riconoscimento, gli hanno fatto vedere un golfino e la fede matrimoniale. E così?»
«Sì, abbiamo fatto così.»
«E non aveva altri anelli?»
«No.»
«La signora Concetta m'ha detto che Maria portava al mignolo un piccolo anello di nessun valore, ma al quale era molto legata. Era il primo regalo che aveva ricevuto quand'era nicareddra.»
«Sicuramente non c'era, Pasquano me l'avrebbe dato. A meno che non sia in qualche tasca dei jeans.»Telefonò, per sicurezza, al dottore. Nelle tasche non avevano trovato assolutamente nulla. Aveva fatto fare delle copie della foto di Maria Lojacono. Chiamò Gallo e Galluzzo: foto alla mano, dovevano spiare se qualcuno l'aveva vista o creduto di vederla, lungo una linea a zigzag che dalla casa della sorella della morta arrivava fino al bunker di Passo di Cane. ,«Minimo minimo ci vorranno tre-quattro giorni» disse Montalbano. «Procedete paralleli, partendo da Vigàta, in modo d'essere sicuri di non saltare qualche casa.»Erano appena usciti, che trasì Catarella con una faccia da due novembre.
«Che ti capitò?»

«Ora ora seppi l'incarigo che lei disse ai miei collechi Gallo e Galluzzo.»
«Non ti sta bene?»
«Vossia è patrone di fare e sfare e conto non deve dare.»
«E allora?»
«Domando pirdonanzia, dottori, ma non mi pare di giusto.»
«Catarè, parla chiaro.»
«Fui io a dire a lei del catafero della povira picciotta.
Epperciò mi pare di giusto che macari io abbia l'istisso incarigo dei miei collechi.»
«Catarè, ma tu sei prezioso qua! Se manchi tu, l'intero commissariato va a farsi fottere!»
«Dottori, io la mia im~ortanzia qua la canoscio. Epperò non mi pare di giusto lo stisso.»
«Vabbè. Eccoti una fotografia. Però tu vai a Passo di Cane e principi le ricerche dalle vicinanze del bunker.»
«Dottori, vossia è granni e giniroso!» Come Allah. Ma era una raffinata vendetta: certamente Catarella si sarebbe sentito in dovere di scalare nuovamente la parete a picco.
Gallo e Galluzzo tornarono verso sera a mani vacanti: nessuno di coloro ai quali avevano spiato e mostrato la foto aveva visto la picciotta. Catarella invece non tornò.
E si era già fatto scuro. Il commissario principiò a squietarsi.
«Vuoi vedere che s'è perso?» Stava per organizzare una squadra di soccorso, quando Catarella finalmente si fece vivo telefonando.
«Dottori, è lei pirsonalmente...»
«... di pirsona, Catarè. Che t'è successo? Mi stavo preoccupando.»
«Nenti mi capitò, dottori. Ci voleva dire che io massimo massimo tra una mezzorata sono in commissariato, inzomma sto per arrivando. M'aspetta? Ci devo parlari.» Montalbano se lo vide comparire dopo appunto una mezzorata, stanco e stranamente perplesso, un'espressione che non gli aveva mai vista. «Strammato sono, dottori.»
«E perché?»

«Per via de pinsèri che mi vengono, dottori.» Ah, ecco: quello stralunamento era il segno che qualche pensiero s'avventurava coraggiosamente nel deserto del ciriveddro di Catarella.
«E che pensi, Catarè?»
Catarella non rispose direttamente alla domanda del suo capo.
«Dunqui, dottori, a Passo di Cane ci sono tante ville e tante casuzze di contatini, il fatto è che una è addistante dall'altra, per questi tardo feci. M'ero contato che m'ero già fatto quattordici case, quando che mi dissi: abbiamo fatto trenta? Facciamo trentuno!»
«Bravo. Levami una curiosità: a Passo di Cane come ci sei arrivato? Ti sei arrampicato sulla parete?»
«Nonsi, dottori. Feci come aveva fatto lei l'altra volta.»
Era diventato furbo, Catarella.
«Dunqui, dottori. Tuppiai alla quinnicesima casuzza, nica nica, senza `ntonaco. C'erano pecori, crape, gaddrine, una gàggia coi conigli, un porco maiale...»
«Catarè, lascia perdere lo zoo. Vai avanti.»
«Inzomma, dottori, mi venne a raprire nientedimeno che Scillicato!»
«Davvero?» spiò il commissario meravigliato.
«Davero davero, dottori!»
«Catarè, ora che mi sono meravigliato come volevi tu, mi spieghi chi minchia è Scillicato?»«Come, non ce lo dissi? Scillicato Pasquale è il picoraro che arritrovò il corpo, quello che tilifonò!»
«E tu non lo sapevi? Non m'avevi detto che ti aveva dato l'indirizzo?»
«Sissi, dottori, lui l'indirizzito me lo desi, ma io non capii a che corrispondeva l'indirizzito. Inzomma, dottori, la casuzza di Scillicato trovasi a tanticchia di più di un ghilometro dallo banbunker.»
«Interessante.»
«Pare puro a mia come dice vossia. Dottori, Scillicato un servaggio è.»
«In che senso?»
«Dottori, va beni che nella casuzza c'è il tilivisore, va beni che nella casuzza c'è il fricorifero, va beni che lui tiene il ciallulare, va beni che

lui tiene quella cosa che ora il nome non mi viene che fa zzzzzzz e punge...»
«La vespa?»
«Nonsi, dottori, la cuscina della vespa.» La cugina. E che poteva essere?
«L'ape?» azzardò Montalbano.
«Precisamenti di preciso. Va beni che tiene l'Ape, va beni che...»
«Catarè, dimmo quello che va mali, non quello che va beni.»
«Dottori, a parte che si veste come uno che addimanna la limosina, a parte che si tiene i pantaloni attaccati con lo spaco, a parte che in una sacchetta tiene il salame e nell'altra il pane, a parte che...»
Stava cominciando un'altra litania.
«Catarè, vieni al dunque.»
«Il dunqui, dottori, sono minimo minimo tre dunqui. ìì primo dunqui è che quanno che gli feci vidiri la fotografia~ lui m'arrispose che quella fimmina l'aveva vista solamenti morta, quanno che l'aveva trovata dintra al banbUnker e ci aveva tilifonato.»
«Ebbè?»
«Dottori, ah, dottori! Innanzi che di tutto, quanno che lui vitti il catafero c'era scuro fora, affigurati dintra albanbunker! Massimo massimo lui avrà visto il catafero e no com'era fatta di faccia! E po' la faccia della povirazza era tutta mangiata dai cani e dai sòrici! Se l'ha arraccanosciuta, è pirchì l'aveva vista prima!»
«Vai avanti!» disse Montalbano, attentissimo.
«Il seconto dunqui è che mi scappò.»
«Scillicato scappò?»
«Nonsi, dottori, a mia mi scappò. Mi venne di fare un bisogno e perciò ci spiai dov'era il cesso. E lui m'arrispose che nella casa non c'era cesso. Se mi scappava; potevo andare campagna campagna, come faceva lui.»
«Beh, Catarè, non ci vedo niente di...»
«Domando pirdonanzia, dottori. Ma se uno è bituato a fare i bisogni all'aperto, campagna campagna, che bisogno ha d'infilarsi nel banbunker quanto sente il bisogno di fare il bisogno?» Montalbano

lo taliò con gli occhi sgriddrati. Il ragionamento di Catarella filava a meraviglia. «Il terzo dunqui, dottori, è che questo Scillicato s'infila nel banbunker alle tre e mezzo del matino quanno che da quelle parti non ci passa manco il famoso canedel Passo di Cane. E chi lo vedeva a quell'ora?» E si mise a ridere, orgoglioso della battuta. Di scatto, Montalbano si susì, abbracciò Catarella, sonoramente lo baciò sulle guance. «Mimì, secondo me la facenna è andata in questo modo. Maria Lojacono scappa dalla casa della sorella e, per sua sfortuna, s'imbatte in Scillicato che sta passando con l'Ape. Il pecoraro si ferma, forse Maria gli avrà domandato un passaggio. Basta poco però a Scillicato per farsi capace che la picciotta è fora di testa. Allora decide d'approfittarne e se la porta a casa. Certamente Maria sta attraversando un periodo d'abulia, quello che le viene dopo giorni passati a fare e a disfare a vacante, e che l'ha spinta alla fuga. La cosa torna comoda a Scillicato e va avanti per un mese. Quando deve allontanarsi, lega la picciotta con una corda. La considera allo stesso modo delle sue galline, delle sue pecore. Ma un giorno Maria si risveglia, si libera e scappa. Prima però, tentata dall'idea del suicidio come altre volte, s'impadroniscedel veleno per topi che certamente Scillicato ha in casa. Quando il pecoraro rientra e non la trova, non si preoccupa più di tanto. Forse pensa che la picciotta sia tornata dai suoi. Invece Maria s'è ammucciata nel bunker e si è avvelenata. Molto tempo dopo, Scillicato viene a sapere che a Maria la stanno ancora cercando. E si mette a cercarla macari lui, temendo forse che possa raccontare le violenze che ha dovuto subire per un mese. Finalmente scopre il corpo e ci telefona.»
«Questo non lo capisco» disse Mimì. «Perché ha voluto mettersi in mezzo? Se non ci avvertiva del ritrovamento, chissà per quanto tempo il cadavere sarebbe xi~masto nel bunker.»
«Mah» fece Montalbano. «Va' a sapere. Forse, credendola morta di stenti, si sarà sentito rassicurato, non avrebbe più potuto parlare. E allora avrà voluto fare la parte del cittadino rispettoso delle leggi. Avrà creduto di sviarci.»

«Che facciamo, ora?»
«Ti fai dare un mandato di perquisizione e vai da Scillicato.»
«Cosa dobbiamo cercare?»
«Non lo so. Non abbiamo trovato né il reggipetto né la camicetta rossa di Maria. Ma a quest'ora saranno stati bruciati. Vedi un po' tu. Soprattutto m'interessa che mettiate Scillicato sotto pressione.»
«Va bene.»
«Ah, una cosa. Portati Catarella. E se Scillicato è da arrestare, fagli mettere le manette da Catarella. Se la merita, questa soddisfazione.»
Per ore perquisirono la casupola senza trovare niente. Ci avevano ormai perso le speranze quando, in un angolo di uno sgabuzzino senza finestre, che feteva da stringere lo stomaco, Catarella notò, tra il luridume, qualcosa che sbrilluccicava. Si chinò a raccoglierlo: era un anellino da quattro soldi. Il primo regalo che una bambina, tanti e tanti anni avanti, aveva ricevuto.

Il gioco delle tre carte

Pioveva tanto che il commissario Montalbano s'assammarò dalla testa ai piedi per fare i tre passi che lo separavano dalla sua macchina posteggiata davanti il portone di casa. Ma ci aveva questa di odiare i paracqua, non ci poteva fare niente. Il motore doveva essersi pigliato d'umido, non partì subito. Montalbano santiò, fin da quando aveva aperto gli occhi si era fatto persuaso che quella sarebbe stata giornata contraria. Poi la macchina si mise in moto, ma il tergicristallo del posto allato era rotto e quindi grosse gocce si frantumavano liberamente sul vetro limitando di più la visibilità della strada. Per buon peso, a pochi metri dal commissariato dovette accodarsi a un carro funebre che a prima vista gli parse vacante. Taliàndo meglio, s'accorse che si trattava invece di un funerale vero e proprio: darrè al carro c'era uno che tentava di ripararsi con un ombrello. L'omo era completamente assuppato, e il commissario gli augurò di scapottarsela dalla polmonite che quasi

inevitabilmente l'aspettava alle ventiquattr'ore. Trasì nel suo ufficio che la raggia per il malotempo gli era passata, ora si sentiva pigliato dalla malinconia: un trasporto funebre con una sola persona appresso, e per di più in un giorno di diluvio, non era cosa da raprire il cuore. Fazio, che conosceva il suo superiore come se stesso, si preoccupò. Solo in un'altra e seria occasione l'aveva visto così abbattuto e mutànghero. «Che le capitò?» «Che mi doveva capitare?»
Si misero a parlare di un'indagine in corso che in quel momento impegnava Mimì Augello, il vicecommissario. Montalbano però pareva non starci con la testa e spiccicava monosillabi. A un tratto, senza nessun rapporto con la questione della quale stavano ragionando, disse:
«Venendo qua ho incrociato un funerale.» Fazio lo taliò imparpagliato.
«Darrè al carro c'era una persona sola» proseguì Montalbano.
«Ah» fece Fazio che di Vigàta e dei vigatesi sapeva vita e morte. «Doveva essere il pòviro Girolamo Cascio.»
«Chi si chiama Cascio, il morto o il vivo?»
«Il morto, dottore. Quello appresso sicuramente era Ciccio Mònaco, l'ex segretario comunale. Macari il pòviro Cascio era stato impiegato al comune.» Montalbano si rappresentò la scena malamente intravvista attraverso il parabrezza, mise a fuoco l'immagine: sì, effettivamente l'omo darrè al carro era il signor Mònaco che lui conosceva superficialmente.
«L'unica persona amica che il pòviro Cascio aveva a Vigàta» proseguì Fazio «era l'ex segretario comunale. A parte Mònaco, Cascio campava solo come un cane.»
«Di che è morto?»
«E stato investito da un'auto pirata. Era sira tardi, c'era scuro, nessuno ha visto niente. L'ha trovato morto a terra uno che stava andando a travagliare di prima matina. Il dottor Pasquano gli ha fatto l'autopsia e ha mandato il referto al dottor Augello. Ce l'ha sul tavolo, lo vado a pigliare?»
«No. Che diceva?»

«Diceva che al momento dell'investimento Cascio aveva tanto alcol a bordo da imbriacare un esercito. Era tutto lordo di vomito. Sicuramente camminava come se avesse mare di prua e si sarà lui stesso parato di colpo davanti a una macchina che non l'ha potuto scansare a tempo.» Nel doppopranzo scampò, le nuvole scomparsero, tornò il sirèno e, con il sirèno, macari la malinconia di Montalbano se ne andò. A sera, che gli era smorcato un pititto lupigno, decise di andare a mangiare alla trattoria San Calogero. Trasì sparato nel locale e la prima persona che vide fu proprio Ciccio Mònaco, assittato da solo a un tavolo. Aveva un'ariata d'anima persa, il cammarèri gli aveva appena portato un passato di verdura, un genere di piatto per il quale il cuoco della trattoria era decisamente negato. L'ex segretario comunale lo vide e lo salutò, soffocando uno stranuto col tovagliolo. Montalbano rispose. Poi, mosso da un impulso di cui non seppe spiegarsi la ragione, aggiunse:
«Mi dispiace per il suo amico Cascio.»
«Grazie» fece Ciccio Mònaco. E poi aggiunse timidamente, accompagnando la proposta con qualche cosache a essere generosi si poteva chiamare un sorriso:
«Si vuole assittare con mia?»
Il commissario esitò, non gli piaceva parlare mentre mangiava, ma fu vinto dalla compassione. Com'era logico, vennero all'incidente e l'ex segretario comunale a un tratto si passò una mano sugli occhi quasi a evitare che le lacrime gli niscissero fora.
«Sa a che penso, commissario? A quanto tempo ci avrà messo il mio amico a morire. Se quel disgraziato che l'ha investito si fosse fermato...»
«Non è detto che abbia tirato dritto. Capace che si è fermato, è sceso, ha visto che Cascio era morto e se ne è andato. Il suo amico beveva abitualmente?»
L'altro fece la faccia strammàta.
«Girolamo? No, non beveva più da tre anni. Non poteva. A seguito di un'operazione gli era rimasta questa cosa qua, bastava un dito di whisky a farlo andare di stomaco, rispetto parlando.»

«Perché ha nominato il whisky?»
«Perché quello beveva prima, il vino non gli piaceva.»
«Lei sa che aveva fatto Cascio la sera nella quale è stato travolto?»
«Certo che lo so. Venne a casa mia dopo mangiato, chiacchierammo tanticchia, dopo ci mettemmo a taliàre alla televisione il "Maurizio Costanzo show" che finisce tardo. E se ne niscì che poteva essere l'una di notte. Da qui alla casa dove abitava c'è sì e no un quarto d'ora di camino a piedi.»
«Era normale?»
«Oddio, commissario, che domande che mi fa! Certo che era normale. I suoi settant'anni se li portava benissimo.»
Di solito, dopo essersi fatta una gran mangiata di pesce freschissimo, Montalbano se ne godeva a lungo il sapore in bocca, tanto che non voleva metterci sopra manco un caffè. Stavolta se lo bevve, non aveva gana di lasciar perdere un pinsèro che gli era venuto dopo laparlata con Ciccio Mònaco. Invece di andarsene a Marinella, a casa sua, fermò davanti al commissariato. Di piantone c'era Catarella.
«Nisciuno, propio nisciuno nisciuno c'è, dottori!»
«Non ti agitare, Catarè. Io a nisciuno voglio vidiri.» Trasì nella càmmara di Mimì Augello, sulla scrivania c'era la cartella che cercava. Seppe qualcosa di più, ma non tanto. Che l'incidente era successo alle due e due (l'orologio da taschino del morto si era fermato a quell'ora), che l'uomo era quasi certamente morto sul colpo data la violenza dell'impatto (l'auto investitrice doveva andare a forte velocità), che la Scientifica si era pigliati i vestiti del morto per esaminarli.Dall'ufficio stesso chiamò l'abitazione del suo vice. Non ci sperava.
«Ciao Salvo, hai avuto fortuna, stavo per nèsciri.»
«Andavi a troie?»
«Dài, che vuoi?»
«Chi ha fatto i primi rilievi per la morte di Girolamo Cascio, quello investito tre giorni fa?»
~<Io. Perché?»

«Voglio sapere solo una cosa: hai visto bottiglie nelle vicinanze del corpo?»
«Che bottiglie?»
«Mimì, non sai cos'è una bottiglia? È un recipiente di vetro o di plastica per metterci dentro i liquidi. Ha un collo lungo, quello che in genere tu adoperi per infilartelo dintra al...»
«Quando ti metti a fare lo stronzo, ci arrinesci bene, Salvo. Stavo pinsandoci. No, niente bottiglie.»
«Sicuro?»
«Sicuro.»
«Bacino.»
Era troppo tardi per telefonare a lacomuzzi della Scientifica. Se ne andò a Marinella. La matina dopo, quello che disse Jacomuzzi confermò l'idea che Montalbano si era fatta. Secondo lacomuzzi, l'urto era stato estremamente violento; Cascio,quasi certafnente sbalzato sul cofano della vettura investitrice, aveva incrinato il parabrezza con il cranio. Se Montalbano ci teneva a saperlo, la macchina che aveva pigliato in pieno Cascio doveva essere di colore blu scuro.
Convocò Mimì Augello.
«Dovresti far fare un giro dai carrozzieri di Vigàta per sapere se hanno portato da loro una macchina blu scuro da rimettere a posto.»
«Non sapevo che l'auto fosse blu scuro. Ma il giro dai carrozzieri l'ho fatto personalmente. Niente. Guarda, Salvo, che non è detto sia stato qualcuno di Vigàta, magari una macchina di passaggio.»
«Mimì, mi spieghi perché ti sei pigliato a cuore questa facenna?»
«Perché quelli che tirano dritti con l'auto dopo avere investito una persona mi fanno schifo. E tu?» «Io? Perché non credo sia stato un incidente, ma un delitto.»
E accuratamente preparato. L'assassino segue in Cascio quando esce di casa per andare dall'amico Mònaco. Non lo mette sotto subito perché c'è ancora trop pa gente in giro. Aspetta pazientemente che Cascio, di ritorno, esca dal portone, oramai è l'una passata, manco un'ùmmira. Si affianca a Cascio, l'obbliga a

saii~ re in auto, certamente sotto la minaccia di un'arma. I.~ costringe a bere e a bere tanto. Cascio comincia a sentir. si male. L'assassino lo lascia andare. Barcollando e vc mitando gli occhi, il povirazzo tenta di raggiungere casa. Non ce la fa, l'auto gli arriva alle spalle come una cannonata e lo schianta. Un incidente plausibilissimo, tanto più che la vittima era imbriaca. E questo spiegava come mai Cascio, salutato l'amico all'una di notte, aii cora alle due non aveva finito un percorso di un quarto d'ora. Era stato intercettato e sequestrato.
«La ricostruzione mi convince» disse Mimì Augello.
«Ma perché non sparargli subito, mentre nisciva dalla casa di Mònaco, senza organizzare tutto questo teatro?Un'arma doveva averla, se ha costretto Cascio a salire in macchina.»
«Perché se si fosse trattato di un omicidio dichiarato, qualcuno forse, dico forse, a conoscenza della vita di Cascio, avrebbe potuto dare un nome all'assassino. Equesto fa escludere un'altra ipotesi.»
«Quale?»
«Che un due o tre picciottazzi, magari impasticcati, l'abbiano messo sotto per spasso. Del resto è uno sport che da noi non usa.»
«Va bene, ho capito. Tenterò di sapere quello che è capitato a Cascio negli ultimi tempi.»
«Attento, Mimì: devi cercare qualcosa che risale a più di tre anni fa.»
«E perché?»
«Perché da tre anni il povirazzo, dopo un'operazione, non era più capace di bere. Stava male immediatamente.»
«Ma allora perché l'ha riempito come una botte?»
«Perché dei postumi dell'operazione non ne ha saputo niente. Lui, l'assassino, è rimasto fermo a tre anni fa, quando Cascio ancora si scolava il whisky. Ti capacita?»
«Mi capacita sì.»
«E sai perché l'assassino non ne sapeva niente? Perché per almeno tre anni è stato lontano da Vigàta. Non ha avuto il tempo d'aggiornarsi. Ha tentato di avvalorare l'incidente col whisky. E noi ci

stavamo cascando. Ma dopo quello che ci ha detto Mònaco, è stato proprio il whisky a rivelarci che non si trattava di una disgrazia.»
Montalbano non aveva nessuna gana di far diventare un'abitudine il fatto di andarsi a sedere, in trattoria, allo stesso tavolo di Ciccio Mònaco. Perciò gli telefonò e lo fece venire al commissariato. Aveva deciso di giocare a carte scoperte e quindi gli contò tutto quello che supponeva. Il primo risultato fu che Ciccio Mònaco, macari lui ultrasittantino, si sentì male ed ebbe bisogno di un bicchierino di cognac. Lui non aveva i problemi del suo amico defunto. Il secondo risultato invece fu importante.
«Io questa cosa della sbornia non la sapevo» esordì l'ex segretario comunale. «Se avessi immaginato che non si era trattato di un incidente, ma di un omicidio, già ieri sera stessa le avrei detto quello che le sto dicendo ora. Da quand'è che lei è in servizio a Vigàta?»
«Da cinque anni.»
«Il fatto capitò un anno prima che lei arrivasse. Girolamo travagliava al comune, era geometra, aveva un posto nell'ufficio dell'ingegnere capo, Riolo. Cominciò ad accorgersi di alcune irregolarità negli appalti, fece una copia dei documenti dai quali risultavano le magagne e li andò a consegnare al dottor Tumminello, della Procura di Montelusa. Non si era consigliato con nessuno, manco con mia ch'ero il suo unico amico. Io me la pigliai, mi parse una mancanza di fiducia e per qualche tempo i nostri rapporti furono friddi. Mi ricordo che una volta...»
«Che fece il procuratore Tumminello?» tagliò il commissario poco educatamente.
«Fece arrestare l'ingegnere capo, un costruttore di nome Alagna e un collega di Girolamo, Pino Intorre, che era diventato una specie di segretario dell'ingegne..re Riolo. Questo è quanto. Queste le uniche tre persone, in tutto l'universo, che potevano avere ragioni di ranco..re verso Girolamo.»
«Sono tutti e tre vigatesi?»
«No, commissario. L'ingegnere è di Montelusa, Alagna e di Fela. Solo Intorre è di Vigàta.»

«Sono stati condannati?»
«Certamente. Ma non so dirle a quanto.»
Da informazioni che Mimì Augello era riuscito a raccogliere, risultò che l'ingegnere capo Riolo e il costruttore Alagna erano ancora nel carcere di San Vitto a Montelusa, mentre invece Pino Intorre era stato liberato esattamente quattro giorni avanti la morte di Cascio.
«Cercate di fargli fare un passo falso» ordinò Montalbano ad Augello e a Fazio. Si disinteressò dell'indagine: la riteneva risolta e macari troppo facilmente. L'interesse gli si riaccese qualche ora dopo.
«Madonnuzza santa, che minchiata stavamo per fare!» disse Fazio trasendo nell'ufficio del commissario.
«Che viene a dire?»
«Viene a dire che Pino Intorre non possiede una macchina, sua moglie l'ha venduta quando il marito stavain carcere. E c'è un'altra cosa: patisce di una cataratta, è quasi cieco. Se lo vede lei mentre guida una macchina all'una di notte? Quello capace che andava a sbattere contro un lampione e s'ammazzava lui prima ancora d'ammazzare Cascio!»
«Ha figli?»
«Dottore, ho capito quello che sta pinsando. Nonsi, non ha figli màscoli, non si è fatto aiutare. Ha due figlie femmine maritate, una a Roma e l'altra a Viterbo.» Sentirono un improvviso vociare.
«Vai a vedere che succede.» Fazio niscì e tornò subito.
«Niente, dottore. Sul molo c'era uno che faceva il gioco delle tre carte, ha visto Gallo e se ne è scappato. Gallo lo ha inseguito, l'ha pigliato, ma quello gli ha mollato un cazzotto sul naso. L'ha fermato.»
Ma il commissario non lo stava ad ascoltare, si era susuto in piedi, lo sguardo fisso, la bocca aperta. «Che le pigliò, dottore?»
Il gioco delle tre carte. «Dottore, si sente male?» Il commissario si ripigliò, s'assittò, taliò il ralogio. «Fazio, ho un'ora di tempo prima di andare a mangiare. Voglio che tu, entro una mezzorata, mi fai sapere una cosa.»

Alla trattoria San Calogero il commissario arrivò tanticchia in ritardo rispetto alla sua abitudine. Pareva di umore nivuro. Però accettò l'invito di Ciccio Mònaco di pigliare posto al suo tavolo. L'ex segretario comunale aveva appena iniziato un merluzzo bollito. Se lo stava mangiando dopo averlo condito solo con una goccia d'oglio.
«Non ci sono buone novità» esordì Montalbano.
«In che senso?»
«L'ingegnere e Alagna sono ancora in carcere. Intorre è stato dimesso pochi giorni fa.»
«E questa le pare una cattiva notizia? Ma come, commissario! Intorre esce dal carcere, è pieno di rancore verso il pòviro amico mio e appena lo vede l'ammazza!»
«Intorre non ha un'auto.»
«Ma questo non significa niente! Se la sarà fatta prestare da qualcuno della sua risma!»
«Lo sapeva che Intorre è diventato quasi cieco?»
La forchetta cadde dalle mani di Ciccio Mònaco. Era impallidito
«No... non lo sapevo.»
«Però» disse Montalbano «macari questo può non significare niente. Capace che si è fatto aiutare da uncomplice.»
«Ecco! Era a questo che stavo pensando!»
Il cammarèri portò al commissario l'antipasto di pesce. Montalbano principiò a mangiare come se l'argomento fosse chiuso.
«E che pensa di fare ora?» Alla domanda, il commissario rispose con un'altra
domanda. «Era a conoscenza che il suo amico Girolamo Cascio si era accattato negli ultimi sei anni due appartamenti e tre negozi a Montelusa?» Stavolta Ciccio Mònaco aggiarniò che parse morto.
«Non... non...»
«Non lo sapeva, certo» terminò per lui il commissano. E continuò a mangiare. Finito l'antipasto, taliò l'ex segretario comunale che pareva diventato di pietra sulla sua seggia. «Ora io mi domando come fa un impiegatuzzo, con un misero stipendio, ad accattarsi due appartamenti e tre negozi. Pensa che ti ripensa sono arrivato a una

conclusione: ricatto.» Portarono a Montalbano una spigola che pareva nuotasse ancora nel mare.
«Mi fa un favore, signor Mònaco? Può aspettare che mi finisco questa spigola senza parlare?» L'altro obbedì. Nel tempo che il commissario impiegò per trasformare il pesce in lisca, Mònaco bevve quattro bicchieri d'acqua. Alla fine il commissario, soddisfatto, s'appoggiò allo schienale della seggia, tirò un sospiro di piacere. «Torniamo al nostro discorso. Chi era la persona che Girolamo Cascio ricattava? Ho fatto un~ ipotesi plausibile: qualcuno che lui aveva lasciato fuori dalla denunzia per gli appalti truccati. Il ricattato non può fare altro che pagare. Aspetta però l'occasione buona. La liberazione di Intorre è il momento che il xi~ cattato aspettava. Farà ricadere la colpa sull'ex carcerato con una pinsata geniale: fingerà un errore d'Intorre, il quale avrebbe dovuto ignorare che Cascio fosse impossibilitato a bere. Il ricattato ci ha pigliato per la manuzza e ci ha portato dove voleva lui. Un finto errore, veramente geniale! Ma siccome la vita è quella che è, decide di segnare una delle tre carte con le quali l'assassino voleva fare il suo gioco imbrogliando tutti. Che ti fa la vita? Uno scherzo. Siccome l'assassino voleva far credere vero un errore finto, lo mette in condizioni di commettere un errore vero, esattamente speculare all'altro. L'assassinO ignora, questa volta sul serio, che Intorre è diventato quasi cieco.» Ciccio Mònaco accennò ad alzarsi.
«Vorrei andare in bagno...» Ma non ce la fece, ricadde sulla seggia.
«Lei ha un'auto, signor Mònaco?»
«Sì... ma... non l'uso da...»
«È di colore blu scuro?»
«Sì.»
«Dove la tiene?»
L'altro stava per parlare, ma dalla bocca non gli niscì suono.
«Nel suo garage?»
Un impercettibile sì con gli occhi.
«Vogliamo andarci?»
Ciccio Mònaco inaspettatamente parlò.

«Ha ragione, c'ero macari io dintra la storia degli appalti. Ma lui mi tenne fuori, per potermi succhiare il sangue. Gli altri, al processo, non fecero il mio nome. Guardi che non avevo in mente d'ammazzarlo, quella sera. Fu quando mi disse che Pino Intorre era uscito dal carcere e che, se non gli davo di più, me l'avrebbe aizzato contro, fu solo allora che decisi d'ammazzarlo facendo cadere la colpa su Intorre.» Voleva alzarsi per seguire Montalbano ma non ce la faceva a scollarsi dalla seggia, le gambe non lo tenevano. Il commissario l'aiutò, gli offrì il braccio. Niscirono dalla trattoria come due vecchi amici. Pezzetti di spago assolutamente inutilizzabili
«Dottore? Sono Fazio. Potrebbe fare un salto qua?»
«E perché?»
Non ci vedeva ragione per la quale dovesse scommodarsi dall'ufficio, acchianare in macchina, che tra l'altro si faceva apprigare prima di mettersi in moto, traversare tutta Vigàta, pigliarela strata per Montelusa, doppo cinquecento metri svoltare a mancina, imboccare una trazzèra che manco le capre, fare un chilometro di fossi e pietrame e finalmente arrivare alla casa del ragioniere Ettore Ferro con la schiena scassata.
«E perché?» rispiò irritato, visto che Fazio esitava.
«Così» fu la risposta.
Il commissario si squietò, alzò la voce.
«Ma che minchia viene a dire "così"? Ti vuoi spiegare? Ci sono complicazioni?»
«Nonsi, complicazioni non ce ne sono, ma è meglio se viene.»
Montò in macchina murmuriàndosi. Possibile che i suoi òmini fossero ridotti a non sapersi levare un dito dal culo senza il suo aiuto? Il ragioniere Ferro si era appresentato con le sett'albe
in commissariato e aveva obbligato Catarella a telefonare a Montalbano che se ne stava sotto la doccia a Marinella sollecitandolo a raggiungere l'ufficio «di gran prescia e di pirsona pirsonalmente». Il commissario conosceva di vista il ragioniere, un sissantino che non se la faceva con nessuno e abitava da solo in una casa a tre piani locata fora mano. Passava per pirsona seria macari

se era cògnito che pativa di curiose fissazioni. Quando trasì nella sua càmmara, il ragioniere stava assittato sulla seggia davanti al tavolino. «Comodo, comodo» fece Montalbano vedendo che l'altro accennava a susirisi. «Mi dica tutto.»
«Stanotte hanno tentato d'arrubare a casa mia.»
«Tentato?»
«Sissignore, tentato.»
«Mi lasci capire. Non si sono portati via niente?»
«Niente di niente.»
«E sicuro sicuro che siano entrati i ladri?»
«Sicurissimo. Per via che hanno rotto un vetro della finestra rasoterra della cantina, ci hanno infilato una mano, l'hanno aperta, sono acchianati in casa, hanno sbarracato tutte le porte delle càmmare che io tengo chiuse a chiave, hanno...»
«Va bene, va bene» l'interruppe il commissario. Lostava assugliando una collera fridda. Quello stronzo che gli stava davanti, per un tentato furto, l'aveva fatto precipitare di prima matina in ufficio! «Lei dove ha dormito stanotte?» ripigliò Montalbano.
«E dove dovevo dormiri? A casa mia» arrispunnì l'altro taliàndolo imparpagliato.
«E non ha sentito niente? Non è stato svegliato dalla rumorata?»
«Io?! Quando mi piglio il sonnifero, non ci ponno manco le cannonate.»
«Fazio!»
Il grido del commissario fece sobbalzare il ragioniere. Fazio s'appresentò immediatamente.
«Fai il verbale di quello che è capitato a questo signore e macari vai a dare una taliàta a casa sua.» Ci volle un'orata abbondante prima che il malumore cominciasse a passargli. E doppo era arrivata la telefonata. Fazio, che l'aspettava, corse ad aprirgli lo sportello.
Montalbano lo fulminò con un'occhiatazza. «perché m'hai fatto venire?»
«Il ragioniere ha scoperto che i ladri gli hanno arrubato una cosa.»
«Che cosa?»

Fazio parse interessatissimo alla punta delle sue scarpe.
«Forse è meglio se glielo dice il ragioniere stesso.»
Montalbano stava per replicare, quando sulla porta della casa apparse il ragioniere.
«Venga, commissario, le faccio vedere da dove sono entrati i ladri.»
Trasirono in una piccola anticàmmara con tre porte e una scala che portava ai piani di sopra. Ettore Ferro si fermò davanti alla più grande delle tre porte, tirò fora dalla sacchetta sformata un gigantesco mazzo di chiavi, raprì, fece passare il commissario e Fazio, trasì macari lui, addrumò la luce, richiuse a chiave la porta. Una ventina di scalini immettevano in una cantina immensa, dal soffitto altissimo. Era divisa in due. Nel lato di mancina ci stavano una decina e passa di botti, così grandi Montalbano non aveva immaginatone esistessero.
«Come ha fatto a farle entrare qua dentro?» gli venne spontaneo spiare.
«Difatti non sono entrate. Le ho fatte fare qua stesso» rispose il ragioniere. E proseguì: «Del resto questa cantina è stata tutta progettata da me, va assai oltre le mura di casa».
«Lei è un enologo?»
«Chi? Io? Manco per sogno.»
Il commissario preferì non insistere, con la coda dell'occhio colse l'espressione della faccia di Fazio, era stravolta: a malapena si teneva dallo scoppiare in una risata di lagrime.
«Sono entrati da lì» proseguì il ragioniere. «Vede il vetro rotto? Poi sono saltati su quella botte e sono scesi con la scaletta di legno che c'è appoggiata.» Montalbano non lo sentiva, stava a taliàre l'altra metà della cantina, quella di dritta, dove regnava uno scuro fitto. Evidentemente non c'erano finestre a dare luce. Addecise di spiare.
«Da quella parte che c'è?»
«Il congelatore, la cella frigorifera, box vari.»
«Lei commercia?»
«Chi? Io? No.»

Fazio ammucciò sotto un attacco di tosse la risata che non era riuscito a tenere. Montalbano arraggiò.
«Senta, ragioniere, mi dica cosa le hanno rubato e facciamola finita.»
«Dobbiamo salire al secondo piano.»
Rifece tutto il mutuperio di raprire la porta, richiuderla. Acchianarono la scala, si fermarono sul pianerottolo del secondo piano, con un'altra chiave il ragioniere raprì la porta di dritta, la richiuse, c'era un corridoio, si fermò davanti alla terza porta di mancina, tirò fora il mazzo di chiavi, raprì, trasì, addrumò la luce, invitò il commissario e Fazio a entrare. La càmmara era praticamente una scaffalatura metallica, ordinatissima, sui ripiani scatole di cartone di tutte le dimensioni, legate con il nastro adesivo da pacchi. Il ragioniere indicò a dritta, verso un ripiano che conteneva scatole come quelle delle scarpe.
«Hanno rubato la scatola dei tappi di birra dell'armo appena passato. Vede, commissario, oggi è il 4 gennaio.
Bene, il giorno 2 ho sigillato la scatola dove avevo raccolto i tappi delle birre che ho bevuto nel 1997. Trecentosessantacinque erano, me ne faccio una al giorno.»
Montalbano lo taliò. Quello non stava babbiando. Anzi pareva turbato.
«Senta, ragioniere. Cosa c'è in quello scatolone a sinistra?»
«Lì? Pezzetti di spago assolutamente inutilizzabili.»
«E in quelli allato?»
«Sacchetti di plastica o di carta già adoperati. Vede? Sono divisi per anno. Legga: elastici 1978, 79, 80... canottiere usate 1979, 80, 81... e via di questo passo. Tengo tutto, io, non butto niente da vent'anni.»
«Macari il piano di sopra è così?»
«Certo. Ci sono carte, giornali, riviste.., e poi gli abiti smessi, le scarpe... Cose come turaccioli, bottiglie, lattine sono nelle càmmare accanto. Però dovrò far costruire qualche altra càmmara al piano terra... Io fumo quaranta sigarette al giorno, sa? I mozziconi non so più dove metterli.»

Con uno sforzo, il commissario agguantò la ragione che stava per scapparsene via dalla sua testa. Doveva andarsene subito, stava sudando. S'avviò per nèsciri, ma davanti alla porta si fermo.
«Mi scusi, ragioniere» spiò, abbagliato da un'improvvisa illuminazione. «Che c'è nelle botti che stanno in cantina?»
«I miei rifiuti organici» disse il ragioniere Ettore Ferro. Montalbano sinni niscì senza manco salutarlo. Non se la sentì di tornare direttamente in ufficio. Poco prima della discesa che portava a Vigàta, c'era un viottolo che finiva in una radura solitaria al centro della quale ci stava uno storto olivo saraceno che gli faceva simpatia. S'assittò sopra un ramo. Sentiva, dintra di sé, un sordo malostàre, un disagio che nasceva da una domanda precisa: perché il ragioniere Ferro faceva quello che faceva? Solo perché il ciriveddro gli funzionava a corrente alternata? O c'erano ragioni più sottili? Volevaessere certo del suo esistere attraverso l'accumulo della munnizza da lui stesso prodotta? Oppure si trattava di una forma d'avarizia assoluta? Si fumò tre sigarette di fila, finì con l'essere più confuso che pirsuaso a forza di ragionarci sopra. Di una cosa però era certo: quell'omo gli aveva fatto una gran pena.
Doppo una mezzorata ch'era arrivato in ufficio, trasì nella càmmara Fazio.
«Ho fatto bene a farle vidiri la casa del ragioniere? Pinsassi, dottore, che m'ha detto, come se fosse la cosa più normale del mondo, che dintra a quelle botti che ha visto nella cantina non solo ci travasa la merda e la pisciazza ma c'infila macari le unghie che si taglia, i peli della barba e i capelli!»
«Lo sai che ci tiene nel congelatore, nella cella frigorifera e nei box?»
«E come no?! Me li ha aperti. Vede, dottore, il ragioniere calcola quanta carne si mangerà in un anno, quanto pesce, quanta pasta, quanto cacio... Insomma, tutto quello che può pinsare che serva a un omo per campare trecentosessantacinque jurnate... tutto di tutto, mi creda, perfino, che so, gli stuzzicadenti. 112 di gennaio arrivano i camioncini dei fornitori e lui immagazzina la roba, quella

da congelare, quella da tenere in frigorifero...Potrebbe starsene un anno intero senza mettere pedi fora di casa.»
«Ha parenti?»
«Solo un nipote, figlio di una sorella che si trasferì a Venezia col marito e lì è morta. La casa la lascerà al nipote, coll'obbligo che non deve essere alienato, ha detto accussì, niente di quello che ci troverà dintra. Tutto deve arristare com'è. Se la vede lei la faccia del nipote quando aprirà le botti?»
Montalbano aggiunse un'altra ipotesi a quelle già fatte un ingenuo desiderio d'immortalità? Ma almeno i faraoni si facevano costruire le piramidil
«E la voli sapiri una cosa?» continuò Fazio. «Mi parlava di quei tappi di birra usati che gli hanno arrubato come se fossero state cose priziose, perle, diamanti!» Fu mentre stava tornandosene a Marinella che glivenne di nuovo a mente la facenna del ragioniere e di colpo si fece pirsuaso che la strammaria della casa e del suo proprietario gli aveva impedito di mettere a foco il vero problema: pirchì dei ladri si sobbarcano alla faticata di tràsiri nottetempo, aprire porte con chiavi false o grimaldelli, correre il pericolo d'andare a finire in càrzaro solo per portarsi via una scatola di cartone piena di tappi di birra usati? Quest'arrubatina, che pareva a prima vista insensata, un suo senso ammucciato certamente ce l'aveva. La prima cosa che fece appena trasùto in casa fu di cercare nell'elenco telefonico. Il ragioniere Ettore Ferro vi compariva.
«pronto? Il commissario Montalbano sono. Come sta?»
«E come vuole che stia, commissario? Disperato mi sento. Mi pare che m'avessero arrubata una parte della mia vita.»
«Coraggio, ragioniere. Ho bisogno che lei mi faccia un piacere.»
«Se posso, a disposizione.»
«Ho necessità che lei mi controlli se da casa sua manca altro.»
«L'ho già fatto, commissario. Sono stato tutto il giorno a taliàre. Non manca niente altro.»
«Mi perdoni se insisto. La scatola dei tappi del 1996 è al suo posto?»
«Sissignore.»

«Buonanotte, ragioniere. Mi scusi per il disturbo.» Raprì il frigorifero: c'erano solo lattine di birra. Niscì, si rimise in macchina, si diresse al bar di Marinella, s'accattò cinque bottiglie di marche diverse, se ne tornò a casa, stappò le bottiglie, s'assittò al tavolino della càmmara di mangiare, mise in fila i cinque tappi. Doppo tanticchia si susì, richiamò il ragioniere.
«Montalbano sono. Mi sento mortificato a...)>
«Non si preoccupi, mi dica.»
«Lei che birra beve?»
«Si chiama Torrefelice.»
«Mai sentita nominare.»
«Ha ragione. È una piccola fabbrica di un paese vicino Messina. C'è da tre anni. A me piace. Ha presente la Corona Extra, quella che pare vino bianco?»
«Non me ne intendo tanto di birre.»
«Beh, somiglia. Ma secondo me è meglio. Siccome io me ne bevo una bottiglia grande al giorno, al 2 di gennaio me ne faccio mandare trentasei scatole da dieci e cinque bottiglie sfuse.»
«Un'altra domanda, ragioniere. Lei s'è accorto ch'erano entrati i ladri solo dal vetro rotto e dalle porte aperte?
«Chi ha detto che ho trovato le porte aperte?»
«Lei. Stamattina.»
«Mi sarò espresso male. Le porte erano state richiuse dai ladri, ma con una sola mandata, mentre io, ne giro due. Così mi sono insospettito e poi mi sono acrcorto del vetro rotto.»
«Prometto che non la disturberò più. Buonanotte.»
«Come piacerà a Dio.»
Un punto fermo: i ladri si erano dati da fare perché furto non venisse scoperto, a rompere il vetro infatti poteva essere stato un fatto qualsiasi, una vibrazione, pietrata. Ma avevano commesso l'errore di richiudere porte con una sola mandata.
Dato che non poteva lasciare le birre nel frigo perché scoperchiate com'erano avrebbero perso sapore decise di bersele con santa pacienza. Ci mise due ore durante le quali restò a taliàre i cinque

coperchi di latta leggermente deformati dallo sperone del cavatappi. Doppo si susì per gettare le bottiglie oramà vacanti ne portarifiuti e l'occhio gli cadde sulla scritta di una defl etichette. Diceva: STAPPA E VINCI! SOLLEVA IL TONDINO PLASTICA E LEGGI QUELLO CHE C'È SCRITTO SUL FONDO DEL.TAPPO. Seguiva l'elenco dei premi. Montalbano indivi~duò il tappo corrispondente, con un coltello staccò tondino di plastica, lesse la scritta: NON HAI VINTO RIPROVA. In quel momento seppe invece che aveva vinto, con trariamente a quanto stava leggendo.Aiutato dalla birra che gli gonfiava la panza, gli venne facile pigliare sonno. Però, un attimo prima di serra' rc gli occhi, rivide le scatole ordinatamente disposta sulle scaffalature nella càmmara del ragioniere. Loculi Le scatole erano tabbuti, casse da morto dentro le qu Ettore Ferro amorevolmente deponeva i resti della sW vita che quotidianamente si sfaceva.
L'indomani a matino, a mente fridda, stabilì che dell'idea che gli era venuta potevano essere messi a parte solo Augello e Fazio. Non doveva assolutamente parlarsene in giro~ altrimenti il giornalista-nemico di Televigàta ci avrebbe bagnato il pane: "Sapete di quale importante caso si sta occupando il famoso commissario Salvo Montalbano? Del furto di trecentosessantacinque tappi di bottiglie di birra usati!". E giù risate, sfottò. E poi l'immancabile telefonata del Questore preoccupato: "Senta, Montalbano, ma è vera la notizia che...".
In ufficio, chiamò subito Fazio.
«Noi due, aieri, siamo stati stronzi.»
«Tutti e due, dottore?»
«Tutti e due.»
«Allora mi sento confortato.»
«E lo sai pirchì siamo stati stronzi? Pirchì non abbiamo pigliato sul serio il furto in casa del ragioniere.»
«Ma commissario...»
«E sei stato tu a mettermi sulla strata giusta.»
«Io?!»

«Tu. Quando mi hai contato che il ragioniere parlava di quei tappi come se per lui fossero state cose preziose. Allora ho pensato: e se c'è qualche altro che li considera macari lui preziosi, tanto da farli arrubare?»
«Un altro collezionista di tappi?» spiò Fazio ammammaloccuto.
«Ma non dire minchiate! Lasciamo perdere. Voglio sapere tutto di una fabbrica di birra, si chiama Torrefelice ed è in un paisi vicino Messina. Attento, Fazio: la cosa deve restare tra te e me.»
«Stia tranquillo. Quanto tempo ho?»
«Il tempo è già scaduto.>~
Due ore appresso, Fazio s appresentò a rapporto, s'assittò e principiò a parlare con una voce da parrìno:
«Tra Pace e Contemplazione si trova il Paradiso...» Montalbano l'interruppe isando una mano:
«A Fà, t'avverto che non ho gana di babbiare.»
«Stavo babbiando, dottore, ma nello stesso tempo cevo cosa vera. Pace e Contemplazione sono due pazzi che si chiamano propio accussì, praticamente frazioni di Messina, e tra di essi ci sta un albergo che chiama Paradiso. Darrè all'albergo, a un cinque metri, c'è la fabbrica che l'interessa.»
«Hai saputo altro?»
«Sissi. La Torrefelice ha cominciato a produrre i 1993. Ha un piccolo giro, ma la sua birra incontra. hanno detto che si sta ingrandendo.»
«Sai chi sono i proprietari?»
«A tanto non ci sono arrivato.»
S'attaccò al telefono e chiamò il maresciallo Lagar della Guardia di Finanza di Montelusa che altre vol~gli aveva dato una mano d'aiuto nelle indagini. Parlò lungo.
«Gesù!» fece Laganà quando il commissario ebbe terminato.
«Maresciallo, lo so che...»
«Commissario, deve capire che non è territorio mio e che dovrò rivolgermi a qualche collega di quelle par Ci vorrà del tempo.»
«Quanto, all'incirca?»
«Se trovo chi dico io, massimo una simanàta.»

Montalbano tirò un sospiro di sollievo, si era preparato a un'aspettatina più lunga.
«Le manderò un fax con tutti i dati» proseguì il maresciallo.
«Grazie. Ah, senta. Nel fax non specifichi il nome la ditta Torrefelice che produce la birra. La cosa deve restare riservata.»
«Ah dottori, dottori mio!» gridò Catarella irrompendo nella càmmara di Montalbano e facendo sbattere porta contro il muro con un botto tale che tutti si scanta-
rono. «C'è un fàcchisi che sta arrivando per lei di pirsona pirsonalmente. Maria santissima, dottori! Fino al momento di questo, è longo più di tre metri e ancora accontinua a nèsciri dal fàcchisi! Scantuso come un sirpente è! Tutta la càmmara mi sta pigliando!»Erano passati solo quattro giorni dalla telefonata, si
vede che Laganà aveva trovato la persona giusta. Facendosi aiutare da Gallo e Galluzzo, Catarella ingaggiò una vera e propria battaglia per arrinèsciri ad arrotolare il fax. La fabbrica era di proprietà dei fratelli Gaspare e Michele Pizztiso, incensurati. Mai avuto questioni con la legge, né come cittadini né come piccoli industriali. Fornivano negozi di vini all'ingrosso e al minuto, bar, ristoranti e privati. Si servivano di cinque camioncini di loro proprietà. Seguiva la lunghissima lista dei clienti. A Montalbano interessavano i privati. Già faceva scuro quando lesse un nome che lo fece letteralmente satàre dalla seggia: Vincenzo Cacciatore, via Paternò 18. Vigàta. Vincenzo Cacciatore doveva essere un consumatore di birra che manco un irlandese: si faceva spedire trenta casse da dieci ogni tre mesi. E lui, Montalbano, macari se non nelle vesti di bevitore di birra, a questo Cacciatore lo conosceva bene. Chiamò Gallo che guidava l'auto di servizio.
«Tu lo sai da che parte si trova via Paternò qua a Vigàta?»
Gallo glielo spiegò. Era la strata parallela a quella specie di trazzèra dove sorgeva la casa del ragioniere Ettore Ferro. Volle però, prima di parlarne col suo vice Mimì Augello, fare una specie di controprova.

«Ragioniere Ferro? Montalbano sono. Sono costretto ancora a disturbarla. Lei conserva le scatole della birra, vero?»
«Certamente!» fu la risposta. Si era tanticchia sentito offendere, il ragioniere, da quella domanda. Come potevano pensare che lui gettasse via qualichi cosa?
«Anche se sono costretto a ripiegarle. Sa, per lo spazio» precisò.
«Lei mi ha detto che si fa mandare da tre anni la birra Torrefelice, è giusto? Quindi in casa sua dovrebbero esserci novanta scatoloni.»
«Esatto.»
«Dovrebbe controllare se i trenta scatoloni dell'anno appena passato si differenziano in qualche modo dai precedenti.»
«In che modo, scusi? Sono tutti dello stesso formato.»
«Guardi allora se sopra c'è qualche segno particolare.»
«La richiamo tra un'ora.»
Richiamò invece dopo quasi due ore, quando a Montalbano era smorcata una fame lupigna.
«Mi scusi se ci ho messo tanto, ma ho voluto control-lare e ricontrollare. Come ha fatto a indovinare, commissario? Quelli dell'anno scorso sono segnati con un pennarello blu. Una specie d'asterisco.»
«Un'ultima domanda, ragioniere. Chi è a conoscenza del fatto che lei conserva abitualmente i...»
Gli mancò la parola. I rifiuti? La munnizza? Il ragioniere lo levò dall'imbarazzo.
«I fornitori, certamente. Poi un elettricista che...»
«La ringrazio, ragioniere.»
«Vedi, Mimì, a mio parere le cose stanno in questa modo. I carissimi e incensurati fratelli Pizzuso sono trafficanti di droga. Non so che tipo di droga, ma che possa agevolmente infilare tra il fondo del tappo e il tondino di plastica. Loro cliente, ma ce ne saranno altri dello stesso genere, è qui a Vigàta Vincenzo Cacciatore, che tu stesso hai arrestato anni addietro per spaccio. L'anno scorso i fratelli Pizzuso spediscono un carico Cacciatore, ma il trasportatore si sbaglia e consegna gli scatoloni segnati al nostro ragioniere.

Sicuramente i Pizzuso s'accorgono dopo qualche giorno dell'errore. Ma hanno le mani legate: fare sparire gli scatoloni ancora pieni è come firmare il furto. Decidono d'aspettare, che il ragioniere conserva tutto. E così, ai primi di questanno~ entrano nella sua casa e ricuperano i trecentosessantacinque tappi. Però fanno un secondo errore: non chiudono le porte a due mandate. E Ferro scopre il furto.» «Avrebbero dovuto rubare qualche altra cosa per confondere le acque» commentò Augello doppo averci pinsato sopra.
«Mimì, per fortuna non tutti i delinquenti sono intelligenti.»
«E ora che facciamo?» spiò il vice.
«Aspettiamo il 30 marzo, quando arriverà il nuovo carico per Cacciatore. Fermiamo il camioncino, stappiamo una bottiglia e vediamo che ci hanno messo tra iltappo e il tondino.»
«E con i fratelli Pizzuso come ci regoliamo?»
«Avvertiamo i colleghi di Messina dopo che abbiamo fermato il camioncino.» Augello lo taliò interrogativo.
«Dopo, Mimì, dopo. Non hai mai sentito parlare di talpe?»
Il 30 marzo, alle dieci del matino, il camioncino si fermò davanti alla casa di Vincenzo Cacciatore. Il quale Cacciatore si trovava ammanettato nella sua càmmara diletto sorvegliato a vista da Gallo. Mimì Augello con i suoi òmini immobilizzò il trasportatore, raprì lo sportellone del camioncino, individuò uno scatolone segnato col pennarello blu, pigliò una bottiglia, la stappò tenendola poggiata contro il bordo dello sportellone,staccò il tondino. Tra questo e il fondo del tappo non c'era assolutamente niente.
«Come niente?!» fece Montalbano istantaneamente sentendo il sudore che gli assuppava la cammisa.
«Te lo giuro» disse Mimì. «Tra il tappo e il toridino non c'è niente. Vedi, Salvo, il camioncino è arrivato alle dieci e...»
«Alle dieci?! Ma è mezzogiorno passato! Da dove te..lefoni?»
«Da Montelusa. Dalla Questura.»
«Sei andato a fare la spia, eh, grandissimo cornuto!»

«Mi lasci finire? Dato che sotto il tondino non c'era niente, m'è venuta un'idea e ho fatto una corsa qua, da Jacomuzzi, per un controllo. La sai una cosa? Il tondino non è di plastica, in queste bottiglie destinate a Cacciatore. lacomuzzi ha fatto fare le analisi a uno dei suoi della Scientifica. La droga è il tondino stesso. Si tratta di un procedimento che...» Montalbano riattaccò. Non aveva bisogno di sentire altro.

Referendum popolare

Quella matina, mentre andava in macchina in ufficio, Montalbano notò un nutrito gruppo di persone che, coll'aria divertita, commentava una specie d'avviso impiccicato sul muro di una casa. Tanticchia più in là, quattro o cinque persone si morivano dalle risate davanti a unaltro foglio impiccicato che gli parse uguale al primo. La facenna l'ammaravigliò, in genere c'è picca da divertirsi davanti a un avviso pubblico e quello pareva il tipico, ricorrente annunzio della sospensione dell'erogazione dell'acqua. Quando vide la stessa scena ripetersi poco dopo, non resistette alla curiosità, fermò, scinnì e andò a leggere. Era un quadrato di carta autoadesiva di una quarantina di centimetri per lato. I caratteri erano di quelli che si compongono a mano adoperando lettere di gomma da bagnare su un tampone d'inchiostro.
REFERENDUM POPOLARE LA SIGNORA BRIGUCCIO È UNA P...?
(Ogni cittadino potrà rispondere al referendum scrivendo la
sua libera opinione su questo stesso foglio.) Non conosceva la signora Briguccio, non l'aveva mai sentita nominare. Perciò la prima cosa che fece fu di parlarne con Mimì Augello, il più fimminàro di tutto il commissariato
«Mimì, tu conosci la signora Briguccio?»
«Eleonora? Sì, perché?» Evidentemente non aveva visto i manifesti.
«Non sai niente del referendum popolare?»
«Quale referendum?» spiò Augello pigliato dai turchi.

«Sono stati impiccicati manifesti in paisi che indicono un referendum per decidere se la signora Briguccio, Eleonora, come la chiami tu, sia una "p" o no. E quella hp" evidentemente sta per puttana.»
«Stai babbiando?»
«Perché dovrei? Se non mi credi, vatti a pigliare un caffè al bar Contino, nelle vicinanze ci sono almeno tre manifesti.»
«Vado a vedere» disse Augello.
«Aspetta, Mimì. Dato che la conosci, tu come rispon-
deresti al referendum?»
«Quando torno ne parliamo.» Augello era uscito da manco cinque minuti che la porta dell'ufficio del commissario s'aprì violentemente, sbatté contro la parete, Montalbano sobbalzò e Catarella trasì.
«Mi scusasse, dottori, la mano mi scappò.» Il solito rituale. Lucidamente, il commissario seppe
che un giorno o l'altro su qualche giornale sarebbe apparso un titolo così: IL COMMISSARIO SALVO MONTALBANO SPARA A UN SUO AGENTE.
«Ah dottori, dottori! Il signori e sinnaco Tortorigi tilifonò. Aiuto chiama! Dice accussì che nel municipio c'è un quarantotto!»
Montalbano si precipitò seguito da Fazio. Quando arrivò, un cinquantino fora dalla grazia di Dio, invano trattenuto da alcuni volenterosi, stava pigliando a calci e a pugni una porta contrassegnata da una targhetta: UFFICIO DEL SINDACO.
«Tu lo conosci a quello?» spiò Montalbano a Fazio.
«Sissi. È il signor Briguccio.»
Montalbano si fece avanti.
«Prima di tutto si calmi, signor Briguccio.»
«Lei chi è?»
«ìì commissario Montalbano sono.»
«Chi la chiamò? Il sindaco? Quel grandissimo cornuto sindaco?»
«Sasà» fece uno dei volenterosi, «il signor commissario ha ragione. Prima di tutto calmati.»

«Vorrei vedere a tia se scrivessero sulla pubblica piazza che to' mogliere è una buttana!»
«Sasà» continuò il volenteroso, «ma chi ti dice che quella "p" per forza deve significare puttana?»
«Ah, sì? E che significa secondo te?»
«Mah. Pasticciona, per esempio.»
«Oppure paziente, tanto per farne un altro» intervenne un secondo dei volenterosi.
Le due interpretazioni fecero arraggiare di più, e con ragione, il signor Briguccio che, sfuggito a quelli che lo tenevano, sparò due poderosi calci alla porta.
«Levalo di qua» ordinò Montalbano a Fazio.
Fazio, con l'aiuto dei volenterosi, trascinò il signor Briguccio in un'altra càmmara. Il commissario, tornata la calma, tuppiò discretamente.
«Montalbano sono.»
«Un attimo.»
La chiave girò, la porta si raprì. Assieme al sindaco Tortorici c'era un ometto, un sissantino grasso e calvo che s'inchinò.
«Il vicesindaco Guarnotta» lo presentò Tortorici.
«Che vuole da lei il signor Briguccio?» Il sindaco, macari lui sissantino, sicco sicco, un curioso paro di baffi alla tartara, allargò sconsolato le braccia.
«Eh, commissario, è una faccenda lunga che si trascina da trent'anni. Briguccio, io, e il qui presente dottor Guarnotta abbiamo militato assieme in quel vecchio, glorioso partito che ha garantito la libertà nel nostro Paese. Poi è capitato quello che è capitato, ma tutti e tre ci siamo nuovamente ritrovati nel nuovo partito rinnovato. Senonché, per questo maledetto gioco delle correnti, io e il dottor Guarnotta abbiamo avuto sempre certe convinzioni non condivise da Briguccio. Ved commissario, quando De Gasperi...»
Montalbano non aveva nessuna gana d'infognarsi una discussione politica. «Mi scusi, sindaco, ripeto domanda: perché Briguccio ce l'ha con lei?»

«Mah... cosa vuole che le dica. Lui tenta di cangiare fatto d'essere stato chiamato pubblicamente cornuto perché questo significa in fondo la domanda del referei, dum - in una questione squisitamente politica. In alt parole, egli sostiene che dietro quel manifesto c'è la stra complicità, mia e del dottor Guarnotta.» Il quale dottor Guarnotta s'inchinò leggermente liàndo il commissario.
«Ma che vuole da lei, a parte lo sfogo?»
«Che faccia rimuovere i manifesti.»
«E noi l'abbiamo rassicurato in tal senso» intervem il dottor Guarnotta. «Facendogli presente che noi I vremmo fatto lo stesso senza la sua, come dire, temp stosa richiesta: per quei manifesti infatti non è stata p gata la tassa d'affissione.»
«E allora?»
«Abbiamo però esposto a Briguccio qual è il problema. E lui è andato su tutte le furie.»
«E qual è il problema?»
«Abbiamo in servizio al momento solo otto guardie municipali. Impegnatissime nel disbrigo delle loro norim occupazioni. Abbiamo garantito che al massimo entro settimana i manifesti sarebbero stati rimossi. Allora lxisenza motivazione alcuna, ha cominciato a msultarci.»
Politici finissimi, di vecchia e alta scuola, il sir Tortorici e il vicesindaco Guarnotta.
«In conclusione, sindaco, lei vuole sporgere denun per aggressione?»
Guarnotta e Tortorici si taliàrono, parlandosi parole.
«Manco per sogno!» proclamò, generosamente, Tortarici.
«i-lo fatto il conto» disse Augello. «In tutto sono stati affissi venticinque manifesti. Pochi, artigianali, ma sono bastati a far nascere un casino. In paisi non si parla d'altro. E si è saputo macari dello scontro che Briguccio ha avuto con Tortorici e Guarnotta.»
«Sono state già date le prime risposte al referendum?»
«E come no! Una maggioranza bulgara. Tutti sì. La povera Eleonora, secondo la convinzione popolare, è indiscutibilmente una buttana.»

«E lo è?» Mimì esitò un momento prima di rispondere.
«Prima di tutto tra Eleonora e Saverio Briguccio c'è una notevole differenza d'età. Eleonora è una trentina, elegante, bella, intelligente. Lui invece è un cinquantino rosso di pelo, abile commerciante. Tutto li divide, gusti, educazione, modi di vita. Inoltre in paisi si sussurra che le polveri da sparo di Briguccio siano bagnate. Infattiì non hanno avuto figli.»
«Mimì, mi pare che tu stia elencando le ragioni per le quali la signora è costretta dalle circostanze a mettere le corna al marito.»
«Beh, in un certo senso è come dici tu.»
«Dunque la signora non è una buttana, ma una donna che, avendo il marito mezzo impotente, si consola.»
«Direi che le cose stanno così.»
«E quante volte, fino al momento attuale, si è consolata?»
«Non le ho contate.»
«Mimì, non fare l'omo e il gentilomo con me.»
«Beh, parecchie volte.»
«Macari con te?»
«Questo non te lo dico manco sotto tortura.»
«Mimì, lo sai come si chiama oggi questo tuo atteggiamento? Silenzio-assenso, si chiama.»
«Me ne fotto di come si chiama.»
«Senti una cosa: il marito lo sa?»
«Che Eleonora lo cornifica? Lo sa, lo sa.»
«E non reagisce?»
«Povirazzo, a mia mi fa pena. Sopporta, o almeno sopportato, dato che sa benissimo di non essere in gr do di, diciamo così, soddisfare le, diciamo così, azioni e i desideri di Eleonora, la quale, diciamo così...»
«Mimì, non diciamo così, diciamola com'è. Lui è cornuto pacinzioso.»
«Sì, ma è questo che mi preoccupa. Fino a tutta la facenna si svolgeva in silenzio, lui poteva far finta di niente. Che fossero tutte

voci, malignità. Ma or l'hanno costretto a nèsciri allo scoperto. E non si sa qual è la reazione di un cornuto pacinzioso, come di<
tu, quando è costretto a perdere la pazienza.» «Tu pensi che sia stata una manovra politica dei su avversari?»

«Può essere. Ma può macari essere la vendetta di amante liquidato dalla signora Briguccio. Vedi, Eleonra non vuole storie sentimentali che durino a lungo. a modo suo, fedele al sentimento che nutre per il matto. Ora è possibile che qualcuno non abbia capito le
tenzioni, come dire, limitate di Eleonora e si sia abdonato a sogni di grande amore, di una relazione dui tura...»

«Ti sei spiegato benissimo, Mimì: la signora Eleonor appartiene al genere di una botta e via.»

«Salvo, quando ti ci metti, sei di una volgarità scor certante. Ma devo ammettere che le cose stanno così.»

«Va bene» disse Montalbano. «Ora parliamo di serie. Questa facenna di Briguccio mi pare solame: una farsa paesana.»

Una farsa, certo. Ma durò una simanata. Rimossi manifesti, quando pareva che tutti se ne fossero sconti, la farsa cangiò di genere e divenne tragicommedia. «Parlo di pirsona pirsonalmente col commissi
Montalbano?» Quella matina non era cosa. Tirava un vento di tr~ montana che aveva fatto venire il nirbùso a Monta il quale perdipiù, la sera avanti, aveva avuto un'azzuffatifla telefonica con Livia.

«Catarè, non mi scassare la minchia. Che c'è?»

«C'è che il signore Bricuccio sparò.»

Oddio santo, il cornuto pacinzioso si era risvegliato come temeva Augello?

«A chi sparò, Catarè?»

«A uno che me lo sono scritto, dottori. Ah, ecco, si chiama Manifò Carlo.»

«L'ha ammazzato?»

«Nonsi, dottori. Affortunatamente la mano gli trimò e lo pigliò nell'osso pizziddro.»

L'osso pizziddro? Sul momento non s'arricordò dell'anatomia dialettale.
«E dov'è l'osso pizziddro?»
«L'osso pizziddro, dottori, è propio indovi che si trova l'osso pizziddro.»
Se l'era meritato. Perché rivolgeva domande simili a Catarella?
«È grave?»
«Nonsi, dottori. Il dottori Augello l'ha fatto portare
allo spitale di Montelusa.»
«Ma tu come l'hai saputo?»
«In quanto che il signor Bricuccio, doppo la sparatina, è venuto qua a crostituirsi. Accussì abbiamo saputo la cosa.»
In commissariato, ad aspettare Montalbano, c'era già il vicesindaco Guarnotta. Trasì nella càmmara del commissario inchinandosi continuamente che pareva un giapponisi.
«Ho sentito l'imprescindibile dovere di venire a testimoniare appena appresa la notizia dello sciagurato gesto dell'amico Briguccio.»
«Lei sa come sono andati i fatti?»
«No, per niente. Solo le voci che corrono in paese.»
«E allora su cosa vuole testimoniare?»
«Sulla mia assoluta estraneità al fatto.»
E siccome Montalbano lo taliàva interrogativo, si sentì in dovere di precisare:
«Lei, commissario, è stato presente all'increscios0 episodio accaduto in Municipio e tutto da imputare all'amico Briguccio. Non vorrei che lei potesse dar credito alle sconsiderate insinuazioni dell'amico Briguccio,. chiaramente in stato di forte tensione.»
Montalbano lo taliò senza dire niente.
«Questo si chiama tentato omicidio. O no?» spiò soa~vemente Guarnotta. Lo voleva sistemare proprio bene, all'amico Briguccio
«Grazie, prendo atto della sua dichiarazione» fecE Montalbano. Pigliato però da una botta di malignità proseguì:
«Lei naturalmente parla a titolo personale.»
«Non capisco» disse Guarnotta inquartandosi a difesa

«È semplice: siccome le accuse del signor Briguccio coinvolgevano soprattutto il sindaco, vorrei sapere se lei parla anche a suo nome.»
L'esitazione di Guarnotta durò un niente. Dato che c'era, perché non fare danno macari all'amico sindaco?
«Commissario, io posso parlare solo per me. Chi è capace di conoscere a fondo la persona più cara? L'animoumano è insondabile.»
Si susì, fece due o tre inchini consecutivi e stava per andarsene quando Montalbano lo fermò.
«Mi scusi, signor Guarnotta, sa dov'è stato ferito Manifò?»
«Al malleolo.»
Il commissario fece un gran sorriso che strammò Guainotta. Ma non rideva per il ferimento, era contento perché finalmente aveva saputo che l'osso pizziddro corrispondeva al malleolo.
«Mimì, che te ne pare di questa farsa cne a mome finiva a tragedia?»
«Che ti devo dire, Salvo? Ho due ipotesi, che macaisono le stesse delle tue. La prima è che un imbecille, per vendetta verso Eleonora, stampa e impiccica quei manifesti senza sapiri che la cosa può avere gravi conseguenze. La seconda è che si tratta di un'operazione studiata a tavolino per far saltare i nervi a Briguccio.»
«Mimì, che potere ha in paisi Briguccio?»
«Beh, ce l'ha. Lui, per principio, si oppone a tutte le iniziative del sindaco. E riesce sempre ad avere un certo seguito. Mi spiegai?»
«Ti sei spiegato benissimo: il sindaco e soci devono, per ogni cosa, trattare con Briguccio. E che mi dici della signora Eleonora?»
«In che senso?»
«Nel senso della tua ipotesi, la prima. L'amante abbandonato. Conchi se la faceva negli ultimi tempi la signora Eleonora?»«Perché la chiami signora?»
«Non lo è?!»
«Salvo, tu dici "signora" in un certo modo... E come se dicessi "buttana".»

«Non mi permetterei mai! Allora: come vanno gli amori di Eleonora?»
«Non sono informato degli sviluppi recenti. Ma di una cosa sono sicuro, ci metto la mano sul foco: Briguc- cio ha sparato alla persona sbagliata.» Montalbano, che fino a quel momento stava a babbia-re, appizzò di colpo le orecchie. «Spiegati meglio.»
«Io a Carlo Manifò lo conosco bene. È maritato, senza figli. Ed è innamorato di sò mogliere, a parte che è per- sona seria. Io queste cose le indovino sempre: non credo che Manifò abbia avuto una storia con Eleonora.»
«Si conoscevano?»
«Non avrebbero potuto fare a meno di conoscersi: le famiglie Manifò e Briguccio abitano nella stessa palaz- Zina, sullo stesso pianerottolo.» «Che fa di professione Manifò?»
«Insegna italiano al liceo. È uno studioso, è noto macari all'estero. Di più non ti so dire.»
«Briguccio è stato interrogato dal Sostituto. Cheha contato?»
«Lui dice che Manifò ci ha provato con Eleonora. Ch~Eleonora non ne ha voluto sapere e lui, allora, si è vena dicato sputtanandola.'>
«E stata sua moglie a raccontargli la storia?»
«No, Briguccio sostiene di non averlo saputo da Elenora. Di averlo capito da solo. Dice macari che ha prove di quanto afferma.»
«No, commissario, sono spiacentissimo, ma lei no può parlare col paziente» fece, irremovibile, il prol Di Stefano allo spitàle di Montelusa.
«Ma perché?»
«Perché ancora non siamo riusciti a operano. Il signor Manifò, oltre alla ferita, ha subito uno shock fortissimo. Ha febbre molto alta e delira.»
«Potrei almeno vederlo?»
«Potrebbe. Ma a che scopo? Per sentire quello che ce nel delirio?»
«Beh, certe volte nel delirio si dicono cose che...»
«Commissario, il professore ripete sempre la cosa, monotonamente.»

«Potrei sapere che dice?»
«Come no. Dà i numeri, letteralmente.»
«I numeri?»
«Sì: 39.18.19. Se li giochi al lotto, se crede.»
«A prima vista sembrerebbe un numero di telef disse Augello.
«Sì, Mimì, ma siccome non ci dice il prefisso, siamC fottuti. lo ho fatto controllare tutti i numeri della provincia. Niente. Ho bisogno di parlare con la signol Manifò.»
«Ma perché te la pigli tanto? Le cose sono chiare, rn pare.»
«Eh, no! Mimì, tu non puoi tirare la pietra e poi afli mucciare la mano!» «Che c'entro io?»
«C'entri! Sei stato tu a dirmi che sei convinto che Ma-~ifò non era l'amante di Eleonora! E se tu hai ragione, perché Briguccio gli ha sparato?»
«Ho ragione. Però la signora Manifò non è a Vigàta. È americana, è andata a trovare i suoi genitori a Denver. E stata informata solo poche ore fa. Tornerà a Vigàta dopodomani. Ma perché vuoi parlare con la signora Manifò?»
«Voglio taliàre l'agenda del marito. Capace che ci troviamo scritto quel numero telefonico che c'interessa e sappiamo a chi corrisponde.»
«Giusto. Però, dato che la signora non c'è...»
«... facciamo come se ci fosse» concluse Montalbano.
«Madunnuzza santa, che scanto che ci pigliammo tutti quanno che sentimmo il botto della revorbarata!» disse la portinaia dello stabile mentre rapriva la porta dell'appartamento del professore Manifò. «Le chiavi le lassano sempri a mia pirchì ci vengo a fari la pulizia.»
«C'è la signora Briguccio?» spiò Augello indicando l'appartamento vicino. «Nonsi. La signora è andata ad abitare da so' patre, a Montelusa.» «Grazie, lei può andare» disse Montalbano. L'appartamento era grande, la càmmara più vasta era quella dello studio, praticamente un'enorme biblioteca con al centro un tavolo ingombro di carte. Mentre Mimì rovistava nella scrivania alla ricerca

dell'agenda, Montalbano si fermò a taliàre i libri. In un reparto c'erano, messi in bell'ordine, storie della letteratura italiana, enciclopedie, saggi critici. Su un ripiano c'erano riviste di letteratura che contenevano saggi di Manifò: studi soprattutto su Dante in rapporto alla cultura araba. Una Parete invece era coperta interamente da scaffali che contenevano studi biblici: il professore Manifò di questo argomento particolarmente s'interessava. Tant'è vero che un intero reparto era occupato dalle sue pubblicazioni in materia. C'era macari un volumetto che pei un momento interessò Montalbano. S'intitolava: Es del Genesi. Stava per pigliano in mano e taliàrlo, qt la voce di Mimì lo distrasse:
«Non c'è una minchia.»
«Che significa?»
«Significa che ho qua davanti tre agende, vecchie nuove, e questo numero di telefono, 391819, non è scrito da nessuna parte.»
Richiusero la porta, consegnarono le chiavi alla portinaia.
La Rivelazione (proprio così, quella con la Errescola) Montalbano l'ebbe verso l'una di notte a casa su a Maninella, mentre, in mutande e in preda all'insonni faceva uno svogliato zapping alla televisione. Era, spiegabilmente, affascinato da certi programmi che pirsòna dotata di buon senso avrebbe accuratamenti evitato: vendite di mobili, di complicate apparecchiat per ginnastica, di quadri da quattro soldi. L'occhio la sera gli cadde su una coppia, James e Jane, pastori un' indefinibile chiesa di stampo americano. In uno zc picante italiano, la coppia spiegava come la salvezza l'omo consistesse nell'avere sempre la Bibbia sottomar per consultarla in ogni occasione. A Montalbano divertiva Jane, cotonata e in vestiti aderenti come una Mary di quart'ordine, e anche James, pizzetto, occhi magnifici, Rolex al polso. Stava per cangiare canale, quando mes disse: «Amici, prendete in mano la Bibbia. Deuteron 20.19.20.»
Fu come se una scossa elettrica l'avesse pigliato pieno. Minchia, quanto era stronzo! Cercò casa casa Bibbia, non la trovò. Taliò il ralogio, era l'una di nc certamente Augello era ancora vigilante.

«Mimì, scusami. Ce l'hai una Bibbia?» «Salvo, perché non ti decidi a farti curare?»
Riattaccò. Poi fece una pensata, compose un numer
«Qui hotel Belvedere.»
«ìì commissario Montalbano sono.»
«In che posso esserle utile, commissario?»
«Senta, mi pare che nel vostro albergo usiate mettere la Bibbia nelle camere da letto.»
«Sì, lo facevamo.»
«Perché, ora non più?»
«Ma Bibbie in albergo ne avete?»
«Quante ne vuole.»
«Tra una mezzorata sono da voi.»
Assittato nella poltrona, la Bibbia in mano, Montalbanoci ragionò tanticchia sopra. Non era il caso di leggersela tutta, ci avrebbe messo una simanata. Decise di cominciare dal principio, dal Genesi. D'altra parte Manifò non aveva scritto un libro sull'argomento? Andò a taliàre il capitolo 39: parlava dei figli di Giacobbe e in modo particolare di Giuseppe. Ai punti 18 e 19 si contava della disavventura del pòviro picciotto con la moglie di Putifar. Giuseppe, ch'era "formoso", diceva la Bibbia, venne pigliato come servo nella casa di Putifar, capitano del Faraone. Seppe conquistarsi la fiducia del suo padrone che gli affidò tutti i suoi averi. Ma la moglie di Putifar gli mise gli occhi sopra e non mancava occasione per invitarlo a fare cose vastase con lei. Per quanto l'invitasse,dice sempre la Bibbia, mai Giuseppe acconsentì a "giacerle accanto e usare con lei". Un giorno però la signora perdette veramente la testa e gli saltò addosso: il pòviro Giuseppe riuscì a scappare, ma la sua veste rimase in mano alla fimmina. La quale, per vendicarsi, proclamò che Giuseppe aveva tentato di violentarla, tant'è vero che aveva lasciato la veste nella sua càmmara. E così Giuseppe andò a finire in càrzaro. Altro che numeri! Nel suo delirio, il professor Manifò Si sentiva nella stessa situazione del biblico Giuseppe e tentava di spiegare com'erano andate le cose: lui era la Vittima, non

la signora Briguccio. Però, pigliando per vero il suggerimento del professore, c'era parecchio cli non tornava. Allora: il professore sostiene che, trovan. dosi da solo in casa di Eleonora, viene da questa aggre. dito perché secolei si giaccia, tanto per parlare come Bibbia. Ma il professore scappa, lasciando nelle mani Eleonora qualcosa di tanto intimo, di tanto personale da convincere il signor Briguccio che il tentativo di sii (almeno così gli racconta la moglie per vendicarsi dei rifiuto) c'è inequivocabilmente stato. Macari ammettenda questa ipotesi, però, non c'era logica nel fatto successi. vo: chi aveva stampato e affisso i manifesti? Il proft Manifò per vendicarsi a sua volta? Ma via! Non sepp darsi una risposta e si andò a corcare. La matina appresso, appena susito dal letto, un sèro fresco fresco come acqua sorgiva gli zampillò n~ ciriveddro. Si precipitò al telefono.
«Mimì? Montalbano sono. Dovresti andare, facendoti accompagnare da qualcuno dei nostri, nell'appartamento di Manifò. Prima però devi spiare allaportinaia se la signora Briguccio le ha recentemente mandato la chiave dei Manifò mentre il professore fora di casa.»
«Va bene, ma che devo fare?»
«Una specie di perquisizione. Devi spostare le più basse dei libri nello studio e taliàre se per caso dietro di essi c'è qualcosa.»
«Un mio amico ci teneva il whisky che so' m non voleva che bevesse. E se trovo qualcosa?»
«Me lo porti in commissariato. Ah, senti, sei riuscitosapiri chi è l'ultimo amante o l'ultimo innamorato Eleonora?»
«Sì, qualcosa.»
«A più tardi.»
«Abbiamo trovato queste» fece Mimì scuro scuro tirando fora dalla sacchetta un paro di mutandine rosa fimmina, finissime, elegantissime, ma strappate. Mofl talbano le taliò: c'erano arriccamate le iniziali E.B., Eleonora Briguccio.

«Perché Manifò le teneva ammucciate?» Spiò Augello. «No, Mimì, ti sbagli. Non è stato Manifò, è stata Eleonora Briguccio a nasconderle darrè ai libri per tirarle fora al momento Opportuno. A proposito, hai domandatoalla portinaia?»
«Sì. Due giorni avanti che Briguccio sparasse al professore, Eleonora ha voluto la chiave, disse che si era scordata una cosa in casa del vicino. Vedi, Salvo, si frequentavano regolarmente, la portinaia non ci vide niente di male e le consegnò la chiave che le venne restituita dieci minuti dopo.»
«L'ultima domanda, sai con chi Eleonora...»
«Guarda, Salvo, è una cosa molto strana. Dicono che Eleonora stia facendo perdere la testa a un ragazzino che non ha manco diciott'anni, il figlio dell'avvocato Petruzzello che...»
«Non mi interessa. Te la vedrai tu col ragazzino. Ora stammi a sentire e rifletti bene prima di rispondere. Anzi, risponderai alla fine di quello che ti conto. Dunque,contrariamente a quello che di solito le capita, EleonoraBriguccio s'innamora sul serio del suo vicino di casa e amico di famiglia, il professor Manifò. E glielo fa capire in tutti i modi. Ma il professore fa finta di niente. Le cose per un pezzo vanno avanti così, lei sempre più incaniàta, lui sempre più fermo nel rifiuto. Poi la mogliere di Manifò parte per Denver. Sicuramente, di giorno o di notte, quando il marito non c'è, Eleonora Briguccio tuppia alla porta di casa del vicino, lo costringe ad aprirle, rinnova le sue proposte. A un certo punto il rifiuto dev'essere stato così grave che per Eleonora è diventato un'offesa insopportabile. Decide di vendicarsi. Un piano geniale. Convince il ragazzino che è innamorato di lei a stampare i manifesti del referendum e ad affiggerli. Quello ubbidisce. Il signor Briguccio, cornuto paziente fino a quando non c'è stato scandalo pubblico, è costretto a reagire, tanto più che tutto il paisi lo prende in giro. Quando ha fatto giungere il marito al gius punto d'ebollizione, Eleonora passa alla seconda pari Nasconde un paro di mutandine, dopo averle straF te, nella libreria del professore e quindi confessa al marito che Manifò l'ha attirata a casa sua e ha tentato violentarla. Lei è riuscita a evitare la violenza

quanc già era praticamente nuda. E allora Manifò si è vento facendo stampare i manifesti. A Briguccio non rest che andare a sparare a Manifò, ma siccome è un uon prudente, gli spara all'osso pizziddro.»
«Non mi persuade la facenna delle mutandine.»
«Eleonora avrebbe trovato il modo di farle salta: fuori al processo. Lì, dov'erano, potevano restarci ani Chi fa le pulizie ai libri se non a Pasqua?»
«Perché hai voluto sapere del ragazzino?»
«Perché è come m'ero immaginato. Eleonora 1' convinto a fare quello che voleva lei. Un adulto forse sarebbe tirato indietro. Quindi tu, da oggi stesso, ti mmci a lavorare questo ragazzino fino a quando iconfessa. Racconta macari tutto al padre, fatti aiutare clui. Io di questa storia non voglio più occuparmene.»
«Non dovevi farmi una domanda?»
«Te la faccio subito: dopo quello che ti ho contato, credi che Eleonora Briguccio sia una fimmina capace tanto? Di combinare una così raffinata vendetta chemandato un omo allo spitale (ma avrebbe potuto mai darlo al camposanto) e il marito in càrzaro? Una vei detta, bada bene, per la quale è necessario che lei, prima, paghi il prezzo d'essere sputtanata agli occhi tutto il paisi. È possibile che questa fimmina abbia in testa così?» «Sì, è possibile» disse a malincuore Mimì Augello. Montalbano si rifiuta Quella nottata di fine aprile era proprio proprio come una volta era parsa a Giacomo Leopardi che se la stava a godere: dolce e chiara e senza vento. Il commissario Montalbano guidava la sua macchina a lento a lento,
beandosi della friscanzana mentre se ne tornava nella sua casa di Marinella. S'arravugliava nella sua stanchizza come dintra a un vestito sporco, sudato, ma che sai che tra poco potrai sostituirlo, dopo la doccia, con uno pulito e profumato. Era stato in ufficio dalla matina che manco erano le otto e ora il suo ralogio segnava la mezzanotte spaccata. Tutta la giornata l'aveva passata nel tentativo di far confessare un vicchiazzu fituso che si era approfittato di una picciliddra di nove anni e appresso aveva cercato d'ammazzarla con una pietrata in testa. La picciliddra era in coma nello spitàle di

Montelusa e non era in grado perciò d'arriconoscere lo stupratore. Doppo qualche ora d'interrogatorio, il commissario aveva principiato a nutrire scarso dubbio che il colpevole fosse l'omo che avevano fermato. Ma quello si era blindato in una negativa che non permetteva spiragli. Ci aveva provato con trainelli, sfondapiedi, salta fossi, domande a tradimento: e quello niente, sempre lo stesso intifico disco:
«Non sono stato io, non avete prove.»Certamente le prove ci sarebbero state dopo l'esame del Dna dello
sperma. Ma ci voleva troppo tempo e troppa paglia per fare maturare lo zorbo, come diceva no i contadini.
Verso le cinco di doppopranzo, avendo esaurito tuti il repertorio sbirresco, Montalbano principiò a sen una specie di cadavere parlante. Si fece sostituire da Fazio, andò in bagno, si 5~(nudo, si lavò dalla testa ai piedi, si rivestì. Trasì n càmmara per ripigliare l'interrogatorio e sentì il vecchii che diceva:
«Non fono ftato io, non afete profe.»Era di colpo addiventato tedesco? Taliò il dalla bocca gli colava un filo di sangue, aveva un occhio gonfio e chiuso.
«Che è successo?»
«Niente, dottore» arrispose Fazio con una faccia d'angelo che gli mancava solo l'aureola. «Ha avuto come tu mancamento. Ha sbattuto la testa contro lo spigolo tavolino. Forse si è rotto un dente, cosa di poco.» Il vecchio non replicò e il commissario ripigliò a F stiàre con le stesse domande. Alle dieci di sira, che noi era arrinisciuto a farsi manco un panino, comparse commissariato Mimi Augello frisco come una rosa Montalbano si fece immediatamente sostituire da lui si precipitò dritto verso la trattoria San Calogero. Aveva un pititto tanto attrassato che a ogni passo gli pareva. dover sgonocchiare a terra come un cavallo krematc Ordinò un antipasto di mare e già ne stava il sapore, quando Gallo fece irruzione.
«Dottore, venga, il vecchio vuole parlare. È sbracab di colpo, dice che è stato lui a spaccare la testa alla pialiddra dopo averla violentata.»

«E com'è possibile?!»
«Mah, dottore, è stato il dottor Augello a persuaderlo Montalbano s'infuscò e non certo per l'antipasto mare che non avrebbe avuto tempo di mangiare. Ma o me?! Lui era tutto il giorno che gettava sangue appre~ a quel vecchio porco e invece Mimì ci era arrinisciuto i]un vìdiri e svidiri? In commissariato, prima di vedere il vicchiazzo, chiamò sparte il suo vice.
«Come hai fatto?'>
«Credimi, Salvo, è stato un caso. Tu sai che io mi rado col rasoio a mano libera. Non ce la faccio proprio con i rasoi di sicurezza. Forse è un fatto di pelle, che ti devo dire?»
«Mimi, della tua pelle non mi devi dire niente perché me ne fotto. Voglio sapere come hai fatto a farlo confessare.»
«Proprio oggi m'ero accattato un rasoio novo. L'avevo in sacchetta. Bene, avevo principiato a interrogare ilvecchio quando quello mi ha detto che gli scappava da pisciare. L'ho accompagnato al cesso.»
«Perché?»
«Mah, non è che si reggeva tanto sulle gambe. Per fartela breve, appena ha tirato fora l'arnese, macari io ho aperto il rasoio e gli ho fatto un taglietto.» Montalbano lo taliò strammàto.
«Dov'è che gli hai fatto un taglietto?»
«Dove vuoi che glielo facessi? Ma è cosa da niente. Certo, è uscito tanticchia di sangue, ma niente di...»
«Mimi, sei nisciùto pazzo?» Augello lo considerò con un sorrisino di superiorità.
«Salvo, tu non hai capito una cosa. O il vecchio parlava o, in caso contrario, i nostri òmini da qui non l'avrebbero fatto nèsciri vivo. Così ho arrisolto il problema. Quello ha pensato che io ero capace di tagliarglielo di netto ed è sbracato.»
Montalbano si ripromise di parlare la matina appresSo con Mimi e tutti gli òmini del commissariato, non gli calava come si erano comportati col vecchio. Abbandonò lo stupratore-assassino ad Augello, che tanto ora non aveva più bisogno d'adoperare il rasoio, e tornò in trattoria. Il suo antipasto l'aspettava e si portò via la

metà dei pinsèri che aveva. Le triglie al sughetto fecero scomparire l'altra metà. Fora della trattoria, la strata era allo scuro. O qualcuno aveva rotto le lampadine o si erano fulminate. Dopo qualche passo l'occhio s'abituò. Allato a un portone c'e~ ra un tale che orinava, non contro il muro, ma sopra una grossa scatola di cartone. Quando fu a tiro dell'o..mo, si addunò che quello stava facendo il bisogno sopra a un disgraziato ch'era dintra allo scatolone e non arrinisciva a reagire e a parlare perché era compie. tamente imbriaco.
«Beh?» fece Montalbano fermandosi.
«Che minchia vuoi?» disse l'altro chiudendo la lampo.
«Ti pare cosa pisciare sopra a un cristiano?»
«Cristiano? Quello un pezzo di merda è. E se non te ne vai, piscio sopra macari a tia.»
«Scusami e buonanotte» disse il commissario. Gli voltò le spalle, mosse mezzo passo, si rigirò e sparò un potente cavucio sui cabasisi. L'altro crollò sopra al disgraziato dintra lo scatolone, senza fiato. Degna conclusione di una giornata dura. Ora era quasi arrivato. Accostò sulla sinistra, svoltò, imboccò il vialetto che portava a casa, giunse al spiazzo, fermò, scinnì, rapri la porta, la chiuse alle sue spalle, cercò l'interruttore, ma la mano gli si bloccò a mezz'aria.
Cosa l'aveva paralizzato? Una specie di flash, l'immagine fulminea di una scena intravvista poco prima, troppo velocemente perché il cervello facesse a tempo a trasmettere i dati raccolti. Non addrumò la luce, lo sairo l'aiutava a concentrarsi, a ricostruire quello che l'aveva colpito subliminalmente.
Ecco, era stato quando aveva sterzato per imboccareil vialetto, gli abbaglianti avevano per un attimo illuminato una scena. Davanti a lui, fermo nello stesso senso di marcia, un fuoristrada Nissan. Sul lato oppostp della strada, tre sagome in movimento. Pareva stessero facendo un ballo, ora formando quasi un corpo unico, ora allontanandosi l'una dall'altra.
Chiuse gli occhi, li serrò forte. Gli dava fastidio persino il chiarore della luce rimasta accesa sulla verandina e che niacchiava lo scuro fitto dentro il quale voleva immiergersi. Due òmini e una fimmina,

ora ne era certo. Ballavano e ogni tanto s'abbracciavano. No, era quello che aveva creduto di vedere, ma c'era qualcosa negli atteggiamenti dei tre che poteva far supporre una situazione diversa.
Metti meglio a fuoco, Salvo, occhi di sbirro sono sempre occhi di sbirro. E a un tratto non ebbe più dubbio. Con una specie di zumata mentale dettagliò su una mano artigliata tra i capelli della fimmina, con violenza, con ferocia. La scena pigliò il senso giusto. Un rapimento, altro che mmchia te! Due òmini che cercavano di caricare a forza la picciotta sulla Nissan. Non stette a pinsarci sopra manco un momento, raprì la porta, niscì, si mise in macchina, partì. Quanto tempo era passato? Calcolò una decina e passa di minuti. Due
ore stette a caminare con l'auto, intestato, le labbra strette, gli occhi fissi, avanti e narrè, percorrendo strate, stratuzze, viottoli, trazzère.
Quando oramai ci aveva perso la spiranza, vide la Nissan ferma davanti a una casa sulla collina, una casa che aveva sempre visto disabitata, le rare volte che gli era capitato di passarci davanti. Dalle finestre della facciata non trapelava luce. Fermò, temendo che avessero sentito la rumorata del motore. Aspettò, immobile, qualche minuto. Poi scinnì dall'auto lasciando la portiera aperta e cautamente, piegato in due, fece il giro della casa. Nella parte di darrè, attraverso le persiane chiuse, filtrava la luce da due càmmare illuminate, una al piano terra e l'altra al primo piano. Tornò sul davanti della casa, spinse lentamente la porta d'entrata lasciata accostata e che badò a non far cigolare. Stava sudando. Si ritrovò in una anticamera allo Scuro, proseguì, c'era un salone e allato al salone una cucina. Lì ci stavano due picciotti in jeans, barbe lunghe, orecchini. Erano a torso nudo. Stavano cuocendo qualche cosa su due fornelli da campeggio e controllavano il grado di cottura. Uno abbadava a un tegamino, l'altro aveva scoperchiato una pignata e vi rimestav. con un grosso cucchiaio di legno. C'era odore di fitto di salsa. Ma la ragazza dov'era? Possibile che fosse riuscita sfuggire ai suoi assalitori o che questi l'avessero lasciat libera? O si era

sbagliato? La ricostruzione della scen che aveva mentalmente fatta poteva avere un div significato? Qualcosa però, dal profondo del suo istinto, lo spingeva a non fidarsi di ciò che vedeva: due picciotti preparavano la cena. Era proprio quella normalità parente a squietarlo. Con la prudenza di un gatto, Montalbano principiò ad acchianare la scala in muratura che portava al di sopra. A metà dei gradini, coperti da mattone sconnesse, rischiò di scivolare. Un liquido denso e scur era sparso lungo la scala. Si calò, lo toccò con la dell'indice, l'odorò: aveva troppa spirenzia per non capire ch'era sangue. Sicuramente era troppo tardi per trovare ancora in vita la picciotta. Fccc gli ultimi due scalini quasi con fatica, appes to già da ciò che s'immaginava avrebbe visto e che infatti vide.
Nell'unica càmmara illuminata del piano di sopra,picciotta, o almeno quello che ne restava, era stinniCchiata in terra, completamente nuda. Sempre quatelos ma in parte rassicurato dal fatto che continuava a re le voci dei due nel piano di sotto, si avvicinò al corp Avevano travagliato di fino col coltello doppo avei violentata macari con un manico di scopa che stava insanguinato vicino a lei. Le avevano cavato gli occhi, tagliato intero il polpaccio della gamba mancina, amputi ta la mano destra. Avevano macari cominciato a aprirle la pancia, poi avevano lasciato perdere. Per taliàre meglio, si era accoccolato e ora gli veniV difficile isarsi in piedi. Non perché avesse le gambe ricotta, ma proprio per la ragione opposta: sentiva se avesse principiato ad alzarsi, il fascio di nervi ch'era diventato l'avrebbe fatto schizzare sino al soffitto, come un misirizzi. Stette così il tempo necessario a calmarsi, a respingere la furia cieca che l'aveva invaso. Non doveva commettere sbagli, in due contro uno l'avrebbero avuta facilmente vinta. Ridiscese le scale a piede lèggio e risentì chiaramente le voci dei due.
«Gli occhi sono fritti al punto giusto. Ne vuoi uno?»
«Sì, se tu assaggi un pezzo di polpaccio.»
Il commissario niscì dalla casa, non fece a tempo a raggiungere la macchina, dovette fermarsi per vomitare, cercando di non farsi sentire, facendosi venire strizzoni di dolore alla pancia per

trattenere i conati. Arrivato all'automobile, raprì il bagagliaio, tirò fora una tanica di benzina che sempre si portava appresso, tornò verso la casa, la svuotò appena dopo la porta d'ingresso. Era
certo che i due non avrebbero sentito l'odore della benzina, sopraffatto dagli odori ben più forti di un paio d'occhi fritti e di un polpaccio bollito o al sugo, va' a sapere. Il suo piano era semplice: dare fuoco alla benzina e costringere gli assassini a saltare dalla finestra della cucina sul retro. Lì ci sarebbe stato lui ad aspettarli.
Tornò alla macchina, raprì il cruscotto, pigliò la pistola, mise il colpo in canna. E qui si fermò. Ripose la pistola nel cassetto, mise una mano in sac- chetta, tirò fora il portafoglio: sì, una scheda telefonica c'era. Venendo, aveva notato a un centinaro di metri didistanza una cabina. Lasciata l'auto dove si trovava, la raggiunse a piedi, dopo essersi addrumato una sigaretta. Miracolosamente, il telefono funzionava. Inserì la scheda, compose un numero. Il sittantino che, nella nottata romana, stava battendo a macchina, si susì di scatto, andò al telefono preoccupato. Chi poteva essere a quell'ora?
«Pronto! Chi è?»
«Montalbano sono. Che fai?»
«Non lo sai che faccio? Sto scrivendo il racconto cui tu sei protagonista. Sono arrivato al punto in cui sei dintra la macchina e hai messo il colpo in canna. E dove telefoni?»
«Da una cabina.»
«E come ci sei arrivato?»
«Non t'interessa.»
«Perché mi hai telefonato?»
«Perché non mi piace questo racconto. Non vc entrarci, non è cosa mia. La storia poi degli occhi fr del polpaccio in umido è assolutamente ridicola, vera e propria stronzata, scusa se te lo dico.»
«Salvo, sono d'accordo con te.»
«E allora perché la scrivi?»
«Figlio mio, cerca di capirmi. Certuni scrivono che* sono un buonista, uno che conta storie mielate e rassìcuranti; certaltri

dicono invece che il successo che I grazie a te non mi ha fatto bene, che sono diventato petitivo, con l'occhio solo ai diritti d'autore... Sostenga no che sono uno scrittore facile, macari se poi s'addan nano a capire come scrivo. Sto cercando d'aggi.Salvo. Tanticchia di sangue sulla carta non fa male nessuno. Che fai, vuoi metterti a sottilizzare? E poi, domando a tia che sei veramente un buongustaio: 1'h mai provato un piatto d'occhi umani fritti, macari un soffritto di cipolla?» «Non fare lo spiritoso. Stammi a sentire, ti dico un cosa che non ti ripeterò più. Per me, Salvo Montalb una storia così non è cosa. Padronissimo tu di scrivE altre, ma allora t'inventi un altro protagonista. Sono stato chiaro?»
«Chiarissimo. Ma intanto questa storia come lasco?»
«Così» disse il commissario. E riattaccò.
Amore e Fratellanza

Enea Silvio Piccolomini del suo omonimo che quando diventò Papa si fece chiamare Pio 11 non sapeva manco l'esistenza. Si chiamava così perché negli ultimi anni dell'Ottocento c'era stato un addetto all'ufficio anagrafe ch'era un tipo scherzevole: ai trovatelli imponeva nomi come Jacopo Ortis, Aleardo Aleardi e via bellamente coglionando. Un povero picciliddro appena nato nel 1894 fu una delle sue vittime e si chiamò appunto come quel Papa passato alla storia soprattutto perché uomo di cultura. L'Enea Silvio di Vigàta invece restò analfabeta fino alla morte. Si fece la Prima guerra mondiale e macari la Seconda. Si maritò appena si fu sistemato come operaio portuale scaricatore, ebbe tre figli màscoli ai quali diede nomi ragionevoli, Giuseppe, Gerlando e Luigi. I primi due emigrarono in America e non fecero fortuna, Luigi invece restò a Vigàta guadagnandosi il pane come muratore. Ebbe due figli màscoli e una fimmina. Al primo dei màscoli toccò di pigliare il nome del nonno, Enea Silvio appunto. A vent'anni Enea Silvio andò a cercarsi il travaglio a Torino. A quarantacinque anni gli capitò l'incidente: una vampata di foco lo rese istantaneamente cieco, una lama d'acciaio arroventata gli tranciò la gamba mancina. Due mesi

dopo l'incidente avrebbe dovuto maritarsi con una coetanea vidova, ma quello che gli era capitato, ammesso che la vidova lo volesse ancora ridotto com'era, gli fece cangiare opinione. Se ne tornò in paisi dove non c'era più nessuno della sua famiglia: l'altro fratello campava a Pordenone dove si maritato; la sorella, Gnazia, alla quale Enea Silvio molto affezionato, si era trasferita all'isola di San
sa col marito e i due figli. Chiuso, solitario e scontrcy Enea Silvio si era affittato una casupola appena fc Vigàta. Campava coi soldi della pensione. Era paspoco tempo dal suo ritorno che la pia opera Amore Fratellanza gli mise gli occhi sopra e l'adottò, fornenc lo di una stampella, un bastone e un cane da ciechi si chiamava Rirì. La cerimonia di consegna della pella, del bastone e del cane fu solenne, vennero giornalisti e televisioni da ogni parte dell'isola. Tutti potew
così vedere ancora una volta la faccia sorridente dE gegnere Di Stefano, fondatore e presidente della opera Amore e Fratellanza, allato a quella del suo bei ficato. Nei cinque anni che seguirono, Enea Silvio si h vedere in paisi picca e nenti, solo lo strettoper fare la spesa o per qualche altra necessità. Orno scarsa parola, non si fece amici. Una matina di sette~ bre il signor Attilio Cucchiara, che per andare in i doveva passare vicino alla casupola, sentì il cane
che si lamentiava che pareva un omo. Quando tor per andare a mangiare a casa, il cane stava ancora a mentiarsi. Allora s'accostò alla porta della casa tuppiò. Il cane aumentò il lamento. Il signor Cuccli tuppiò ancora e chiamò ad alta voce Enea Silvio che i gatesi conoscevano come Nenè. Non gli venne aperi non ebbe risposta. Allora andò a casa e telefonò al comissariato. Ci andarono Mimi Augello e Galluzzo, il quale una spallata abbatté la porta. Enea Silvio Picc stava composto sul suo letto e pareva dormisse. che era morto. Avvelenato dal gas: si era scordato da camomilla che si stava preparando. Bollendo e rinsandosi fora, il liquido aveva spento la fiamma, m gas aveva seguitato la fuoriuscita dalla bombola. ?v
fece una carezza al cane Rirì che pareva non sapersi re pace. E fu quel gesto a fargli mettere in moto il ccgnO da sbirro che funzionava

dintra alla sua testa. Nella casupola c'era un telefono, ma non volle adoperarlo. Usò il suo cellulare per chiamare Montalbano:
«Salvo, puoi fare un salto qui?» Se esternamente la casupola era una casupola con l'intonaco a pezzi, internamente era un confortevole appartamentino composto da due minuscole stanze, un cucinino e un quasi invisibile bagno. Tutto in perfetto ordine. Frigorifero, radio portatile, telefono: mancava solo la televisione, per ovvi motivi. Sul comodino, tre scatole di medicinali: un potente sonnifero, un antidolorifico e un regolatore della pressione. Enea Silvio giaceva sul fianco sinistro, l'unica gamba leggermente rannicchiata, in mutande e canottiera, la mano sinistra sotto la guancia, il braccio destro lungo il corpo, gli occhi chiusi. Nessuna traccia di lotta, nessun segno visibile di graffi o percosse. Dal momento del suo arrivo, Montalbano e Augello non si erano parlati, non c'era bisogno di parole, s'intendevano a taliàte, brevi scambi d'occhiate. Poi il commissario spiò:
«Galluzzo dov'è?»
«L'ho mandato a pigliare il signor Cucchiara, quello che ci ha telefonato.»
Dintra a una scansia c'erano quattro scatole di cibo per cani. Montalbano ne raprì una, la versò nella ciotola che stava nella càmmara di mangiare, allato al tavolo. Chiamò Rirì che non si cataminò. Allora pigliò la ciotola e la portò in càmmara diletto, posandola davanti all'armàlo. Ma Rirì manco stavolta s'addunò del cibo. Stava immobile, gli occhi fissi sul suo padrone: pareva un cane di terracotta. Attilio Cucchiara, appena vide il corpo sul letto, aggiarniò e si piegò sulle ginocchia. Galluzzo lo sorresse, lo fece assittare su una seggia nella càmmara di mangiare, gli portò un bicchiere d'acqua.
«I morti mi fanno scanto» si giustificò Cucchiara. «Eravate amici?» gli spiò Montalbano.
«Ma quando mai! Non dava confidenza a nessuno Per cinque anni sono passato almeno quattro volte giorno davanti a questa casa e non ci siamo mai dE una cosa in più di bongiorno o bonasira.»

«E il cane?»
«Che viene a dire: e il cane?»
«Quando passava, abbaiava?»
«Mai. Non abbaiava mai alle pirsone. Diventava bestia sarvaggia con gli altri cani. Appena ne vedeva passare uno, gli si avventava, tentava di pigliano per collo. Feroce, diventava. Se era al guinzaglio, si appresso il pòviro Nenè. Di che è morto?»
«Mah. Così, a occhio e croce, deve avere avuto un infarto nel sonno. Sa dove dormiva il cane?»
«Certo. Qua dentro, col padrone.»
«E allora perché non è morto macari lui?» si contemporaneamente Montalbano e Augello con un taliàta veloce. Il dubbio ch'era venuto ad Augello me tre carezzava la testa di Rirì si era dimostrato fondato. «La porta era chiusa, ma non a chiave. È bastata in spallata di Galluzzo per aprirla. Le càmmare non er sature di gas, c'era l'odore, questo sì, ma leggero. Le nestre erano ermeticamente chiuse. Sono convinto d l'hanno ammazzato» concluse Mimì.
«Pure io la penso allo stesso modo» fece Mont «Quando andava a corcarsi, Piccolomini si pigliava i sonnif ero forte, tanto da farlo cadere in una specie di catalessi. Qualcuno aspetta che s'addormenta, apre una chiave falsa, entra, piglia il cane che come sapp mo non attacca gli òmini, lo porta fora, rientra, apre bombola, esce nuovamente. Quando è certo che Pi<lomini è morto, rientra in casa, apre le finestre, fa usc parte del gas per evitare che Rirì possa morire avvei nato, riporta dintra il cane, chiude la porta alle sue Sp le e buonanotte.» «D'accordo» disse Augello. «Ma la domanda è ser pre quella: perché ha voluto risparmiare Rirì?»
«Se è per questo, domande ce ne sono tante. Perché hanno ammazzato Piccolomini? A scopo di furto certamente no. Perché volevano farci credere a un incidente?»
«Oppure a un suicidio. Se fosse suicidio, tutto si spiegherebbe. È stato lui stesso a portare fuori il cane al quale era affezionato...»
e poi, dopo morto, ha fatto rientrare Rirì in casa! Ma non dire minchiate, Mimì!»

Augello s'imparpagliò.
«Scusa, scusa» disse. «Ho straparlato. Comunque sia è una cosa architettata da un mastro d'opera fina, con freddezza e intelligenza. Solo che chi ha materialmente commesso l'omicidio ha fatto lo sbaglio del cane.»
«E io mi domando perché l'eliminazione di un povirazzo come Piccolomini avesse di bisogno di freddezza e intelligenza, come dici tu.»
«Forse Piccolomini non era un povirazzo come appariva.»
«Può essere. Ma vedi, Mimì, in tutta questa facennac'è una cosa che non quatra. Abbiamo detto che l'assassino trasi in casa e rapre la bombola del gas. Giusto?»
«Giusto.»
«Beh, come fa a sapere che dentro la bombola ci sta tanto gas da ammazzare Piccolomini? Perché se la bombola è quasi vacante, al massimo, quando Piccolomini si sveglia, patirà di tanticchia di malo di testa. Ti ricordi com'era la bombola?»
«Di quelle piccole. Stava nel vano apposito sotto i fornelli.»
«Procediamo così. Dai disposizioni a Fazio perché ci faccia sapere tutto su Piccolomini. E avverti Galluzzo che non deve lasciarsi scappare una parola col cognato giornalista. Volevano farci credere a una disgrazia? E noi ci crediamo.»
«Del cane che ce ne facciamo?» spiò Mimì Augello. «Ah, sì. Passami il cellulare. Pronto, Fazio? Un favore. Telefona a Montelusa, a quell'opera pia che ha fornito a Piccolomini stampella, bastone e cane. Digli che Piccolomini è morto perché si è scordato il gas acceso. Che il cane e le altre cose ce le portiamo in commissaria.
to. Possono mandare qualcuno a ripigliarseli.» Finalmente videro tre macchine che imboccavano la strata sterrata. Il medico legale, il magistrato e della Scientifica stavano arrivando. Aveva appena pigliato la strata che portava a Vigàta quando notò alcune bombole allineate davanti a un negozietto senza insegna. Fermò, scinnì, trasì. Seduto su una seggia di paglia c'era un picciotto che leggeva "i Gazzetta dello Sport".

«Mi scusi. Il commissario Montalbano sono. Lei conosce Nenè Piccolomini?»
«Il cieco senza una gamba? Sì. È nostro cliente. Gli capitò cosa?» fece il picciotto susendosi.
«E morto.»
«Mischinu! E comu morse?»
«Avvelenato dal gas. Se lo scordò aperto, la fiamma si astutò e...»
«Che giorno è?» spiò il picciotto inaspettatamente, come pigliato da un pinsèro improvviso. Poi taliò la data che c'era sul giornale.
«Non è possibile» disse.
«Cosa non è possibile?»
«Che dintra a quella bombola ci fosse tanto gas.»
«E lei come fa a saperlo?»
«Lui voleva sempre la bombola piccola, quella da dieci. Solo com'era, gli durava quasi tre mesi. Due giorni fa>passando di qua davanti, mi disse: "Ricordati il giornO 13 di portarmi una bombola nuova, la vecchia sta finendo". Era un omo preciso. E oggi ne abbiamo 11.»
«Lei dunque non pensa che ci fosse gas bastevole a ammazzarlo?»
«Senta, in queste cose non c'è niente di sicuro. I darsi che sia morto per i fatti suoi e non abbia potu astutare il gas in tempo.»
Intelligente, il picciotto.
«E il cane?» spiò preoccupato.
«Il cane sta bene.»
«Lo vede? Se era questione di gas, sarebbe morto macari lui.»
Ringraziò, si rimise in macchina, partì.
Quando tornò in ufficio nel doppopranzo, Galluzzo gli si fece incontro preoccupato:
«Il cane non vuole mangiare.»
Lo seguì nella càmmara degli agenti. Gallo e Catarella stavano attorno all'armàlo, tristissimo, la coda tra le gambe. Certamente aveva capito che il suo padrone era morto e si era pigliato di malinconia. Galluzzo, oltre alla stampella e al bastone, dalla casupola di Piccolomini s'era portato la ciotola dell'acqua e del

mangiare che il cane ogni tanto taliàva con chiaro disgusto. Montalbano lo carezzò.
«Dottori, inforsi che se lo porto a spasseggio capace che gli smorca il pititto» suggerì, straziato, Catarella.
«Ma questi stronzi dell'opera pia che fanno?» sbottò il commissario.
«Hanno detto che sarebbero passati» disse Galluzzo.
«Allora aspettiamoli. Tanto, ora come ora, il cane non muore di fame.»
Doppo una mezzorata che travagliava a firmare carte, cosa che lo faceva andare di traverso, squillò il telefono.
«Dottori, qui ci sarebbi l'ingignieri Stefano che ci voli parlarli pirsonalmente.»
«Va bene, fallo passare.»
L'ingegnere Angelo Di Stefano era un cinquantino grassottello, gioviale.
«Che disgrazia! Che disgrazia!» disse.
«Lo conosceva bene?»
«E come no, commissario! Vede, noi non ci dedichiaamo solo ad alleviare i disagi del corpo dei nostri assistiti, ma anche quelli dello spirito. E così io stesso mi Preoccupo d'andarli a trovare, dovunque essi si trovino, almeno una volta al mese.» Finì di parlare e fece una faccia che sul momer Montalbano non capi. Poi si rese conto che quello aspet tava una parola d'elogio. Che però al commissario non venne. Allora isò la mano dritta e la posò sulla spalla dell'ingegnere.
«No, no» fece Di Stefano. «La carità vale se è silenzio..sa, ignota ai più. E io non ambisco a riconoscimenti.» "E tutti i giornalisti che convochi, dove te li metti?" voleva spiargli il commissario, ma non ne fece niente. «Bisognerà avvertire i familiari.» «Ho provveduto stamattina, appena appresa la tragi notizia dell'incidente... Perché è stato un incidente. «Sì. Si è scordato di spegnere il gas.»
«E dire che era un uomo così ordinato, preciso! resto, un cieco dev'esserlo per forza. Dicevo che stamattina mi sono premurato d'avvertire il fratello a Porde" none e la sorella a Sampedusa.

Naturalmente, provvederemo noi ai funerali, non appena sarà possibile. Vi ringrazio di tutto, commissario.»
Chissà perché, gli venne di dire: «L'accompagno.»
Davanti al commissariato sostava una grande china blu di rappresentanza. Rirì stava a testa bassa sedile posteriore. Un omo, tracagnotto, quarantino, mcari lui a testa bassa, raprì la portiera.
«Quello è il nostro impagabile factotum» disse gnere «autista, portantino, addestratore.»
Si salutarono calorosamente. Il commissario rientrò pinsoso nella sua càmmara. Aveva sentito, o vedi qualcosa che per un attimo l'aveva imparpagliato. non riusciva a cangiarla in una parola precisa, in un'Immagine definita. Ripigliò, controvoglia, a mettere
Il giorno appresso telefonò il dottor Pasquano. Il quale, invece di comunicargli i risultati dell'autopsia, gli volse una domanda.
«Come mai il cane non è morto?»
«Non lo so» disse Montalbano, mentendo.
Gli venne facile perché stava al telefono. Di presenza, gli sarebbe riuscito difficile: non ce la faceva a contare farfantèrie a persone che stimava. «Beh, Piccolomini aveva preso un sonnifero. Una do-
se normale. E morto per avvelenamento. È certo che sia stata una disgrazia?»
«Al novanta per cento.» Manco al telefono ce la faceva a mentire al cento per cento.
«Boh» fece Pasquano.
E riattaccò. Come se si fossero passati la parola, dopo cinque minuti telefonò Jacomuzzi, il capo della Scientifica.
«Non abbiamo trovato niente d'anormale. Quel poveraccio doveva essersi veramente scordato di chiudere il gas.»
«Impronte?»
«Tutte di Piccolomini. Una sola era diversa, l'ho rilevata.»
«Dov'era?»
«Sull'interruttore vicino alla porta. Molto evidente, perché l'interruttore era coperto di polvere. E la sai una cosa? Non c'era

manco la lampadina, nel portalampada, l'unico di tutta la casa, nella càmmara di mangiare.»

Un gesto istintivo dell'assassino, tra sendo di notte, allo scuro. Oppure quando era uscito dopo aver commesso l'omicidio. Il secondo errore, dopo quello del cane. E siccome che si vede che era stato stabilito che tutte le cose dovessero confluire in quella matinata, alla porta tuppiò Fazio, domandò permesso, trasì, s'assittò davanti alla scrivania, tirò fora dalla sacchetta un foglietto fitto fitto.

«Sono pronto, dottore.»

«Dimmi.» Fazio principiò a leggere.

«Piccolomini Enea Silvio, fu Luigi e fu Catanzaro Antonietta, nato a Vigàta il 27 aprile del...»

A mano aperta, il commissario sparò una gran botta sul tavolo.

«Vatti a far fottere tu e il tuo complesso dell'anagrafe!

Ti ho detto cento volte che queste minchiate non m'interessano!»

«Va bene, va bene» fece Fazio sostenuto rimettendosi il foglietto in sacchetta. Non ripigliò però a parlare.

«Beh?»

«Commissario, mi faccia lei le domande. E io quello che so glielo dico.»

«Andiamoci a pigliare un caffè.»

Bevuto il caffè e fatta la pace, il commissario venne a sapere che Piccolomini, in paisi, non aveva amici, solo conoscenti. Si faceva accreditare la pensione presso la Banca dell'Isola. Aveva messo da parte sei milioni e trecentomila lire. Non fumava, non beveva, non fre.quentava le tre buttane storiche di Vigàta, non era né omosessuale né pedofilo. Un pòviro disgraziato solamente.

"Non si uccidono i poveri diavoli" fece tra sé e sé il commissario citando un titolo di Simenon. «Da quattro anni» seguitò Fazio «estate o inverno, ogni venerdì sera partiva col postale che fa servizio per Sampedusa. Tornava il lunedì.»

«Andava a trovare la sorella?» «Sì. La sorella Gnazia è maritata con un tale Impailomèni Silvestro, muratore. Gnazia aveva dodici anni di

meno di Piccolomini. Lui era molto affezionato ai nipoti, Giacomo di dieci e Marietta di otto.»
«Tutto qua?» «Tutto qua.»
Montalbano taliò deluso Fazio. Questi allargò le braci «Non posso inventarmi ch'era un gangster per farla contento.»
«Prenotami una cabina sul postale per questa sera stessa. Procurami l'indirizzo della sorella.» Fazio parse intronato.
«Dice sul serio? Se vuole, posso andarci io.»
«No.» ìi postale si staccò dalla banchina a mezzanotte. Era sovraccarico, soprattutto di picciotti e picciotte, comitive numerose armate di sacco a pelo che andavano all'isola a godersi gli ultimi, e migliori, bagni di mare. Montalbano se ne stette per qualche ora appoggiato alla ringhiera a nutrirsi d'aria impastata di salsedine. Poi il vento del mare aperto lo costrinse ad andare in cabina. Si era portato appresso La corda pazza di Sciascia che rileggeva spesso, forse per capirci qualcosa di più di se stesso. A un tratto, mentre leggeva, scoprì quello che l'aveva squietato il giorno avanti. Era stata una domanda dell'ingegnere Di Stefano, fatta in mezzo a un altro discorso: «Perché è stato un incidente, vero?». Parole normalissime, ma era stato il tono col quale l'ingegnere le aveva dette che non quatrava. C'era come un sottofondo d'apprensione, d'ansia, sparita non appena lui aveva confermato che si era tratta-
to di una disgrazia. Un niente, un'inezia. «Questo si chiama spaccare il culo alle mosche», così l'aveva rimproverato, tanti anni prima, un questore milanese: «Lei, caro,Montalbano, ha il vizio di spaccare il culo ai passeri». EcCo, si era sbagliato: il culo era dei passeri, non delle mosche. S'addrummiscì quasi di colpo, la luce addrumata, il
libro tra le mani. L'arrisbigliò il bussare del cammarèri sulla porta: «Tra mezzora si arriva». Taliò il ralogio: le sette. Troppo presto per andare in via Cordova 12, dove abitava la signora Cnazia. Pigliò una decisione rapida e indossò il costume da bagno che si era portato nella ventiquattrore. Acchianò in coperta e subito l'accolsel'abbraccio di una matina chiara, aperta, tiepida. Tanto da fargli taliàre con simpatia un picciotto tedesco, un gigante con

zaino, che gli pestò malamente un piede e manco gli domandò scusa. Due marinai stavano finendo d'agganciare la scaletta per lo sbarco. Sentì venire dall' interno le grida acute di una fimmina e rientrò: una signora Cinquantina ingioiellata aveva attaccato turilla col commissario di bordo, pare che un cameriere le avesse sgarbatamente rispostiato. Quando quella finì, Montalbano S'avvicinò al commissario.
«Vorrei domandarle un'informazione.»
«Se è sugli orari, si rivolga all'ufficio a terra.»
«Non si tratta d'orari. Volevo sapere se lei conosce una persona che...»
«Non ho tempo, in questo momento. Aspetti che ti i passeggeri siano sbarcati. Guardi, facciamo così: nove ci vediamo all'ufficio della compagnia, proprio davanti a dove siamo attraccati.»
Ci era riuscito a fottersi il bagno che si era riprommesso di fare. Pacienza. Scinnì, individuò un bar, s'assii a un tavolino all'aperto, ordinò una granita di una brioscia. Passò tempo a taliàre la gente, ordinò un'altra granita e un'altra brioscia. Poi, essendosi fatta l'ora, andò all'appuntamento con il commissario bordo.
«Che desidera? Guardi che ho poco tempo.»
«Il commissario Montalbano sono.»
L'altro si diede una manata sulla fronte.
«Mi pareva una faccia conosciuta! Mi perdoni. Sa, ci sono passeggeri che... Mi dica.»
«Volevo sapere di un vostro passeggero che ogni timana s'imbarcava il venerdì sera... un cieco.»
«Il signor Piccolomini!» l'interruppe il commissai di bordo. «Certo che lo conoscevo. E morto per una sgrazia, vero?»
Il tono della domanda: questo sì che era normale, come quello adoperato inconsciamente dall'ingegn Di Stefano.
«Sì. Il gas. Vi siete mai parlati?»
«Col Piccolomini? Grasso che cola se ricambiava saluto. Ma, vede, avevamo avuto una discussione, tal anni fa, credo fosse la prima volta che faceva il via Poi non ci furono più problemi.»

«Perché quella volta?...»
«Per via del cane. Non poteva tenerlo con sé, voleva.»
«Aveva una cabina?»
«Non prendeva mai una cabina, gli sarebbe troppo, Prenotava una poltrona di ponte. Il cane veniva messo nell'apposito canile che c'è a bordo.»
«Capitarono mai fatti strani, inconsueti, durante i viaggi con Piccolomini a bordo?»
«Che vuole che accadesse? Senta, commissario, se Piccolomini è morto per una disgrazia, perché mi fa queste domande?»
La farfantaria venne sparagnata a Montalbano: in quel momento passò un marinaro e il commissario di bordo lo chiamò:
«Matteo!»
E mentre il marinaro s'avvicinava, disse:
«Si chiama Matteo Salamone. Era lui che dava adenzia a Piccolomini.»
Matteo Salamone era un quarantino magro, gli occhi vivi vivi. Il commissario di bordo gli spiegò quello che voleva Montalbano e s'allontanò, aveva delle cose da sbrigare, disse.
«Che vuole che le dica, commissario? Io l'assistevo quando acchianava e quando scinniva, la scaletta può essere pericolosa per un cieco macari senza una gamba. L'accompagnavo alla poltrona, portavo il cane al canile e, quando arrivavamo, ripetevo la stessa cosa, ma a riversa. Mi dava qualche lira, ma io lo facevo più perché provavo pena, povirazzo.»
«Capitò mai qualcosa di particolare, qualcosa che...»
«Niente, mai. Ah, sì, l'anno scorso, ma è una mmchiata...»
«Me la dica lo stesso.»
«Beh, era un viaggio Vigàta-Sampedusa. Io lo vitti ai piedi della scaletta, scinnii, lui mi riconobbe a voce, piguai il cane al guinzaglio e lui principiò ad acchianare. A metà scaletta, come fu e come non fu, il bastone gli cadì in acqua, tra la fiancata e il bordo della banchina. Si mise a fare voci come un pazzo. "U vastuni! U vastuni!" Disperato era, pareva che gli fosse caduto un picciliddro. Io tahai giù

e vidi il bastone che galleggiava. Come Dio vosi, arriniscii a portarlo a bordo, pareva fora di testa. Gli altri passeggeri non capivano, si erano preoccupati. Mi dare un rampone e gli recuperai il bastone. Quando l'Ebe tra le mani, a momenti se lo baciava come un figlio peso e trovato. Cinquantamila lire, mi dette!»
«Chissà perché ci teneva tanto? Era un normale stone di legno, no?»
«Non era di ligno, commissario. Tanto il bastor quanto la stampella erano di metallo.»
«Se era di metallo sarebbe affondato.»
«No, se era vacante, cavo. E quello certamente era cante di dintra. Perché tanto interesse per quel povirazzoi
«Per via dell'assicurazione.»
L'altro però, ed era chiaro dall'accentuato sparlucchio degli occhi, non gli credette.
«Un àngilu era! Un àngilu!» la signora Gnazia, vedi nivuro, si lamentiava facendo avanti e narrè col bisto. Montalbano, che si era presentato come PanzE delle Assicurazioni, sentiva che quel dolore
«I bambini dove sono?» spiò, quasi per distrarla.
«I picciliddri? Quando non c'è scola il sabato stan fora tutta la jornata. Vanno a piscàri con me' marito ha una barca cu i remi.»
«Senta, signora, suo fratello bonarma quando ver
a trovarla che faceva, come passava la giornata?»
«Appena sbarcato veniva qua. Se c'erano i me ma era difficile, stava con loro. Ci voleva molto bene, picciliddri. Mangiava qua con tutti noi.»
«Con suo marito andava d'accordo?»
«Non si facevano sangue. E poi me' marito, ci lodi! sabato va a pisca e la dominica dormi. Travaglia assà lunedì a vinirdì. È stanco. Ed è tanticchia malatizzo.»
«Insomma, suo fratello bonarma quando vei trovarla non usciva mai di casa.»
«Iu non dissi accussì, signor Panzeca. Il sabato o pranzo o la dominica matina passava Totò Recca camioncino e se lo portava a spasso.»

«Era l'unico amico? Ne aveva altri?»
«Nonsi. L'unico. Mi disse che si erano accanosciuti a Vigàta.»
«Mi può dare l'indirizzo di Recca?»
«Morse, mischinu.»
«È morto? Quando? Come?»
«Una simanata fa. È caduto col camioncino da uno sdirrupo, nei paraggi dell'Isola dei Conigli. Lo sa dov'è?»
Nella zona a sud di Sampedusa, lo sapeva. Un posto solitario e stupendo, un posto ideale per esservi assassinati, fingendo un altro incidente. Capì che Gnazia Impallomèni gli aveva detto tutto quello che sapeva. Si susì per andarsene, macari la fimmina si susì, ma gli posò una mano sul braccio.
«`v'ossia è dell'Assicurazioni, vero, signor Panzeca?»
«Sì.»
«Ne capisce di soldi?»
«In che senso, scusi?»
«Per i soldi che Nenè teneva in banca.»
«Beh, io non so esattamente quanto ci sia nella banca di Vigàta...»
«Mi scusasse, non parlavo della banca di Vigàta, ma di quella di qua, di Sampedusa.»
Montalbano s'assittò nuovamente, la signora Gnazia macari.
«Aveva un conto in banca?»
«Conto, no. Un libretto. La prima volta che ci andò, in banca, l'accompagnai io, lui non accanosceva la strata. Doppo ci andò solo, Nenè caminava come se ci vedesse.»
«Ce l'ha lei, il libretto?»
«Sissi. Ce lo faccio vidiri. Lo tengo ammucciato perché Nenè mi raccomannò che me' marito non ne doviva sapiri niente.»
E così il commissario apprese che Enea Silvio Piccolomini, pensionato, aveva un libretto al portatore con centododici milioni.
«Che devo fare, signor Panzeca?»
«Continui a tenerlo lei. E non dica niente a suo marito Si precipitò al porto, appena in tempo per prendere postale di ritorno.

L'indomani a matino, dopo una nottata di sonr piombigno, si presentò in commissariato colle sett' Chiamò per primo Galluzzo.
«Sei stato tu a pigliare dalla casa di Piccolomini il ba stone, la stampella e il cane?»
«Sì. E poi nel doppopranzo ho consegnato tutto l'autista dell'ingegnere Di Stefano. Si ricorda?»
«Pesavano?»
Galluzzo parse esitante.
«Veramente non ebbi occasione di pigliare in il cane.»
«Galluzzo, ti metti a fare Catarella, ora? Mi riferivo bastone e alla stampella. Pesavano?»
«Certo che pesavano. Anzi, nel pigliarla, la stampella mi cadde per terra e fece un fracasso come se fosse ca duta una barra di ferro.»
«Quindi, secondo te, non poteva essere cava.»
«Cava? Per niente. Perché avrebbe dovuto essere cava?»
«Va bene. Mandami Fazio.»
Trasì Fazio che capì subito che il suo superiore funzionava a pieno regime.
«Fazio, al più tardi entro le undici di stamatina voglio sapere tutto della pia opera Amore e Fratellanza Voglio sapere tutto macari sull'ingegnere Di Stefano sul suo autista. Non sgarrare di un minuto. Man Augello.»
«Non è ancora arrivato.»
«E come ti sbagli? Avverti che appena arriva devi farsi vedere da me.»
Mimì si presentò verso le dieci, morto di sonno, sbadigliava da rompersi le mascelle.
«Che fu, Mimì? La buttana con la quale hai passato la nottata ha preteso troppo da te? Vuoi farti uno zabaglione di dodici uova?»
«Lasciami perdere, Salvo. Ho avuto un malo di denti da nèsciri pazzo! Che sei andato a fare a Sampedusa?»
«Ho capito tutto, Mimì. Lo sai quanto aveva in banca a Sampedusa quel povirazzo di pensionato, morto di fame, cieco e senza una

gamba che si chiamava Enea Silvio Piccolomini? Centododici milioni.»
«Minchia! E come se li era fatti?»
«Trasportando droga. Faceva il corriere per conto dell'ingegnere Di Stefano.»
«Ma va'! E dove la metteva, la droga?»
«Nella stampella e nel bastone di metallo, vuoti all'interno. Ho fatto un calcolo approssimativo, ogni viaggio fruttava all'ingegnere almeno due chili di cocaina.»
«E chi gliela dava a Sampedusa?»
«Un tale Recca, che s'incontrava ogni settimana con Piccolomini, morto pure lui. Hanno finto un incidente. Dev'essere successo qualcosa che ha fatto decidere all'ingegnere l'eliminazione dei due.»
«Lasciami capire, Salvo. Dunque: Recca portava la coca, si faceva dare bastone e stampella da Piccolomini, li stivava...»
«No, Mimì. Io credo semplicemente che Recca consegnasse a Piccolomini un bastone e una stampella già stivati, come dici tu. Avveniva uno scangio. E l'assassin di Piccolomini, quando è andato via dopo avere commesso l'omicidio e avere rimesso al suo posto la bombola vecchia...»
«Cos'è sta storia della bombola vecchia?»
«Poi te la spiego, Mimì. Dopo, dicevo, ha scangiato bastone e stampella.»
«Non ci capisco più niente.»
«Ha messo in casa di Piccolomini un bastone e una Stampella identici a quelli che usava il cieco, ma a metallo pieno. In modo che noi, trovandoli, non potessimo sospettare di niente.»
«Madonna santa, mi stai facendo tornare il malo denti! E il cane? Perché ha voluto salvare il cane?»
«Perché un cane così è prezioso. Tu capisci, attaccavi gli altri cani!»
«E che mi viene a significare?»
«Viene a significare che Rirì, se vedeva sulla banchi na di Sampedusa o di Vigàta un cane antidroga che s'avvicinava al suo padrone, attaccava. Ci si mette macari Piccolomini che faceva scena, cadeva a

terra, gridava. Insomma c'era una buona probabilità che agenti, impietositi, lasciassero perdere. Quel cane poteva servire ancora.»
«Ma come farai a provare tutta la facenna?»
«Aspetto un rapporto di Fazio, poi vado dal Sostituti e mi faccio dare un mandato di perquisizione. Di sicuri qualche cosa trovo, la mano sul foco.»
Alle undici spaccate Fazio si presentò a rapporto. L'opera pia Amore e Fratellanza non aveva contributi vernativi, tutto si reggeva sui soldi dell'ingegnere. quale ingegnere era personaggio tra i più attivi in di campi che potevano al profano parere opposti: l'edi privata e pubblica e la beneficenza.
«Da dove gli sono venuti i soldi?»
«Glieli lasciò suo padre, ch'era macari omo politica importante prima di morire d'infarto una quarantina d'anni fa. Il figlio ha quintuplicato il capitale. Dicono malelingue, perciò sono solo voci e nient'altro, che tal dei soldi che gli girano tra le mani non siano propria mente suoi.»
«Riciclaggio?»
«Sono voci, dottore. L'ingegnere è, per la legge, pulito come il culo di un neonato appena lavato.»
Montalbano lo taliò ammirato.
«Che paragone bello! Che niente niente ti sei messo scrivere poesie? Vai avanti.»
«L'opera pia ha sede in un villino con parco a MontClusa, via Nazionale 14.»
«É una specie di clinica?»
«Ma quando mai! L'opera pia assiste a domicilio, mi spiegai? I beneficiati al momento di ora sono dodici, sparsi per tutti i paisi della provincia. Si tratta di gente che ha bisogno di carrozzine, stampelle, bastoni...»
«Insomma non veri e propri malati che stanno corcàti a letto?»
«Quelli non rientrano nell'organizzazione. Gli assistiti dell'opera pia sono tutte persone che vengono messe in grado di muoversi da

sole. Ah, devono avere una caratteristica: essere sole, senza parenti che se li pigliano in casa. Proprio come Nenè Piccolomini.»
«Fimmine ce ne sono?»
«Niente. Né come assistite né come infermiere. Un giorno alla settimana li va a trovare l'autista factotum dell'ingegnere, il "redento" come lo chiama l'ingegnere, ma che di nome fa Aloisio Carmelo, fu Alfonso e di Lopresti Rosalia, nato a...» Colse a volo l'occhiata del commissario e si fermò a tempo.
«Mi scusasse» disse. E continuò: «Questo Aloisio Carmelo ha quarantaquattro anni e da dieci travaglia con l'ingegnere...».
«Perché Di Stefano lo chiama il "redento"?»
«Ci stavo arrivando. A vent'anni ha ammazzato uno, un tabaccaio, per una rapina. E stato condannato, dopo una decina d'anni rimesso in libertà per buona condotta, ma senza arte né parte. L'ingegnere l'ha pigliato al suo servizio. Da allora Aloisio non ha più avuto a che fare con la giustizia. L'ingegnere Di Stefano va a trovare gli assistiti una volta al mese.»
«Sicuramente per fare i conti. Di Stefano ha messo su una bella organizzazione per Il commercio della droga. Ma ha dovuto far ammazzare due corrieri dal suo facto- turn Aloisio. È lui che addestra i cani?»
«Sissignore, dottore. Pare abbia una particolare abilità.» Montalbano rimase tanticchia pinsoso.
«Forse ha sparagnato Rirì dalla morte perché ci si era affezionato» disse quasi tra sé. «Un'ultima cosa, Fazio. In questa villa di via Nazionale ci abita macari l'inge..gnere?»
«Nonsi. L'ingegnere dorme in un'altra villa. Nella sede dell'opera pia ci sta solo Aloisio.»
Mimì Augello. con Fazio, Gallo, Galluzzo e altri due òmini del commissariato tuppiarono al portone di via Nazionale 14 dopo aver scavalcato il cancello. Nel canile allato alla villa c'erano tre cani, ma non abbaiarono.
Alla tuppiata fatta da Augello. una voce maschile spiò dall'interno:
«Chi è?»

«Polizia» fece il vicecommissario. E qui Aloisio commise un altro errore. Rispose sparando. Venne catturato dopo due ore. Dintra alla villa ci trovarono una ventina di chili di cocaina purissima.

Sequestro di persona

Era un contadino vero, ma pareva un pupo di presepio, la coppola incarcata in testa macari dintra al commissa- riato, il vestito di fustagno sformato, certe scarpe chiodate come non se ne vedevano in giro dalla fine della Seconda guerra mondiale. Sittantino asciutto, leggermente attortato per via del travaglio con lo zappuni, uno degli ultimi esemplari di una razza in via d'estin-zione. Aveva occhi cilestri che piacquero a Montalbano.
«Voleva parlarmi?»
«Sissi.»
«Si accomodi» fece il commissario indicandogli una seggia davanti alla scrivania.
«Nonsi. Tanto è cosa ca dura picca.»
Meno male, aveva promesso che l'incontro sarebbe durato poco: doveva essere omo di scarse parole, com'era di giusto per un viddrano autentico.
«Consolato Damiano mi chiamo.»
Qual era il cognome? Consolato o Damiano? Ebbe un dubbio passeggero, poi pensò che, stando alle regole di comportamento davanti a un rappresentante dell'autorità, il viddrano aveva declinato, come d'uso, prima il cognome e poi il nome.
«Piacere. Ascolto, signor Consolato.»
«Vossia mi vuole parlari col tu o col lei?» spiò il contadino.
«Col lei. Non è mia abitudine...»
«Allura vidisse ca il mio cognomu è Damiano.»
Montalbano ci restò tanticchia male per non averci inzertato.
«Mi dica.»
«Aieri matina scinnii dalla campagna e vinni in paisi datosi che c'era mercato.»

Il mercato l'armavano ogni domenica matina nella parte alta di Vigàta, vicino al camposanto che confinava con la campagna, una volta tutta olivi, mandrole, vigneti e ora quasi totalmente incolta, aggredita da macchie sempre più vaste di cemento, ~he il piano regolatore consentisse o no.
Montalbano aspettò con pacienza il seguito.
«Lu sceccu m'avia ruttu lu bùmmulu.» L'asino gli aveva rotto il bùmmolo, un recipiente di creta che tiene l'acqua freschissima e che i viddrani d'una volta si portavano appresso quando andavano a travagliare: questo confermò l'impressione di Montaibano che Consolato Damiano fosse proprio un viddrano all'antica. Malgrado però che la storia dell'asino e del bùmmolo non gli pareva cosa che potesse interessare il commissariato, non disse né ai né bai, aveva stabilito di seguire il lentissimo flusso del discorso di Con-
solato.
«Accussì, al mercato, me ne accattai uno novo.» E fin qui, ancora niente di straordinario.
«Aieri a sira ci misi dintra l'acqua pi pruvarlo. Se era cotto a puntino, pirchì se il bùmmulu è crudo, l'acqua non la tiene frisca.»
Montalbano s'addrumò una sigaretta.
«Prima di andare a corcàrmi, lo svotai. E coll'acqua cadì fora un pezzo di carta ca stava dintra al bùmmulu.» Montalbano si tramutò di colpo in una statua.
«Iu tanticchia sacciu lèggiri. La terza limentare feci.»
«Era un biglietto?» azzardò finalmente il commissario.
«Sì e no.»
Montalbano decise ch'era meglio stare a sentire in silenzio.
«Era una striscia di carta strazzata da un giornali. Si era tutta vagnata d'acqua. La misi allato al foco e s'asciucò.»
In quel momento s'affacciò Mimì Augello.
«Salvo, ti ricordo che ci aspetta il Questore.»
«Mandami Fazio.»
Il contadino educatamente aspettava. Trasì Fazio.

«Questo signore si chiama Damiano Consolato. Senti tu cosa ha da dirci. Io purtroppo devo scappare. Arrivederla.»
Quando tornò in commissariato, della facenna del contadino e del suo bùmmolo se ne era completamente scordato. Andò a mangiare alla trattoria San Calogero, si sbafò mezzo chilo di polipetti che si squagliavano in bocca, bolliti e conditi con sale, pepe nìvuw, oglio, limone e prezzemolo. Rientrato in ufficio, vide Fazio e Consolato Damiano gli tornò a mente. «Che voleva quel contadino? Quello del bùmmulo.»
Fazio fece un sorrisino.
«Sinceramente, m'è parsa una minchiata, per questo non gliene parlai. M'ha lasciato il pezzetto di carta. E la parte di sopra di un giornale dell'anno passato, si legge la data: 3 agosto 1997.»
«Che giornale è?»
«Questo non lo so, nome del giornale non compare.»
«Tutto qua?»
«Nonsi. C'è macari qualche parola scritta a mano. Dice così: `Aiuto! M'ammazza!". Però...»
Montalbano s'infuscò.
«E ti pare una minchiata? Fammelo vedere.»
Fazio niscì, tornò, prui a Montalbano una strisciolina di carta. A stampatello, con caratteri quasi infantili, c'era in realtà scrifto: "Autto! Mamaza!".
«Dev'essere uno sgherzo che qualcheduno ha voluto fare al viddrano» commentò Fazio intestato.
Certamente a un grafologo la scrittura parla: a Montalbano, che grafologo non era, quella scrittura sgrammaticata e incerta parlò lo stesso, gli disse che rappresentava la verità, ch'era un'autentica domanda di soccorso. Altro che uno scherzo, come sosteneva Fazio! Però si trattava solamente di una sua sensazione e niente di più. Fu per questo che si fece persuaso d'occuparsi della facenna senza metterci di mezzo i suoi òmini: se la sua impressione fosse risultata sbagliata, si sarebbe sparagnato i sorrisini sfottenti di Augello e soci.

Si ricordò che la zona dove si svolgeva il mercato era stata contrassegnata e suddivisa in tante caselle delimitate, a terra, da strisce di calce. Per di più ogni casella aveva un numero: questo per evitare contestazioni e azzuffatine tra i bancarellari. Andò in comune ed ebbe fortuna. L'addetto, che si chiamava De Magistris, gli spiegò che i riquadri riservati ai venditori di manufatti di creta erano solamente due. Nel primo, al quale era stato dato l'otto come numero d'ordine, esponeva la sua merce Tarantino Giuseppe. Si trovava nella parte bassa del mercato. Invece nella parte alta, la più vicina al camposanto, si trovava il riquadro trentasei, assegnato a un altro venditore di bùmmuli e quartare, Fiorello Antonio.

«Ma guardi, commissario, che non è detto che le cose stiano così com'è scritto su questa carta» disse De Magistris.

«Perché?»

«Perché spesso i bancarellari si mettono d'accordo tra di loro e si scangiano i posti.»

«Tra i due venditori di bùmmuli?»

«Non solo. Sulla carta c'è scritto, che so, che al numero venti ci sta un tale che vende frutta e verdura, uno ci va e ci trova invece una bancarella di scarpe. A noi non c'interessa, basta che vadano d'amore e d'accordo.»

Tornò in ufficio, si fece dare da Fazio le necessarie spiegazioni per arrivare da Consolato Damiano, si mise in macchina, partì. Contrada Ficuzza, dove abitava il viddrano, era un posto perso tra Vigàta e Montereale. Per arrivarci dovette lasciare l'auto dopo una mezzora ta di strata e farsi una scarpinata di un'altra mezzorata. Era già scuro quando arrivò a una piccola masseria, si fece largo tra le gaddrine e, a tiro della porta ch'era aperta: «Ehi! Di casa!» gridò.

«Cu è?» spiò una voce dall'interno.

«Il commissario Montalbano sono.»

Apparse Consolato Damiano con la coppola in testa e non s'ammostrò per niente maravigliato.

«Trasisse.»

La famiglia Damiano si stava mettendo a tavola. C'e- rano una fimmina anziana che Consolato presentò come Pina, so' mogliere, il figlio quarantino Filippo e so' mogliere Gerlanda, una trentina che abbadava a due picciliddri, un mascolo e una fimmina. La càmmara era spaziosa, la parte adibita a cucina aveva macari un forno a legna.
«Vossia favorisce?» spiò la signora Pina accennando ad aggiungere un'altra seggia al tavolo. «Stasira feci tanticchia di pasta cu i bròcculi.»
Montalbano favorì. Dopo la pasta, la signora Pina tirò fora dal forno, dove lo teneva in càvudo, mezzo capretto con le patate.
«Ci deve scusari, signor commissario. È robba d'aieri, ca me' figliu Filippu faciva quarantun anni.»
Era squisito, tenero e gentile com'è nella natura del capretto, tanto da vivo quanto da morto. Alla fine, visto che nessuno gli spiava il motivo della sua visita, fu Montalbano a parlare.
«Signor Damiano, lei per caso si ricorda in quale bancarella accattò il bùmmolo?»
«Certu ca l'arricordu. Quella più vicina al campusantu.»
Il riquadro assegnato a Tarantino. Ma se si era scangiato il posto con Fiorello?
«Lei sa come si chiama il bancarellaro?»
«Sissi. Si chiama Pepè. Il cognomi però non lu sacciu.»
Giuseppe. Non poteva essere altro che Giuseppe Tarantino. Una cosa facile facile che si sarebbe potuta risolvere con una brevissima telefonata. Ma se Consolato Damiano avesse avuto il telefono, Montalbano si sarebbe perso la pasta coi broccoli e il capretto al forno.
In ufficio trovò Mimì Augello che evidentemente l'aspettava.
«Che c'è, Mimì? Guarda che tra cinque minuti me ne vado a casa. Tardo è e sono stanco.»
«Fazio mi ha riferito la facenna del bùmmolo. Ho capito che te ne vuoi occupare a tacimaci, senza parlarne con nessuno.»

«C'inzertasti. Tu che ne pensi?» «Mah. La cosa può essere tanto una storia seria quanto una solenne minchiata. Potrebbe trattarsi, per esempio, di un sequestro di persona.»
«Macari io sono della stessa opinione. Però ci sono elementi che la mettono fuori discussione. Sono da cinque e passa anni che da noi non capita più un sequestro di persona a scopo di riscatto.»
«Di più, di più.»
«E l'anno passato non c'è stata notizia di un sequestro.»
«Questo non significa, Salvo. Capace che i sequestratori e i parenti del sequestrato sono riusciti a tenere ammucciata la notizia del sequestro e dell'andamento delle trattative.»
«Non ci credo. Oggi i giornalisti riescono a contarti i peli del culo.»
«Allora perché dici che può essere un sequestro?»
«Non un sequestro a scopo di lucro. Te lo sei scordato che c'è stato un verme che ha sequestrato un picciliddro per intimorire il padre che aveva l'intenzione di collaborare con la giustizia? Poi l'ha strangolato e l'ha messo nell'acido.»
«Mi ricordo, mi ricordo.»
«Potrebbe essere una facenna così.»
«Potrebbe, Salvo. Ma potrebbe essere che abbia ragione Fazio.»
«E per questo io non vi voglio tra i coglioni. Se sbaglio, se è una fesseria, vuol dire che sarò il solo a farmi quattro risate.»
L'indomani a matino, alle sett'albe, s'appresentò nuovamente in municipio.
«Ho saputo che il venditore di bùmmuli che m'interessa si chiama Giuseppe Tarantino. Lei può darmene l''indirizzo?»
«Certo. Un momento che consulto le schede» fece De Magistris.
Dopo manco cinque minuti tornò con un pizzino in mano.
«Abita a Calascibetta, in via De Gasperi 32. Vuole il numero di telefono?»
«Catarella, mi devi fare un favore speciale e importante.»
«Dottori, quando vossia mi addimanda a mia pirsonalmente di farci un favore a vossia pirsonalmente di pirsona, fa un favori a mia quando che me l'addimanda.» Barocche cortesie di Catarella.

«Ecco, devi chiamare a questo numero. Risponderà Giuseppe o Pepè Tarantino. Tu, senza dirgli che sei della polizia, gli devi spiare se oggi doppopranzo rimane casa.»
Lo vide imparpagliato, col pizzino sul quale era scritto il numero tenuto tra l'indice e il pollice, il braccio leggermente scostato dal corpo, quasi che fosse un armalo repellente.
«C'è qualcosa che non hai capito?»
«Chiaro chiaro non è.»
«Dimmi.»
«Come mi devo comportari se al tilifono inveci di Giuseppe m'arrisponde Pepè?»
«È sempre la stessa persona, Catarè.»
«E se inveci non arrispondono né Giuseppe né Pepè ma un'altra pirsona?»
«Le dici di passarti Giuseppe o Pepè.»
«E se Giuseppe Pepè non c'è?»
«Dici grazie e riattacchi.»
Fece per nèsciri, ma il commissario venne pigliato da un dubbio.
«Catarè, dimmi quello che dirai al telefono.»
«Subito, dottori. "Pronti?" mi spia lui. "Senti" ci faccio io "se tu ti chiami Giuseppe o Pepè è la stissa cosa."
"Chi parla?" mi spia lui. "A te non deve fottere niente di chi è che sta parlando di pirsona. Io non sono della polizia. Capito? Dunque: per ordine del signori e commissario Montalbano tu oggi doppopranzo non ti devi cataminare di casa." Dissi bene?»
A Montalbano acchianò in gola una vociata di raggia da spaccare i vetri, mentre s'assammarava di sudore per lo sforzo di tenersi.
«Non dissi bene, dottori?»
La voce di Catarella trimuliàva, aveva gli occhi di agnello che talia la lama che lo scannerà. Ne ebbe pena.
«No, Catarè, hai detto benissimo. Però ho pensato che è meglio se gli telefono io. Ridammi il pizzino col numero.»
Una voce di fimmina rispose al secondo squillo. Doveva essere giovane.

«La signora Tarantino?»
«Sì. Chi parla?»
«Sono De Magistris, l'impiegato del comune di Vigàta che si occupa dei...»
«Mio marito non c'è.»
«Ma è a Calascibetta?»
«Sì.»
«Torna a casa per mangiare?»
«Sì. Ma se intanto vuole dire a me...»
«Grazie. Ritelefonerò nel pomeriggio.»
Tra una cosa e l'altra si erano fatte le undici passate quando poté mettersi in macchina alla volta di Calascibetta. Via Alcide De Gasperi era tanticchia fora di mano, il numero 32 corrispondeva a una specie d'ampio cortile completamente occupato da centinaia di bùmmuli, cocò, bummulìddri, quartare, giarre. C'era macari un camioncino mezzo scassato. La casa di Tarantino, di tufo non intonacato, era costituita da tre càmmare in fila al piano terra, in fondo al cortile. La porta d'ingresso era chiusa, Montalbano tuppiò col pugno, non c'era campanello. Un picciotto che aveva passato la trentina venne ad aprire.
«Buongiorno. Lei è Giuseppe Tarantino?»
«Sì. E lei chi è?»
«Sono De Magistris. Ho telefonato stamattina.»
«Mia mogliere me lo disse. Che vuole?»
Strata facendo, non si era inventato una scusa. Tarantino approfittò di quel momento d'incertezza.
«La tassa l'ho pagata e la licenza non è ancora scaduta.»
«Questo lo sappiamo, ci risulta.»
«Allora?»
Non era né decisamente ostile né decisamente sospettoso. Una via di mezzo. Forse non gli garbava l'arrivo di un forasteri mentre stava assittato a tavola. L'odore del ragù era forte.

«Fai trasire il signore» fece una voce femminile dall'interno, la stessa che aveva risposto al telefono.L'omo parse non averla sentita.
«Allora?» ripeté.
«Ecco: lei la fabbrica dove ce l'ha?»
«Quale fabbrica?»
«Quella dove si lavora la creta, no? La fornace, i...»
«L'hanno informata male. Io i bùmmuli e le quartare non li fabbrico. Li vado ad accattare all'ingrosso. Mi fanno un prezzo bono. Li vendo mercati mercati e ci guadagno qualichi cosa.»
In quel momento si sentì il pianto acuto di un neonato.
«Il picciliddro s'arrisbigliò» comunicò Tarantino a Montalbano come per fargli prescia.
«La lascio subito. Mi dia l'indirizzo della fabbrica.»
«Ditta Marcuzzo e figli. Il paisi si chiama Catello, contrada Vaccarella. A una quarantina di chilometri da qua. Buongiorno.»
Gli chiuse la porta in faccia. Mai avrebbe saputo come faceva il ragù la mogliere di Tarantino.Firriò per due ore nei dintorni di Catello senza che nessuno sapesse indicargli la strata per contrada Vaccarella.
E nessuno aveva mai sentito parlare della ditta Marcuzzo che fabbricava bùmmuli e quartare. Com'era possibile che non sapessero? O non volevano aiutarlo avendo fiutato lo sbirro? Pigliò una decisione che gli pesava e s' appresentò alla caserma dei Carabinieri. Contò tutta la facenna a un maresciallo che di cognome faceva Pennisi. Alla fine della parlata di Montalbano, Pennisi gli spiò:
«Che è venuto a cercare dai Marcuzzo?»
«Con precisione non glielo saprei dire, maresciallo.
Lei certamente ne sa più di me.»
«Dei Marcuzzo non posso dire che bene. La fabbrica la fece, ai primi di questo secolo, il padre dell'attuale proprietario che si chiama Aurelio. Questo Aurelio ha due figli mascoli maritati e minimo una decina di nipoti. Stanno tutti insieme, in un casone allato alla fabbrica.Se lo vede lei tenere a uno sequestrato in un posto dove

ci stanno una decina di picciliddri? Gente rispettata da tutti per onestà e serietà.»
«Va bene, come non detto, maresciallo. Le faccio una domanda diversa. Qualcuno in difficoltà, per essere stato sequestrato o perché è sotto minaccia, può avere infilato quel pezzetto di carta dentro a un bùmmulo senza che i Marcuzzo ne sapessero niente?»
«Le faccio io una domanda, commissario: perché un sequestrato o un minacciato di morte si sarebbe venuto a trovare nei paraggi della fabbrica dei Marcuzzo? Un qualsiasi delinquente si sarebbe guardato bene di avvicinarsi sapendo come la pensano i Marcuzzo.»
«Hanno operai? Dipendenti?»
«Nessuno. Fanno tutto in famiglia. Macari le fimmine travagliano.»
Chiaramente, ebbe un pinsèro improvviso.
«Che data porta quel giornale?» spiò.
«È del 3 agosto dell'anno passato.»
«A quella data la fabbrica era sicuramente chiusa.»
«Come fa a saperlo?»
«Io mi trovo qua da cinque anni. E da cinque anni la fabbrica chiude il primo d'agosto e riapre il 25. Lo so perché Aurelio mi telefona e mi avverte della partenza. Vanno tutti in Calabria, in casa della mogliere del figlio maggiore.»
«Mi perdoni, ma perché l'avvertono della partenza?»
«Perché se qualcuno dei miei militi si trova a passare nelle vicinanze, ci va a dare un'occhiata. Per sicurezza.»
«Quando sono via il materiale già prodotto dove lo tengono?»
«In un magazzino capace darrè alla casa. Con una porta ferrata. Non c'è mai stato un furto.»
Il commissario rimase tanticchia in silenzio. Poi parlò.
«Mi fa un piacere, maresciallo? Telefona a qualcuno dei Marcuzzo e si fa dire in che giorno, l'anno passato, hanno fatto una consegna a un bancarellaro prima della
chiusura estiva? Si chiama Tarantino Giuseppe, dice di essere un loro cliente.»

Pennisi dovette aspettare una decina di minuti all'apparecchio dopo aver fatto la richiesta. Evidentemente c'era stato bisogno di scartabellare vecchi registri. Poi finalmente il maresciallo ringraziò e riattaccò. «L'ultima consegna a Tarantino venne fatta proprio il
Dopo pranzo del 31luglio. Finita la chiusura, gli hanno fatto altre consegne, una il...»
«Grazie, maresciallo. Mi basta così.» Quindi il biglietto era stato infilato nel bùmmulo quando questo si trovava in possesso di Tarantino. E tenuto in un deposito per niente guardato, accessibile a chiunque. Si scoraggiò. Sulla strata del ritorno, in macchina, pensandoci e ripensandoci, si fece persuaso che non sarebbe mai venuto a capo di niente. La constatazione lo mise di umore malo. Si sfogò con Gallo che non aveva fatto una cosa che gli aveva ordinato di fare. Squillò il telefono. Catarella lo chiamava dal centralino.
«Dottori? C'è il signore Dimastrissi che vole parlare con lei di pirsona pirsonalmente.»
«Dov'è?»
«Non lo saccio, dottori. Ora ci lo spio dov'è.»
«No, Catarè. Voglio solo sapere se è in commissariato o al telefono.»
«Al tilifono, dottori.»
«Passamelo. Pronto?»
«Commissario Montalbano? Sono De Magistris, sa, l'impiegato che...»
«Mi dica.»
«Ecco, mi perdoni la domanda, sono mortificato,
ma... Lei, per caso, è andato a trovare Tarantino, il bancarellaro, presentandosi col mio nome?»
«Beh, sì. Ma vede...»
«Per carità, commissario, non voglio sapere altro. Grazie.»
«Eh no, scusi. Come l'ha saputo?»
«Mi ha telefonato, in comune, una giovane donna dicendo d'essere la moglie di questo Tarantino. Voleva conoscere la vera ragione per la quale io sarei andato da loro all'ora di pranzo. Io sono caduto

dalle nuvole, lei deve aver capito d'aver fatto un errore e ha riattaccato. Volevo informarla.» Perché si era preoccupata della visita? O era stato il marito a spingerla a fare quella telefonata per saperne di più? Ad ogni modo, la telefonata rimetteva tutto in discussione. La partita si riapriva. Il pizzino col numero di telefono di Tarantino era sulla scrivania. Non volle perdere tempo. Rispose lei.
«La signora Tarantino? De Magistris sono.»
«No, lei non è De Magistris. La sua voce è diversa.»
«Va bene, signora. Il commissario Montalbano sono.
Mi passi suo marito.»
«Non c'è. Subito doppopranzo è partito per il mercato di Capofelice. Torna tra due giorni.»
«Signora, ho necessità di parlarle. Mi metto in macchina e arrivo.»
«No! Per carità! Non si faccia vedere in paese di giorno!»
«A che ora vuole che venga a trovarla?»
«Stanotte. Passata la mezzanotte. Quanno che non c'è più nisciuno strata strata. E, per favore, lasci la macchina lontano da casa mia. E quando viene da me, non si faccia vedere dai paisàni. Per carità.»
«Stia tranquilla, signora. Sarò invisibile.»
Prima che la cornetta venisse riattaccata, la sentì singhiozzare.
La porta era accostata, la casa era allo scuro. Trasì rapido come un amante, richiuse la porta alle sue spalle.
«Posso accendere?»
«Sì.» Cercò a tentoni l'interruttore. La luce mostrò un salotto povero: un divanetto, un tavolinetto basso, due poltrone, due seggie, un tanger. Lei stava assittata sul divanetto, la faccia cummigliata dalle mani, i gomiti sulle ginocchia. Tremava.
«Non abbia paura» disse il commissario immobile allato alla porta.
«Se vuole, me ne ritorno da dove sono venuto.»
«No.» Montalbano fece due passi, s'assittò su una poltrona. Poi la picciotta si raddrizzò e lo taliò negli occhi.
«Sara mi chiamo.»
Forse vent'anni ancora non li aveva. Era minuta, gracile, gli occhi spaventati: una picciliddra che s'aspetta un castigo.

«Che vuole da me' marito?»
Pari o dispari? Testa o croce? Quale strata scegliere? Pigliarla alla larga o trasire in argomento subito? Naturalmente non fece né una cosa né l'altra e non fu certo per astuzia, ma così, perché gli vennero quelle parole alle labbra.
«Sara, perché ha tanta paura? Di che si scanta? Perché ha voluto che pigliassi tutte queste precauzioni per venirla a trovare? In paisi non mi conosce nessuno, non sanno chi sono e che faccio.»
«Ma è un orno. Pepè, me' marito, è giloso. Può nèsciri pazzo dalla gilosia. E se viene a sapere che qua dintra è trasùto un omo, capace che m'amaza.»
Disse proprio così: m'arnaza. E Montalbano pensò: "E allora hai scritto macari autto!". Sospirò, allungò le gambe, appoggiò la schiena allo schienale, si mise comodo sulla poltrona. Era fatta. Niente sequestro di persona, niente òmini minacciati di morte. Meglio cosi.
«Perché ha scritto quel biglietto e l'ha infilato nel bùrnmulo?»
«M'aveva amazato di botte e doppo m'aveva attaccata al letto con la corda del pozzo. Due jorna e due notti mi tenne accussì.»
«Che aveva fatto?»
«Nenti. Passò uno che vendeva cose, tuppiò, io ci raprii e ci stavo dicendo che non volevo accattare nenti,quanno Pepè tornò e mi vitti mentre parlavo con quell'orno. Parse nisciuto pazzo.»
«E dopo? Quando la slegò?»
«Mi dette ancora botte. Non potevo caminare. Siccome che lui doveva partire per un mercato, mi disse di carricare i bùmmuli sul camioncino. Allora pigliai una pagina di giornali, la strazzai, feci cinque bigliettini e li infilai in cinque bùmmuli diversi. Prima di partire, m'attaccò nuovamente con la corda. Però stavolta io ar-
riniscii a liberarmi. Ci misi due jorna, mi mancava la forza. Poi mi susii addritta, andai in cucina, pigliai un cuteddru affilato e mi tagliai le vini.»
«Perché non è scappata?»
«Pirchì gli vogliu beni.»

Così, semplicemente.
«Lui tornò, mi trovò che stavo morendo dissanguata e mi portò allo spitàle. Io dissi che l'avevo fatto pirchì una simanata prima, ed era veru, era morta me' matri. Doppo tre jorna mi rimandarono qua. Pepè era cangiato. Quella notte stissa restai prena di me' figliu.»
Era arrossita, teneva gli occhi bassi.
«E da allora non l'ha più malmenata?»
«Nonsi. Ogni tanto la gilosia gli torna e spacca tutto quello che gli viene a tiro, ma a mia non mi tocca più. Io però cominciai a patire un altro scanto. Non ci dormivo la notti.»
«Quale?»
«Che qualichiduno trovasse i bigliettini, ora che tutto era passato. Se Pepè lo veniva a sapere, che io avevo spiato autto per liberarmi di lui, capace che...»
«... sarebbe tornato a picchiarla?»
«Nonsi, comrnissario. Che mi avrebbe lasciata.»
Montalbano incassò.
«Quattro riniscii a ricuperarli, stavano ancora dintra i
bùmmuli. Il quinto, no. E quanno venne lei e capii, doppo la telefonata col signore del municipio, che lei si era messo un nome finto, pinsai che la polizia aveva trovato il biglietto, che poteva chiamare Pepè immaginando va a sapiri che cosa...»
«Io vado, Sara» disse Montalbano susendosi.
Dall'altra càmrnara arrivò il pianto del picciliddro che si era svegliato.
«Posso vederlo?» spiò Montalbano.

Stiamo parlando di miliardi

«Dottori? Dottori? Pirsonalmente lei di pirsona è?»
Ma che minchia d'ora era? Taliò la sveglia sul comodino completamente intordonùto dal sonno. Le cinco e mezzo del matino. S'appagnò: se Catarella l'arrisbigliava a quell'ora, sapendo le conseguenze alle quali andava incontro, veniva a dire che la cosa era seria assà.

«Che fu, Catarè?»
«Hanno arritrovato la machina della signora Pagnozzi e del di lui di lei marito, il commendatore.»
Il commendatore Aurelio Pagnozzi, uno degli òmini più ricchi di Vigàta, era scomparso, con la mogliere, la sira avanti.
«Solo la macchina? E loro dov'erano?»
«Dintra alla machina, dottori.»
«E che facevano?»
«E che dovevano fari, dottori? I morti facevano, i catàferi.»
«Perché sono morti?»
«Dottori, e come facevano ad arristare vivi? La macchina se ne era calata in uno sbalanco di cento metri!»
«Catarè, mi stai dicendo che sono rimasti vittime di un incidente? Che non è stato provocato da terzi?» Ci fu una pausa imparpagliata di Catarella.
«Nonsi, dottori, questo Terzi non ci trasi, pirchì Fazio, che è andato in loco, il nome di Terzi non me lo fece.»
«Catarè, chi ti ha detto di chiamarmi?»
«Nisciuno, dottori. Io stesso da me stesso feci questa pinsata. Macari poi doppo finiva che se non gli avevo detto la facenna, lei s'incazzava.»
«Catarè, renditi conto che noi non siamo la Stradale.»
«Ecco, dottori, propio di questo ci volevo spiare: se ammazzano a uno sopra a una strata, la cosa arri guarda noi o la Stratale?»
«Poi te lo spiego, Catarè.»
Il commissario Montalbano riattaccò, chiuse gli occhi, perse cinque minuti nel tentativo di riacchiappare il
sonno scappato, santiò, si susì.
Alle sette era in ufficio, di un umore nivuro come l'inca.
«Dov'è Catarella che ci vorrei dire due parole?»
«Ora ora a casa andò» arrispose Galluzzo che gli aveva dato il cambio al centralino. S'appresentò Fazio.
«Allora? Cos'è questa storia di Pagnozzi e di so' mogliere?»

«Niente, dottore, sono morti tutti e due. Aieri a sira venne da noi il figlio di Pagnozzi, Giacomino, a dirci che
so' patre e so' matre non si erano arricampati per le otto, com'erano restati d'accordo. Lui aspettò un'orata, poi li chiamò sul telefonino. Non risposero. Principiò a squietarsi, a correre a dritta e a manca. Nessuno sapeva niente. Alle dieci e mezzo, minuto più minuto meno, è venuto a contarci la facenna. Io gli ho risposto che, trattandosi di persone adulte, potevamo cercarle passate ventiquattro ore e in seguito a denunzia. Lui mi disse una cosa e se ne andò incaniato.»
«Che ti disse?»
«Che potevamo andarcela a pigliare in culo tutti quanti.»
«Ma non c'eri solo tu a parlare con lui?»
«Sissi. Però lui disse propio accussì: tutti quanti, commissario compreso.»
«Va bene, vai avanti.»
«Verso le quattro di notte ha telefonato e Catarella mi ha chiamato. Li aveva trovati lui. In fondo a uno sbalanco. La signora, ch'era alla guida, deve aver perso il controllo o ha avuto una botta di sonno, va' a sapere. La macchina non ha pigliato foco, ma loro si sono fracassati. Mentre ero là, è venuto macari il dottor Augello.»
«E perché? Chi l'aveva avvertito?»
«Gli ha telefonato Giacomino Pagnozzi. M'è parso di capire che il dottor Augello fosse amico di famiglia.»
Pace all'anima loro. Quella matina era a rapporto dal Questore, a Montelusa. Arrivò con quasi due ore di anticipo e passò tempo smurritiando Iacomuzzi della Scientifica. Tornò e trovò Mimì Augello con una faccia da due novembre.
«Povirazzi! Facevano impressione a come si sono ridotti! La signora Stefania pareva che fosse stata scrafazzata da un camion, era quasi irriconoscibile.»
Qualcosa, nel tono della voce del suo vice, fece scattare una scintilla nella testa del commissario. Ci andò quasi certo, da troppi anni conosceva Mimi.

«Tu eri amico del marito?»
«Beh, sì, macari di lui.»
«Che significa macari? Di chi eri più amico?»
«Beh, della pòvira Stefania.»
«Levami una curiosità: da quand'è che te la fai con le signore di una certa età? Pagnozzi da un pezzo aveva salutato la sissantina.»
«Ah, beh... vedi... Stefania era la seconda moglie, Pagnozzi se l'era maritata dopo ch'era restato vedovo.»
«E come l'aveva conosciuta a questa Stefania?»
«Beh... prima era la sua segretaria.»
«Ah. Che età aveva?»
«Beh, io non gliel'ho mai spiato. Ma così, a occhio e croce, una trentina scarsa.»
«Mimì, mettiti una mano sul cori e rispondi sincero:
te la sei corcàta?»
«Beh... sai... una picciotta tanto bella... Ci ho provato, ma senza speranza perché lei era chiaro ch'era innamorata di Pagnozzi.»
«Vuoi babbiare? A parte i trent'anni di differenza, la bonarma di Pagnozzi, làido com'era, avrebbe scantato a morte macari un serialkiller!»
«Non parlavo di Pagnozzi padre, ma di Pagnozzi figlio.» Montalbano ammammalucchì.
«Ma che mi vieni a contare?»
«La verità. Lo sapeva mezza Vigàta che Stefania e Giacomino, il figlio di primo letto, macari lui trentino, erano amanti. Perché credi che Giacomino, non vedendoli tornare, si è messo in pinsèro? Non per suo padre, che non gliene fotteva niente, ma per la matrigna. Stanotte, davanti al cadavere di lei, è svenuto.»
«Ma il marito era a conoscenza della facenna?»
«I cornuti sono gli ultimi a sapiri.»
«Giacomino vive in casa del padre?»
«No, per i fatti suoi.»
Passarono a parlare d'altro.

L'indomani a matino Mimì Augello, che era stato assente dall'ufficio per tutto il doppopranzo del giorno avanti, venne chiamato da Montalbano.
«Trasi, Mimì, e chiudi la porta. Mimì, tu sai bene che io a certe cose non ci bado, ma insomma se decidi di non farti vidiri in commissariato, almeno avvertimi.»
«Salvo, ma da Fazio a Catarella tutti hanno il numero del mio telefonino! Uno squillo e arrivo.»
«Mimì, non hai capito un cazzo. Tu devi essere a disposizione e non venire in ufficio quando sei chiamato, come uno stagnino.»
«Va bene, scusami. Il fatto è che sono andato in giro con il perito dell'Assicurazione.»
«Quale Assicurazione, Mimì?»
«Ah, sì... non so dove ho la testa... Quella dei Pagnozzi.»
«Ma pirchì t'ammischi? C'è qualcosa che non ti quatra?»
«Sì» fece deciso Augello.
«Allora parla.»
«Come sai, la macchina, una Bmw, non si è bruciata, a malgrado che il serbatoio, al momento dell'incidente, fosse quasi pieno. Bene, nel cassetto del cruscotto c'era la ricevuta di una revisione generale alla Bmw, la data è la stessa del giorno dell'incidente. Siamo andati dal meccanico, Parrinello, lo conosci, quello che ha l'officina vicino alla centrale elettrica. Ha detto che la macchina gliel'aveva portata Ciacomino...»
«Non ha un'auto sua?»
«Ce l'ha, ma quando deve nèsciri da Vigàta si fa prestare quella del padre. Era dovuto andare a Palermo e se l'è pigliata. Al ritorno dice d'aver sentito una rumorata stramma nel motore. Parrinello ci ha detto però che la macchina era sostanzialmente a posto, piccole cose,minchiate. L'ha consegnata a Stefania verso le sei. Lei era con suo marito.»
«Si sa dove dovevano andare?»
«Certo. Ce l'ha detto Giacomino. Avevano appuntamento in una loro casa di campagna, a pochi chilometri da Vigàta, con un

capomastro. Che ha confermato, però lui se ne è andato dopo sì e no un'ora. Da allora fino al momento del ritrovamento, non si sa più niente di loro. Però si può supporre...»
«Che dicono all'Assicurazione?»
«Non si spiegano l'incidente. La Bmw deve avere proseguito dritta invece di fare una curva, ha camminato per un centinaio di metri ed è andata giù nello sbalanco. Non c'è traccia di frenata. Siccome fino ad avant'ieri ha piovuto, si vedono chiaramente le ruote andare dritte dritte verso lo sbalanco.»
«Forse la signora ha avuto un malore.»
«Vuoi scherzare? Quella era fissata con le palestre. Ha fatto persino un corso di sopravvivenza a Nairobi, l'anno passato.»
«Che dice il dottor Pasquano?»
«Ha fatto le autopsie. Lui, rispetto all'età, stava bene. Lei - ha detto Pasquano - era una macchina perfetta. Non avevano mangiato, non avevano bevuto. Avevano fatto l'amore.»
«Come?!»
«Lo dice Pasquano. Forse gli è venuta voglia dopo che il capomastro se ne è andato. Avevano una casa arredata a disposizione. Hanno spento il telefonino. Poi quando era già scuro, macari si erano addormentati, hanno pigliato la strada del ritorno. Ed è successo quello che è successo. Può essere una spiegazione, la più plausibile.»
«Già» rispose pinsoso il commissario.
«Inoltre Pasquano» continuò Augello «m'ha riferito un particolare che potrebbe spiegare la dinamica dell'incidente. La pòvira Stefania aveva le unghie delle dita spezzate. Certo nel tentativo d'aprire lo sportello. Macari ha avuto un leggero malore, si è ripresa, ha visto quello che stava capitando e ha cercato d'aprire la porfiera, ma era troppo tardi.»
«Boh» fece Montalbano.
«Perché fai boh?»
«Perché una picciotta come dici tu, atletica, corso di sopravvivenza e compagnia bella, ha riflessi pronti. Se si ripiglia da un leggero

malore e capisce che l'auto sta andando verso uno sbalanco, non tenta d'aprire lo sportello, ma frena, semplicemente. E i freni, a quanto m'hai detto, erano a posto.»
«Boh» fece a sua volta Mimì Augello.
All'ora di mangiare, il commissario, invece d'imboccare la strada che portava a Marinella ("tomanni ci facio atrovare le sarte a becaficco" gli aveva lasciato scritto il giorno avanti la cammarèra Adelina) e sbafarsi le sarde, pigliò quella che saliva a Montelusa, deviando a un certo punto per contrada San Giovanni, dov'era capitato l'incidente. Alla seconda curva, come aveva fatto la Bmw dei Pagnozzi, tirò dritto e frenò sull'orlo dello sbalanco. C'erano molte tracce di pneumatici e dei cingoli di una speciale autogru che aveva recuperato la carcassa della Bmw. Sull'orlo dello sbalanco Montalbano ci stette un bel pezzo, a fumare e a pinsare. Poi decise che si era guadagnato le sarde a beccafico, montò inauto, girò, si diresse verso Marinella. La pietanza risultò di prima qualità: a Montalbano, dopo mangiato, venne di fare ronron come i gatti.
Invece s'attaccò al telefono, chiamò la sua amica Ingrid Sjostrom, maritata Cardamone, svedese, che alpaese suo aveva fatto il meccanico d'automobili.
«Drondo? Drondo? Guale essere ghe palla?» In casa Cardamone avevano la specialità delle cammarère esotiche, questa doveva essere un'aborigena australiana.
«Montalbano sono. C'è la signora Ingrid?»
Sentì i passi di Ingrid che si avvicinavano all'apparecchio.
«Salvo! Che bello! È un secolo che...»
«Ci possiamo vedere stasera?»
«Certo. Avevo un impegno, ma me ne fotto. A che ora?»
«Alle nove, al solito bar di Marinella.»
Ingrid in versione autunnale era una botta, pantalonie giacchetta, elegantissima. Pigliarono un aperitivo, Montalbano sentì distintamente, come se l'avessero fatto a voce, le gastime di subitanea impotenza che i mascoli presenti nel locale mentalmente gli lanciavano.

«Senti, Ingrid, hai tempo?»
«Tutto quello che vuoi.»
«Bene, facciamo così. Finiamo l'aperitivo e andiamo a mangiare in una trattoria verso Montereale che mi dicono cucinano discretamente. Poi passiamo da casa mia, bisogna aspettare che faccia scuro...» Ingrid sorrise maliziosamente.
«Salvo, non c'è bisogno che lo scuro sia veramente scuro. Basta chiudere bene le imposte ed è come se fosse notte, non lo sai?»
Sempre Ingrid lo provocava e sempre lui doveva far finta di niente. Quando era picciliddro e andava alle "cosedidì", cioè alle cose di Dio, il catechismo, il parrìno gli aveva spicgato che i peccati, per essere peccati, non c'era d'abbisogno che fossero fatti, era bastevole il pinsarli. Se le cose stavano così, il commissario, in quanto a opere e azioni, come si diceva, con Ingrid, zero assoluto: poteva appresentarsi al Signore puro come un angileddro. In quanto ai pinsèri, le cose cangiavano di radica: sarebbe stato gettato nel più profondo dell'inferno. Non mancava per Ingrid che la cosa finisse com'è di giusto tra un orno e una fimmina: mancava per lui, che non arrinisciva a tradire Livia. E la svedese, con fimmina malizia, non gli dava abento.
Nella trattoria non c'era quasi nisciuno, Montalbano poté accussì esporre a Ingrid quello che aveva in testa senza recitare la parte del cospiratore. A casa del commissario, Ingrid si cangiò il vestito, i pantaloni che Montalbano le diede le arrivavano a metà dei polpacci. Si rimisero in macchina, si diressero verso contrada San Giovanni e qui Ingrid fece quello che il commissario le aveva detto di fare: ci arrinisci al primo colpo. Tornarono a Marinella, Ingrid si spogliò, si fece la doccia, non volle essere accompagnata al vicino bar dove si erano incontrati e dove lei aveva lasciato la sua auto.
Sinni niscì dalla casa canticchiando. Madonna biniditta, che fimmina! Non gli aveva rivolto manco mezza domanda sul perché lui l'avesse sottoposta a quella prova rischiosa, nenti, lei era fatta così: se un amico ch'era un amico le spiava un favore, lo faceva e basta.

Se al posto della svedese quella sera ci fosse stata Livia, la gola gli si sarebbe seccata a forza di rispondere e spiegare.
S'addrummiscì di colpo, non ebbe quasi il tempo di chiudere gli occhi. A malgrado che la matinata fosse tanticchia cagionevole e il sole di tanto in tanto venisse oscurato dalle nuvole, l'umore di Montalbano parse bono ai suoi òmini del commissariato.
«Mandatemi il dottor Augello e non passatemi telefonate.»
Mimì arrivò di corsa.
«Assettati, Mimì, e stammi a sentiri. Se, metti caso,Pagnozzi moriva da solo, per i cazzi suoi, l'eredità a chi toccava?»
«Alla moglie. E qualche spicciolo al figlio, non andavano d'accordo.»
«E una grossa eredità?»
«Stiamo parlando di miliardi.»
«Ed essendo morta macari la mogliere, a chi va?»
«A Giacomino, al figlio. Se non esiste un testamento contrario.»
«Ed esiste?»
«Fino a questo momento non è venuto fora.»
«E non credo che venga mai fora.»
«Ma perché mi stai facendo queste domande?»
«Perché mi sono fatto un'idea, in un certo senso comprovata da fatti. Io ti dico quello che penso, al resto provvedi tu.»
«Certo. Parla.»
«La, diciamo accu ssì, signora Stefania va col marito a ritirare la macchina revisionata da Parrinello. Poi vanno nella casa di campagna a parlare col capomastro. Quando questi se ne va, la signora si fa venire le voglie, vanno in càmmara diletto. Pagnozzi dev'essere felice, non credo che i rapporti tra i due fossero frequenti, dato che,come mi hai detto tu, lei era innamorata del figliastro. E lo sai pirchì l'ha fatto, Mimì?»
«Dimmelo tu.»
«Perché aveva bisogno dello scuro. Si rivestono e tornano verso Vigàta. La strata è deserta. Prima della seconda curva, mette fuori combattimento il marito, una botta in testa con qualcosa, se non

l'ammazza lo stordisce. Prosegue lenta verso lo sbalanco, non c'è bisogno di correre, siamo noi che c'immaginiamo un'auto a forte andatura, quando la Bmw oramai è sospesa nel vuoto, tenta di aprire lo sportello e gettarsi fora.»

«Ma sarebbe morta macari lei!»

«No, Mimì, è qui che vi sbagliate tutti quanti. È vero che c'è lo sbalanco, ma viene dopo una specie di terrazza cinque-sei metri di lunghezza e due di profondità. La signora aveva calcolato di fermarsi lì nella caduta mentre la macchina col marito proseguiva nel vuoto. Invece la portiera non si aprì, a malgrado che lei ci si spezzasse le unghie per raprirla.»

«Ma che mi conti?»

«È stato questo particolare emerso dall'autopsia che m'ha messo in sospetto. Perché non ha frenato? Perché ha solo cercato di gettarsi fora?»

«Ma sei sicuro di quello che dici?»

«Ho fatto fare la prova a Ingrid, aieri a sira.»

«Ma sei pazzo! Hai messo a repentaglio la vita di quella picciotta! Siete due incoscienti, tu e lei!»

«Ma quando mai! Ieri doppopranzo sono andato ad accattare quattro paletti di ferro, venti metri di corda e con Ingrid, prima della prova, abbiamo recintato il limite esterno della terrazza. La vuoi sapere una cosa? Ingrid è rimasta a terra ben al di qua della recinzione, la signora Stefania, con tutta la sua palestra e la scuola di sopravvivenza, avrebbe sicuramente fatto di meglio. E se poi s'appresentava a noi con lividi ed escoriazioni, tanto di guadagnato: le ferite avrebbero avvalorato il suo racconto. E cioè che aveva avuto un malore, si era accorta troppo tardi di quello che capitava, aveva aperto la portiera e via. E si sarebbe messa a piangere sulla disgraziata morte del povero marituzzo suo. Per poi andarsi a godere l'eredità con l'omo del suo cori, il carissimo Giacomino.»

Mimì Augello restò per un pezzo mutànghero, il ciriveddro gli maciniava, poi si decise a parlare.

«Quindi, secondo te, si è trattato di un omicidio premeditato, non di un malore momentaneo o di qualche guasto meccanico.»
«Esattamente.»
«Ma se la macchina era in perfette condizioni, perché allora lo sportello non si è aperto?» Montalbano non rispose, continuò a taliàre fisso il suo vice. "Ora ci arriva" pinsò "perché macari lui ha una bella testa di sbirro." Mimì Augello principiò a ragionare ad alta voce.
«A manipolare lo sportello non può essere stato Parrinello, il meccanico.»
«Dimmi pirchì.»
«Perché arrivati nella casa di campagna sono scesi,no? Se la portiera non funzionava bene, Stefania col cavolo che metteva a repentaglio la sua vita, rimandava il tutto a migliore occasione. E manco il capomastro può essere stato.»
«Quindi tu, Mimì, mi stai dicendo che c'è stato un piano aggiunto al piano. Qualcuno, ch'era al corrente di come Stefania avrebbe liquidato il marito, è intervenuto a manomettere lo sportello. Fai un piccolo sforzino, Mimì.»
«Cristo!» esclamò a un tratto Augello.
«Esattamente, Mimì. L'amato Giacomino non è restato a casa ad aspettare l'arrivo di so' patre e della so' amante-matrigna. Il piano l'avevano preparato assieme, lui e Stefania. Quando la fimmina, come da copione, se na va a letto a ficcare col marito, Giacomino, ammucciato nelle vicinanze, nesci fora dal nascondiglio e fa in modo che lo sportello, una volta chiuso, non possa più raprirsi. Hai detto tu che stiamo parlando di miliardi. Perché spartirli con una fimmina che in qualsiasi momento è in grado di ricattarti? Stefania, quando sale in macchina per andare ad ammazzare il marito, non sa che, chiudendo lo sportello, ha chiuso macari la sua tomba. E ora Mimì, sbrogliatela tu.»Al termine del terzo giorno di torchio, Giacomino Pagnozzi confessò l'omicidio.

Come fece Alice

La peggio cosa che poteva capitare (e inesorabilmente capitava a scadenze più o meno fisse) a Salvo Montaibano, nella sua qualità di dirigente del commissariato di Vigàta, era quella di dover firmare le carte. Le odiate carte consistevano in rapporti, informative, relazioni, comunicazioni, atti burocratici prima semplicemente richiesti e poi sempre più minacciosamente sollecitati dagli "uffici competenti". A Montalbano gli pigliava una curiosa paralisi della mano dritta che gl'impediva non solo di scrivere quelle carte (ci pensava Mimì Augello), ma addirittura di mittirici la firma.

«Ameno una sigla!» supplicava Fazio.

Nenti, la mano s'arrefutava di funzionare. Le carte allora s'accumulavano sul tavolo di Fazio,crescevano d'altezza giorno appresso giorno e poi succedeva che i montarozzi dei fogli diventavano accussì alti che, alla minima corrente d'aria, s'inclinavano e scivolavano a terra. Le carpette, raprendosi, facevano per tanticchia un bellissimo effetto di nevicata. A questo punto Fazio, con santa pacienza, raccoglieva i fogli a uno a uno, li metteva in ordine, ne formava una pila che si carricava sulle braccia, spalancava col piede la porta della càmmara del suo superiore e deponeva il fardello sulla scrivania senza dire una parola. Montalbano allora faceva voci che non voleva essere disturbato da nessuno e principiava, santiando, la faticata.

Quella mattina Mimì Augello, andando verso l'uffi- cio di Montalbano, non incontrò chi l'avvertisse ("dottore, non è cosa, vidisse che il commissario sta firmando") e quindi trasì nella càmmara sperando che Salvo potesse dare conforto a una sua delusione. Appena trasùto, ebbe l'impressione che l'ufficio fosse vacante e fece per nèsciri. Ma lo bloccò la voce arraggiata del commissario ch'era completamente ammucciato dalle carte.

«Chi è?»

«Mimì sono. Ma non vorrei disturbarti, torno più tardi.»

«Mimì, tu sempre un disturbo sei. Ora o più tardi non fa differenza. Piglia una seggia e assèttati.» Mimì s'assittò.

«Beh?» fece doppo una decina di minuti il commissario.
«Senti» disse Augello, «a me non mi viene di parlartisenza vederti. Lasciamo perdere.»
E fece per susirisi. Montalbano dovette sentire il rumore della seggia smossa e di subito la sua voce si fece ancora più arraggiata.
«Ti dissi d'assittàriti.» Non se lo voleva fare scappare a Mimì: gli sarebbe servito da sfogo nel mentre che firmava e la mano gli addivintava sempre più dolorosa.
«Allora, dimmi che succede.»
Oramà era troppo tardi per tirarsi narrè. Mimì si schiarì la voce.
«Non ce l'abbiamo fatta a pigliare a Tarantino.»
«Manco stavolta?»
«Manco stavolta.»
Fu come se la finestra si fosse di colpo spalancata e un poderoso colpo di vento avesse fatto volare via le carte. Ma la finestra era chiusa e chi gettava in aria i fogli era il commissario, ora finalmente visibile agli occhi scantati di Mimì.
«E che minchia! E che minchia d'una minchia!»
Montalbano pareva pazzo di raggia, si susì, principiò a passiare avanti e narrè per la càmmara, si mise una sigaretta in bocca, Mimì gli prui la scatola dei cerini, Montalbano s'addrumò la sigaretta, gettò a terra il cerino ancora acceso e alcune carte pigliarono immediatamente foco, come se non avessero aspettato altro nella vita. Erano fogli di carta vergatina, leggerissimi. Mimì e Montalbano si scatenarono in una specie di danza da pellirosse nel tentativo di spegnere il foco coi piedi poi, vista persa la partita, Mimì agguantò una bottiglia di minerale che c'era sul tavolino del suo superiore e la svuotò sulle vampe. Domato il principio d'incendio, i due si resero conto che non era il caso di restare nell'ufficio oramà impraticabile.
«Andiamoci a pigliare un cafè» propose il commissario al quale la raggia era momentaneamente passata.
«Ma prima avverti Fazio del danno.» La pigliata del cafè durò una mezzorata. Quando rientrarono nella càmmara, tutto era in ordine,

restava solamente tanticchia di feto d'abbruciatizzo. Le carte erano scomparse.
«Fazio!»
«Ai comandi, dottore.»
«Dove sono andate a finire le carte?»
«Le sto mettendo in ordine nel mio ufficio. E poi sono assuppate d'acqua. Le sto facendo asciucare. Per oggi non se ne parla più di firma, si consolasse.»
Visibilmente rasserenato, il commissario rivolse un sorriso a Mimì.
«Allora, amico mio, ti sei fatto fottere un'altra volta?»
A scurarsi in faccia questa volta fu Augello.
«Quell'omo è un diavolo.'>
Giovanni Tarantino, da una para d'anni ricercato per truffa, assegni a vuoto e falsificazione di cambiali, era un quarantino dall'ariata distinta e con un modo di fare aperto e cordiale che gli procurava simpatia e fiducia. Tanto che la vedova Percolla, da lui truffata per oltre duecento milioni, non espresse nella sua deposizione contro Tarantino altro che uno sconsolato:
«Però era tanto distinto!»
La cattura di Tarantino, datosi latitante, era diventata col passare del tempo una specie di punto d'onore per Mimì Augello. Ben otto volte nel giro di due anni aveva fatto irruzione in casa di Tarantino, sicuro di sorprenderlo, e ogni volta del truffatore manco l'ùmmira.
«Ma perché ti sei fissato che Tarantmo vada a trovare la mogliere?»
Mimì arrispunnì con un'altra domanda.
«Ma tu l'hai mai vista alla signora Tarantino? Giulia, si chiama.»
«Non la conosco a Giulia Tarantino. Com'è?»
«Bella» fece deciso Mimì che di fimmine se ne intendeva. «E non è solamente bella. Appartiene a quella categoria che dalle nostre parti, una volta, era chiamata di "fimmine diletto". Ha un modo di taliàrti, un modo di darti la mano, un modo d'accavallare le gambe, che il sangue ti si arrimiscolia. Tifa capire che, sotto o sopra un linzòlo, potrebbe pigliare foco come la carta di poco fa.»
«Per questo tu ci vai spesso di notte a fare la perquisizione?»

«Ti sbagli, Salvo. E sai che ti dico la verità. Mi sono fatto pirsuaso che quella fimmina ci gode che io non arrinescio a pigliare suo marito.»
«Beh, è logico, no?»
«In parte sì. Ma da come mi talia quando sto per andarmene, ho capito che lei ci gode macari perché io come omo, come Mimì Augello e non come sbirro, sono stato sconfitto.»
«Stai cangianno tutta la facenna in un fatto personale?»
«Purtroppo sì.»
«Che viene a dire ahi?»
«Viene a dire che è il modo migliore per fare fesserie,
nel nostro mestiere. Quanti anni ha questa Giulia?»
«Deve avere passato da picca la trentina.»
«Ma non mi hai ancora detto perché sei così sicuro che lui vada a trovare di tanto in tanto la mogliere.»
«Pensavo d'avertelo fatto capire. Quella non è fimmina che può stare a longo senza un omo. E guarda, Salvo, che non è per niente civetta. I suoi vicini dicono che esce rarissimamente, non riceve né parenti né amiche.
Si fa mandare a casa tutto quello che le serve. Ah, devo precisare: ogni domenica matina va alla messa delle dieci.»
«Domani è domenica, no? Facciamo accussì. Ci vediamo al caffè CasLglione verso le dieci meno un quarto e tu, quando lei passa, me la indichi. M'hai fatto venire curiosità.»
Era più che bella. Montalbano la taliàva attentamente mentre lei caminava verso la chiesa, vestita bene, con sobrietà, niente d'appariscente, procedeva a testa alta rispondendo con un cenno della testa a qualche raro saluto. Non faceva gesti affettati, tutto in lei era spontaneo, naturale. Dovette riconoscere Mimì Augelio impalato a fianco di Montalbano. Deviò il percorso, dal centro della strada verso il marciapiede dove stavano i due òmini e, arrivata vicinissima, rispose all'impacciato saluto di Mimì col solito cenno della testa. Ma questa volta un leggerissimo sorriso le si disegnò sulle labbra. Era, senz'ombra di dubbio, un sorrisino di scherno, di

sfottimento. Passò oltre.
«Hai visto?» spiò Mimì aggiarniato per la raggia.
«Ho visto» disse il commissario. «Ho visto quanto basta per dirti di chiamarti fora. Da questo momento in poi non ti occupi più del caso.»
«E perché?»
«Perché quella oramà ti tiene, Mimì. Ti fa acchianare il sangue alla testa e tu non arrinesci più a vedere le cose come sono. Ora torniamo in ufficio e tu mi fai il resoconto delle tue visite in casa Tarantino. E mi dai macari l'indirizzo.»
Al numero 35 di via Giovanni Verga, una strata dalla parte della campagna, corrispondeva una casetta a un piano, rimessa a posto di fresco. Alle spalle della costruzione c'era vicolo Capuana, tanto stritto che le macchine non ci potevano trasire. La targhetta sul citofono diceva: "G. Tarantino". Montalbano sonò. Passarono tre minuti e nisciuno rispose. Il commissario sonò di bel nuovo nuovamente e questa volta arrispunnì una voce di fimmina.
«Chi è?»
«Il commissario Montalbano sono.»
Una breve pausa, poi:
«Commissario, è domenica, sono le dieci di sira e a quest'ora non s'importuna la gente. Ha un mandato?»
«Di che?»
«Di perquisizione.»
«Ma io non ho nisciuna gana di perquisire! Voglio solo parlare tanticchia con lei.»
«Lei è il signore che stamatina era col dottor Augello?» Osservatrice, la signora Giulia Tarantino.
«Sì, signora.»
«Commissario, mi scusi, ma stavo sotto la doccia.
Può aspettare cinque minuti? Faccio presto.»
«Con comodo, signora.»
Doppo meno di cinque minuti, la serratura della porta scattò. Il commissario trasì e si trovò dintra a una grossa anticamera, due

porte a mancina, una a dritta e in mezzo una larga scala che portava al piano di sopra.
«Si accomodi.» La signora Giulia si era rivestita di tutto punto.
Il commissario trasì squatrandola: era seria, composta e per niente preoccupata.
«E cosa longa?» spiò.
«Dipende da lei» fece duro Montalbano.
«Meglio assittarci in salotto» disse la signora. Gli voltò le spalle e principiò ad acchianare la scala seguita dal commissario. Sbucarono dintra a un cammarone molto ampio con mobili moderni, ma di un certo gusto. La fimmina indicò il divano al commissario, lei s'assittò su una poltrona allato alla quale c'era un tavolinetto con sopra un imponente telefono anni Venti evidentemente rifatto a Hong Kong o posti simili. Giulia Tarantino sollevò la cornetta dalla forcella dorata, la poggiò sul piano del tavolinetto.
«Così non ci disturba nessuno.»
«Grazie della cortesia» disse Montalbano.
Stette per almeno un minuto senza parlare sotto gli occhi interrogativi, ma sempre belli, della fimmina, poi s'arrisolse:
«C'è un gran silenzio qua.»
Giulia parse per un attimo tanticchia strammata dall'osservazione.
«Effettivamente è una strata che non ci passano macchine.»
Il silenzio di Montalbano durò un altro minuto pieno.
«Questa casa è vostra?»
«Sì, mio marito l'accattò tre anni passati.»
«Avete altre proprietà?»
«Da quand'è che non vede suo marito?»
«Da più di due anni, da quando si è gettato latitante.»
«Non è preoccupata per la sua salute?»
«Perché dovrei esserlo?»
«Mah, a stare tanto a lungo senza notizie...»
«Commissario, io ho detto che non lo vedo da due anni, non che non ho sue notizie. Mi telefona, di tanto in tanto. E lei dovrebbe saperlo, perché il mio telefono è sotto controllo. L'ho capito, sa?»

La pausa stavolta durò due minuti.
«Che strano!» fece tutto `nzèmmula il commissario.
«Cos'è strano?» spiò la fimmina immediatamente inquartata sulla difensiva.
«La disposizione della vostra casa.»
«E che ha di strano?»
«Per esempio che il salotto è sistemato qua, in alto.»
«Dove dovrebbe stare, secondo lei?»
«Al piano terra. Dove invece c'è sicuramente la vostra càmmara diletto. È così?»
«Sissignore, è così. Ma mi spiegasse una cosa: è proibito?»
«Non ho detto che è proibito, ho solamente fatto un commento.»
Altro silenzio.
«Beh» disse Montalbano susendosi, «io levo il disturbo.»
Macari la signora Giulia si susì, evidentemente imparpagliata dal comportamento dello sbirro. Prima d'avviarsi verso la scala, Montalbano la vide rimettere a posto la cornetta. Arrivati in fondo, mentre la fimmina s'avviava a raprirgli la porta d'ingresso, il commissario disse piano:
~<Ho bisogno d'andare in bagno.»
La signora Giulia si voltò e lo taliò, stavolta sorridendo.
«Commissario, le scappa davvero o vuole giocare ad acqua acqua fuoco fuoco? Comunque, venga.»
Raprì la porta di destra, facendolo trasire in una càmmara diletto spaziosa, macari qui con mobili di un certo gusto. Sopra a uno dei due comodini, c'erano un libro e un telefono normale: doveva essere il lato dove dormiva lei. Indicò al commissario una porta che s'apriva nella parete di mancina allato a una grande specchiera.
«Il bagno è quello, mi scusi se è in disordine.» Montalbano trasi, chiuse la porta alle sue spalle. Il bagno era ancora càvudo di vapore, veramente la signora aveva fatto la doccia. Nel ripiano di vetro sopra al lavabo, assieme a boccette di profumo e scatole di creme, lo colpì il fatto che ci fossero macari un rasoio e una crema

da barba spray. Fece pipì, premette il pulsante dello sciacquone, si lavò le mani, raprì la porta.
«Signora, può venire un momento?»
La signora Giulia trasi nel bagno, Montalbano le indicò senza parlare il rasoio e la crema da barba.
«Embè?» spiò Giulia.
«Le sembrano cose da donne?»
Giulia Tarantino fece una breve risata di gola, parse una palumma.
«Commissario, si vede che lei non ha mai campato `nzèmmula a una fimmina. Servono per la depilazione.»
Aveva fatto tardo e perciò se ne tornò direttamente a Marinella. Arrivato a casa, s'assittò nella verandina che dava direttamente sulla spiaggia, leggi prima il giornale e doppo qualche pagina di un libro che gli piaceva assà, i Racconti di Pietroburgo di Gogol'. Prima d'andarsi a corcare, telefonò a Livia. Quando stavano già salutandosi, gli venne in testa una domanda:
«Tu, per depilarti, adoperi il rasoio e il sapone da barba?»
«Che domanda, Salvo! Me l'hai visto fare cento volte!»
«No, io volevo solamente sapere...»
«E io non te lo dico!»
«Perché?»
«Perché non è possibile che tu viva per anni in intimità con una donna e non sai se e come si depila!»
Riattaccò arraggiata. Telefonò a Mimì Augello.
«Mimì, come si depila una fimmina?»
«Ti sono venute fantasie erotiche?»
«Dai, non scassare.»
«Mah, usano creme, cerotti, pecette...»
«Rasoio e sapone da barba?»
«Rasoio sì, sapone da barba forse. Però io non l'ho mai visto adoperare. Di solito non frequento fimmine barbute.»
A pensarci bene, manco Livia l'usava. E poi: era tanto importante? L'indomani a matina, appena in ufficio chiamò Fazio.
«Hai presente la casa di Giovanni Tarantino?»

«Certo, ci sono andato col dottor Augello.»
«È al numero 35 di via Giovanni Verga e non ha una porta posteriore. Giusto? Il darrè della casa dà sul vicolo Capuana che è stritto stritto. Tu lo sai come si chiama la strata appresso, quella parallela a via Verga e a vicolo Capuana?»
«Sissi. È un altro vicolo stritto. Si chiama De Roberto.>~ E come ti potevi sbagliare?
«Senti. Tu, appena sei libero, ti fai tutto vicolo De Roberto. E mi porti un elenco dettagliato di tutte le porte.»
«Non ho capito» disse Fazio.
«Mi dici chi ci sta al numero uno, al numero due e via di seguito. Ma cerca di non dare tanto nell'occhio, non fare avanti e narrè per il vicolo. In queste cose sei bravissimo.»
«Perché, nelle altre no?»
Nisciuto Fazio, chiamò Augello.
«Lo sai, Mimì? Aieri a sira sono andato a trovare la tua amica Giulia Tarantino.»
«È riuscita a pigliare per il culo macari a tia?>
«No» disse deciso Montalbano. «A mia, no.»
«Ti sei dato una spiegazione di come fa il marito a trasìre in casa? Non c'è altra trasùta che la porta d'ingresso.
Per notti e notti quelli della Squadra Catturandi ci hanno perso il sonno. Non l'hanno mai visto. Eppure io mi ci gioco i cabasisi che lui di tanto in tanto la va a trovare.»
«Macari io la penso come a tia. Ora però mi devi dire tutto quello che sai del marito. Non le truffe, gli assegni a vacante, non me ne fotte niente. Voglio sapere le manie, i tic, le abitudini, come si comportava quando stava in paìsi.
«La prima cosa è che è gelosissimo. Io sono pirsuaso che quando vado a perquisire la casa lui deve soffrire come un pazzo, immaginandosi che la moglie approfitti dell'occasione per mettergli le corna. Doppo c'è che, essendo un omo violento a malgrado dell'apparenza ed essendo tifoso dell'Inter, la domenica sira, o quando la sua squatra giocava, finiva sempre con l'attaccare turii-

la. La terza cosa che ha è...» Andò avanti per un pezzo Mimì a descrivere vita, morte e miracoli di Giovanni Tarantino che oramà accanosceva meglio di se stesso. Poi Montalbano volle sapere per filo e per segno come era stata perquisita la casa di Tarantino.
«Come al solito» disse Mimì. «Io e quelli della Catturandi, dato che dovevamo trovare un omo, abbiamo taliàto in ogni posto dove un omo si può ammucciare: tetto-morto, sottoscala, cose accussì. Abbiamo macari cercato nel pavimento una qualche botola. Battendo alle pareti non si sente suono di vacante.»
«Avete provato a taliàre nello specchio?»
«Ma la specchiera è attaccata al muro con le viti!»
«Non ho detto se avete taliàto darrè allo specchio, ma nello specchio. Si fa così: si rapre la porta d'ingresso e la si talia riflessa nello specchio.»
«Ma tu sei nisciuto pazzo?»
«Oppure si fa come Alice: s'immagina che il vetro sia una specie di garza.»
«Seriamente, Salvo, ti senti bene? Chi è questa Alice?»
«Tu hai mai letto Carrolì?»
«E chi è?»
«Lascia perdere, Mimì. Senti: tu domani a matino, con una scusa che t'inventi, vai a trovare la signora Tarantino. Devi farti ricevere nel salotto e mi devi dire se fa o non fa un certo gesto.»
«Quale?»
Montalbano glielo disse.
Ricevuto il rapporto di Fazio il mercoledì, il commissario gli diede tempo fino al giorno appresso per avere altri particolari sugli stabili di vicolo De Roberto. Il giovedì sira, prima di andare a trovare la signora Tarantino, Montalbano trasì nella farmacia Bevilacqua ch'era di turno. C'era in giro una botta d'influenza e la farmacia era piena di gente, fimmine e màscoli. Una delle due commesse notò il commissario e gli spiò a voce alta:
«Che desidera, dottore?»
«Dopo, dopo» disse Montalbano.

Il farmacista Bevilacqua a sentire la voce del commissario, isò gli occhi, lo taliò, lo vide impacciato. Liquidato il cliente, si avvicinò a uno scaffale, pigliò una scatoletta, nisci da darrè al bancone, e con ariata cospirativa gliela mise in mano.
«Cosa mi ha dato?» spiò Montalbano strammàto.
«Preservativi» fece l'altro a voce vascia. «Li voleva, no?»
«No» disse Montalbano restituendogli la scatoletta.
«Vorrei la pillola.»
Il farmacista si taliò torno torno, la sua voce si fece un soffio.
«Viagra?»
«No» fece Montalbano che principiava a diventare nirbùso. «Quella che adoperano le fimmine. La più usata.»
Per strada raprì il pacchetto che gli aveva dato il farmacista, gettò le pillole anticoncezionali in un cassonetto, tenne solo il foglietto dove c'erano scritte le istruzioni per l'uso.
A eccezione del fatto che la signora non era nisciùta allora allora dalla doccia, tutto si svolse preciso come la domenica passata. Il commissario pigliò posto sul divano, la signora sulla seggia, la cornetta venne levata dalla forcella.
«Che c'è stavolta?» spiò, con un filo di rassegnazione, la fimmina.
«Prima di tutto le volevo comunicare che ho levato il caso di suo marito al mio vice, il dottor Augello, che è venuto l'altra mattina a trovarla per l'ultima volta e che lei conosce molto bene.»
Aveva sottolineato il "molto" e la signora si stupì.
«Non capisco...»
«Vede, quando i rapporti tra l'investigatore e l'investigata si fanno, come nel caso vostro, un po' troppo stretti, è meglio... Insomma, da oggi in poi sarò io a occuparmi in prima persona di suo marito.»
«Per me...»
«... l'uno vale l'altro? Eh no, cara amica, si sbaglia di grosso. Io sono meglio, molto meglio.»
Era arrinisciuto a dare all'ultima parte della frase un sottinteso oscenamente allusivo. Non seppe se congratularsi o sputarsi in faccia. Giulia Tarantino era addiventata tanticchia pallida.

«Commissario, io...»
«Lascia parlare a mia, Giulia. Domenica passata, quando siamo andati prima nella càmmara diletto qua sotto e dopo in bagno...»
La signora aggiarniò ancora di più, isò una mano come per fermare la parlata del commissario, ma Montaibano continuò.
«... ho trovato per terra questo foglietto. Securigen c'è scritto, pillole contraccettive. Ora, se tu non vedi da due anni tuo marito, a che ti servono? Posso fare delle supposizioni. Il mio vice...»
«Per carità!» gridò Giulia Tarantino.
E fece il gesto nel quale il commissario sperava: pigliò la cornetta e la rimise sulla forcella. «Lo sa?» fece Montalbano tornando al "lei". «L'ho capito fin dalla prima volta che questo telefono è finto. E vero invece quello che lei ha sul comodino. Questo serve solo per far sentire a suo marito tutto quello che viene detto in questa stanza. Ho un udito molto fino: quando lei solleva la cornetta, si dovrebbe sentire il segnale di libero. Invece il suo telefono è muto.» La fimmina non disse niente, pareva dovesse svenire da un momento all'altro, ma resisteva disperatamente, tutta tesa, come se temesse un fatto improvviso. «Ho anche scoperto» ripigliò il commissario «che suo marito è proprietario di un piccolo garage in vicolo De Roberto, a meno di dieci metri in linea d'aria da qui. Ha scavato un cunicolo che quasi certamente sbuca dietro la specchiera. Dove quelli che perquisiscono non guardano mai: pensano che dietro uno specchio non c'è mai niente.»
Capendo che aveva perso, Giulia Tarantino riacquistò la sua ariata di distacco. Taliò fissa negli occhi il commissario:
«Mi levi una curiosità: lei non soffre mai di vergogna per quello che fa e per come lo fa?»
«Sì, ogni tanto» ammise Montalbano.
E in quel momento, al piano di sotto, d fu una forte rumorata di vetro rotto e una voce arraggiata che faceva:
«Dove sei, lurida troia?»
Poi Giovanni Tarantino cominciò ad acchianare la scala di corsa.
«Ecco il cretino che arriva» disse sua mogliere, rassegnata.

La revisione

La prima volta che Montalbano vide l'orno che passiava sulla spiaggia fu di matina presto, ma la giornata non era propriamente cosa di passiate a ripa di mare, anzi la meglio era di rimettersi corcato, incuponarsi con la coperta fin sopra alla testa, chiudere gli occhi e vi saluto e sono. Tirava infatti una tramontana gelida e stizzosa, la rena s'infilava negli occhi e nella bocca, i cavalloni partivano alti sulla linea dell'orizzonte, s'ammucciavano appiattendosi darrè a quelli che li precedevano, ricomparivano a picco a filo di terra, s'avventavano, affamati,sulla spiaggia per mangiarsela. Passo a passo il mare era riuscito quasi a toccare la verandina di legno della casa del commissario. L'omo era tutto vestito di nivuro, con una mano si teneva il cappello incarcato in testa per non farselo portare via dal vento, mentre il cappotto pesante gli s'impiccicava sul corpo, gli s'intrecciava alle gambe. Non stava andando da nessuna parte, lo si capiva dal passo che, a malgrado di tutto quel tirribilio, si manteneva costante, regolare. Superata di una cinquantina di metri la casa del commissario, l'orno si girò e tornò narrè, dirigendosi verso Vigàta.
Lo rivide altre volte, di matina presto, macari senza cappotto perché la stagione era cangiata, sempre vestito di nivuro, sempre solo. Una volta che il tempo si era alzato tanto da permettere al commissario una bella nuotata nell'acqua fridda non ancora quadiata dal sole, invertendo le bracciate per tornare a riva aveva visto l'omo fermo sulla battigia che lo taliàva. Proseguendo a nuotare in quella direzione, inevitabilmente Montalbano era destinato a nèsciri dall'acqua parandoglisi davanti. E la cosa l'imbarazzò. Fece allora in modo che insensibilmente le sue bracciate lo portassero ad assumare dall'acqua una decina di metri dall'orno che lo taliàva fermo. Quando l'orno capì che l'incontro faccia a faccia non sarebbe avvenuto, voltò le spalle e ripigliò la consueta passiata. Per qualche mese la facenna andò avanti accussì. Una malina l'orno non passò e

Montalbano se ne preoccupò. Poi gli venne un'idea. Scinnì dalla verandina sulla spiaggia e vide, distintamente, le orme dell'orno impresse sulla rena bagnata. Si vede che si era fatta la passiata un po' prima del solito, mentre il commissario se ne stava ancora corcato o sotto la doccia. Una notte ci fu vento, ma verso l'alba il vento abbacò come stanco di avere fatto la nottata. S'appresentava una giornata sirena, tiepida, solare macari se non ancora estiva. Il vento notturno aveva puliziato la spiaggia, aveva parificato le piccole buche, la rena era para para, lucente. Le orme dell'orno spiccavano come disegnate, ma il loro percorso strammò il commissario. Doppo avere camminato a ripa, l'omo si era diretto deciso verso la sua casa, si era fermato proprio sotto la verandina, poi aveva ripigliato il passo verso la ripa. Che aveva in mente di fare? A lungo il commissario restò a taliàre quella specie di "V" disegnata dalle orme, quasi che dalla sua accurata osservazione fosse possibile risalire alla testa dell'orno, ai pinsèri che ci aveva dintra e che l'avevano spinto a compiere l'imprevista deviazione.
Quando arrivò in ufficio, chiamò Fazio.
«Tu lo conosci a un uomo vestito di nero che ogni mattina va a farsi una passeggiata davanti a casa mia sulla spiaggia?»
«Perché, ci dette fastidio?»
«Fazio, non mi ha dato nessun fastidio. E se mi dava fastidio pensi che non me la sapevo sbrogliare da solo?
Ti ho domandato solamente se lo conosci.»
«Nonsi, commissario. Manco sapevo che c'era uno vestito di nivuro che si viene a fare passiate sulla spiaggia. Vuole che m'informi?»
«Lascia perdere.»
Però la facenna continuò a spuntargli di tanto in tanto in testa. La notte, quando tornò a casa, era arrivato alla conclusione che quella "V" nascondeva in realtà un punto interrogativo, una domanda che l'orno vestito di nivuro si era risolto a fargli, ma all'ultimo minuto gliene era mancato il coraggio. Fu per questo che puntò la sveglia alle cinque del matino: voleva evitare il rischio di non vedere l'orno se quello, per un caso qualsiasi, anticipava la passiata. La sveglia

sonò, si susì di corsa, si priparò il cafè e s'assittò sulla verandina. Aspettò fino alle nove, ebbe il tempo di leggersi un giallo di Lucarelli e di bersi sei tazze di cafè. Dell'orno manco 1'ùmmira.

«Fazio!»

«Comandi, dottore.»

«Ti ricordi che ieri ti parlai di un uomo tutto vestito di nero che ogni mattina...>

«Certo che mi ricordo.»

«Starnattina non passò.»

Fazio lo taliò imparpagliato.

«E cosa grave?»

«Grave, no. Ma voglio sapere chi è.»

«Ci provo» fece Fazio, sospirando.

Certe volte il commissario era propio strammo. Perché si era amminchiato sopra a uno che si faceva le sue passiate sulla plaja in pace? Che fastidio gli dava al signor commissario? Nel doppopranzo Fazio tuppiò, domandò permesso, trasì nella càrnmara di Montalbano, s'assittò, cavò fora dalla sacchetta una para di foglietti scritti fitti a mano, si schiarì la voce con una leggera tussiculiàta.

«E una conferenza?» spiò Montalbano.

«Nonsi, dottore. Ci porto le notizie che lei voleva su quella persona che la mattina si mette a passiare davanti a casa sua.»

«Prima che cominci a leggere ti voglio avvertire. Se tu ti lasci vincere dal tuo complesso d'impiegato all'anagrafe e mi dai di questa persona particolari dei quali non mi fotte una minchia, io mi suso da questa seggia e mi vado a pigliare un cafè.»

«Facciamo accussì» disse Fazio ripiegando i foglietti e rimettendoseli in sacchetta. «Vengo macari io a pigliarmi il cafè.»

Niscirono tutti e due in silenzio, irritati. Andarono al bar e ognuno pagò il proprio cafè. Tornarono in ufficio sempre senza parlare e ripigliarono la posizione di prima, solo che questa volta Fazio non tirò fora i foglietti.

Montalbano capì che toccava a lui attaccare, capace che Fazio se ne restava muto e offiso fino a sera.

«Come si chiama questa persona?»
«Attard Leonardo.»
Quindi, come i Cassar, gli Hamel, i Camilleri, i Buhagiar, di lontane origini maltesi.
«Che fa?»
«Faceva il giudice. Ora è in pensione. Era un giudice importante, un presidente di Corte d'Assise.»
«E che ci fa qua?»
«Mah. Lui, di nascita, è vigatese. E rimasto in paisi sino a quando aveva otto anni. Poi suo padre, ch'era comandante della Capitaneria di porto, è stato trasferito.
Lui al Nord è cresciuto, ha studiato, insomma ha fatto la sua carriera. Quando è venuto qua, otto mesi fa, non lo conosceva nessuno.»
«Aveva casa a Vigàta? Che so, una vecchia proprietà dei suoi?»
«Nonsi. Se l'è accattata. È una casa spaziosa, di cinque càmmare grandi, ma lui ci vive da solo. A lui ci dà adenzia una cammarèra.»
«Non si è maritato?»
«Sì. E ha un figlio. Ma è rimasto vedovo tre anni fa.»
«Si è fatto amicizie in paisi?»
«Ma quando mai! Non lo conosce nessuno! Esce solo di prima mattina, si fa la passiata e poi non si vede più.
Tutto quello che gli serve, dai giornali al mangiare, glielo accatta la cammarèra che di nome fa Prudenza e di cognome... Lei permette che talio nei foglietti?»
«No.»
«Va bene. Ho parlato con questa cammarèra. Le dico subito che il signor giudice è partito.»
«Sai dov'è andato?»
«Certo. A Bolzano. Lì ci ha il figlio. Maritato e padre di due màscoli. Il giudice l'estate la passa col figlio.»
«E quando torna?»
«Ai primi di settembre.»
«Sai altro?»

«Sissi. Dopo tre giorni che lui stava in questa casa a Vigàta...»
«Dov'è?»
«La casa? Proprio tra la fine di Vigàta e l'inizio di Marinella. Praticamente a mezzo chilometro da dove abita lei.»
«Va bene, vai avanti.»
«Dicevo che dopo tre giorni, è arrivato un Tir.»
«Coi mobili.»
«Ca quali mobili! Lo sa in che cosa consistono i suoi mobili? Letto, comodino, armuàr nella càmmara di letto. Frigorifero in cucina dove mangia. Non ha la televisione. Tutto qua.»
«E allora il Tir a cosa è servito?»
«A portargli le carte.»
«Quali carte?»
«Da quello che mi ha detto la cammarèra sono le copie delle carte di tutti i processi che il signor giudice ha fatto.»
«Madonna santa! Ma lo sai che per ogni processo scùvono almeno diecimila pagine?»
«Appunto. La cammarèra mi ha detto che non c'è posto, in quella casa, che non sia stipato di fascicoli, cartelle e faldoni fino al soffitto. Dice che il suo incarico principale, a parte la cucina, è quello di spolverare le carte che si riempiono continuamente di pruvolazzo.»
«Che se ne fa di quelle carte?»
«Se le studia. Mi sono scordato di dirle che tra i mobili c'erano macari un grande tavolo e una poltrona.»
«Se le studia?»
«Sissi, dottore. Giorno e notte.»
«E perché se le studia?»
«A me lo viene a spiare? Lo domandi a lui, quando torna a settembre!»
Il giudice Leonardo Attard ricomparve una matina dei primi di settembre, una matina di una giornata che si annunziava languida, anzi più che languida, estenuata.
Il commissario lo vide passiare, sempre vistuto di nìvuro come un carcarazzo, un corvo. E del corvo aveva in certo qual modo

l'eleganza, la dignità. Per un momento ebbe gana di corrergli incontro e di dargli una specie di bentornato. Poi si tenne, ma fu contento di rivederlo camminare sulla rena bagnata, sicuro, armonico.

Poi, una matina di fine settembre che il commissario stava sulla verandina a leggere il giornale, arrivò un refolo improvviso che ebbe due effetti: lo scompigliamento delle pagine del quotidiano e il simultaneo volo del cappello del giudice verso la verandina. Mentre il signor Leonardo Attard correva per ripigliarselo, Montalbano scinnì, l'agguantò e lo porse al giudice. A farli conoscere ci si era messa di mezzo la natura. Perché era inevitabile, naturale, che un giorno o l'altro quell'incontro sarebbe dovuto avvenire.

«Grazie. Attard» fece il giudice presentandosi.

«Montalbano sono» disse il commissario.

Non si sorrisero, non si strinsero la mano. Restarono un momento a taliàrsi in silenzio. Poi, reciprocamente, si fecero un piccolo inchino buffo, come i giapponesi. Il commissario tornò alla verandina, il giudice ripigliò a passiare.

Una volta avevano spiato a Montalbano quale fosse, secondo lui, la qualità di uno sbirro, la dote essenziale. Il dono dell'intuizione? La costanza della ricerca? La capacità di concatenare fatti apparentemente tra di loro estranei? Il sapere che se due più due fa sempre quattro nell'ordine normale delle cose, invece nell'anormalità del delitto due più due può anche fare cinque?

«L'occhio clinico» aveva risposto Montalbano.

E tutti ci avevano fatto sopra una bella risata. Ma il commissario non aveva avuto l'intenzione di fare lo spiritoso. Solo che non aveva spiegato la sua risposta, aveva preferito sorvolare dato che tra i presenti c'erano macari due medici. E il commissario, con "occhio clinico" aveva voluto intendere proprio la capacità dei medici di una volta di rendersi conto, a colpo d'occhio appunto, se un paziente era malato o no. Senza bisogno, come oggi fanno tanti medici, di sottoporre uno a cento esami diversi prima di stabilire che quello è sano come un pesce. Bene, nel breve scangio di sguardo che aveva

avuto col giudice, Montalbano si era di subito fatto pirsuaso che quell'omo aveva una malatia. Non una malatia del corpo, naturalmente, si trattava di qualcosa che lo maceriava dintra, che gli faceva la pupilla troppo ferma e fissa, come persa darrè a un pinsèro ritornante. A rifletterci sopra, si trattava solamente di un'impressione, certo. Ma l'altra impressione, e questa assai più precisa, fu che il giudice fosse stato in qualche modo contento d'averlo conosciuto. Certamente già sapeva, fin da quando mesi prima si era fermato davanti alla casa, senza arrisolversi se tuppiare o ripigliare la passiata, il mestiere che lui faceva.
Dopo una simanata dalla presentazione, una matina che il commissario stava nella verandina a pigliarsi il cafè, Leonardo Attard, arrivato a tiro dalla casa, sollevò gli occhi che teneva fissi sulla rena, taliò Montalbano, si levò il cappello per salutare.
Montalbano si susì di scatto e, con le mani a coppa attorno alla bocca, gli gridò:
«Se lo prende un cafè?»
Il giudice, sempre col suo passo calmo e misurato, deviò dalla rotta consueta e si diresse verso la verandina. Montalbano trasì in casa, niscì nuovamente con una tazzina pulita. Si strinsero la mano, il commissario versò il cafè. S'assittarono sulla panchetta l'uno allato all'altro. Montalbano non raprì bocca.
«Qui è molto bello» disse a un tratto il giudice. Furono le sole parole chiare che pronunziò. Finito di bere, si susì, si levò il cappello, murmuriò qualche parola che il commissario interpretò come buongiorno e grazie, scinnì sulla plaja, ripigliò la sua passiata. Montalbano capì d'avere segnato un punto a proprio
favore. L'invito a bere un cafè, sempre col solito rituale silenzioso, capitò ancora due volte. Alla terza, il giudice taliò il commissario e lentamente parlò.
«Vorrei farle una domanda, commissario.»
Stava giocando a carte scoperte, mai Attard si era informato direttamente su come Montalbano si guadagnasse il pane.
«A disposizione, giudice.»

Macari lui aveva giocato la sua carta scoperta.
«Non vorrei essere frainteso, però.»
«Difficile che mi capiti.»
«Lei, nella sua carriera, è stato sempre certo, matematicamente certo, che le persone che ha arrestato come colpevoli lo fossero veramente?»
Il commissario tutto s'aspettava, meno che quella domanda. Raprì la bocca e immediatamente la richiuse.
Non era una domanda alla quale si poteva rispondere senza pinsarci sopra. E soprattutto sotto le pupille ferme e fisse del giudice. Che tale, di colpo, era diventato.
Attard capì il disagio di Montalbano.
«Non voglio una risposta ora, su due piedi. Ci rifletta. Buongiorno e grazie.»
Si susì, si levò il cappello, scinnì nella pla ja, ripigliò la passiata. "Grazie alla minchia" pinsò Montalbano impalato addritta. Il giudice gli aveva tirato una bella botta. Nel doppopranzo di quello stesso giorno, il giudice chiamò al telefono il commissario.
«Mi perdoni se la disturbo in ufficio. Ma la mia domanda di stamattina è stata perlomeno inopportuna. Gliene domando scusa. Stasera, se non ha altro da fare, quando ha smesso il lavoro, può passare da me? Tanto è sulla strada. Le spiego dove abito.»
La prima cosa che colpì il commissario appena messo piede dintra la casa del giudice fu l'odore. Non sgradevole, ma penetrante: un odore simile a quello della paglia esposta lungamente al sole. Poi capì che era odore di carta, della carta vecchia, ingiallita. Centinaia e centinaia di grossi fascicoli erano impilati da terra sino al soffitto in robuste scansie di legno che si trovavano nelle càmmare, nel corridoio, nell'anticàmmara. Non era una casa, ma un archivio all'interno del quale era stato ricavato lo spazio minimo e indispensabile perché un omo potesse viverci.
Montalbano venne ricevuto in una càmmara al centro della quale c'erano un grande tavolo ingombro di carte, una poltrona, una seggia.

«Devo risponderle di sì» attaccò Montalbano.
«A cosa?»
«Alla sua domanda di stamattina: delle persone che ho arrestato o fatto arrestare sono, nei miei limiti, matematicamente certo della loro colpevolezza. Anche se, qualche volta, la giustizia non li ha ritenuti tali e li ha mandati assolti.»
«Le è capitato?»
«Qualche volta sì.»
«Se n'è fatto un cruccio?»
«Per niente.»
«Perché?»
«Perché ho troppa esperienza. Adesso so benissimo che esiste una verità processuale che marcia su un binario parallelo a quello della verità reale. Ma non sempre i due binari portano alla stessa stazione. Certe volte sì, altre volte no.»
Mezza faccia del giudice sorrise. La metà di sotto. La metà di sopra, no. Anzi gli occhi si fecero ancora piu fermi e freddi.
«Questo discorso è fuorviante» disse Attard. «Il mio problema è un altro.»
Con un ampio gesto, allargando via via le braccia fino a parere crocifisso, mostrò le carte che stavano torno torno.
«Il mio problema è la revisione.»
«La revisione di che?»
«Dei processi che ho fatto in tutta la mia vita.»
Montalbano avverti tanticchia di sudore sulla pelle.
«Ho fatto fare fotocopia di tutti gli atti processuali e li ho fatti trasportare qui a Vigàta perché qui ho trovato le condizioni ideali per il mio lavoro. Ho speso un patrimonio, mi creda.»
«Ma chi gliel'ha chiesta questa revisione?»
«La mia coscienza.»
E qui Montalbano reagì.
«Eh, no. Se lei è certo di avere sempre agito secondo coscienza...»
Il giudice isò una mano a interromperlo.
«Questo è il vero problema. Il nocciolo della questione.»

«Lei pensa di avere qualche volta giudicato in base a convenienze, pressioni esterne, cose così?»
«Mai.»
«E allora?»
«Guardi, ci sono delle righe di Montaigne che espongono macroscopicamente la questione. "Da quello stesso foglio sul quale ha formulato la sentenza per la condanna di un adultero" scrive Montaigne "quello stesso giudice ne strappa un pezzetto per scrivere un bigliettino amoroso alla moglie di un collega." È un esempio macroscopico, ripeto, ma contiene tanta parte di verità. Mi spiego meglio. In quali condizioni ero io, come uomo intendo, nel momento nel quale ho pronunziato una pesante sentenza?»
«Non ho capito, signor giudice.»
«Commissario, non è difficile da capire. Sono riuscito sempre a tenere distinta la mia vita privata dall'applicazione della legge? Sono riuscito sempre a far sì che i miei personali malumori, le mie idiosincrasie, le questioni casalinghe, i dolori, le scarse felicità non macchiassero la pagina bianca sulla quale stavo per formulare una sentenza? Ci sono riuscito o no?» Il sudore impiccicò la cammisa di Montalbano alla pelle.
«Mi perdoni, giudice. Lei non sta facendo la revisione ai processi che ha celebrato, ma alla sua stessa vita.»
Capì subito d'avere sbagliato, quelle parole non avrebbe dovuto dirle. Ma si era per un momento sentito come un medico che ha scoperto la grave malattia del paziente: glielo deve dire o no? Montalbano aveva istintivamente scelto la prima linea di condotta.
Il giudice si susi di scatto.
«La ringrazio d'essere venuto. Buonanotte.»
La matina appresso il giudice non passò. E non si fece vedere manco nei giorni, nelle settimane che seguirono. Ma il commissario del giudice non se ne scordò. Trascorso più di un mese da quell'incontro serale, convocò Fazio.
«Ti ricordi di quel giudice in pensione, Attard?»
«Certo.»

«Voglio sue notizie. Tu hai conosciuto la sua cammarèra, come si chiamava, te lo ricordi?»
«Prudenza, si chiamava. Come faccio a scordarmi un nome accussì?»
Nel doppopranzo Fazio si presentò a rapporto.
«Il giudice sta bene, solo che non esce più di casa. Siccome il piano sopra al suo si è fatto libero, Prudenza mi ha detto che se lo è accattato. Ora lui è diventato proprietario di tutto il villino.»
«Ci ha portato le sue carte?»
«Ma quando mai! Prudenza mi ha detto che lo vuole lasciare vacante, non intende manco affittarlo. Dice che in quel villino lui ci vuole restare solo, che non vuole fastidi. Anzi, Prudenza mi ha detto un'altra cosa che le è parsa stramma. Il giudice non ha esattamente detto che non voleva fastidi, ma rimorsi. Che viene a dire?»
Montalbano ci mise la notte intera a capire che il giudice non si era sbagliato dicendo "rimorsi" invece che "fastidi". E quando si rese conto della facenna, sudò freddo. Appena messo piede in ufficio, aggredì Fazio.
<`Voglio subito il numero di telefono del figlio del giudice Attard, quello che sta a Bolzano!»
Mezzora appresso era in grado di parlare col dottor Giulio Attard, pediatra.
«Il commissario Montalbano sono. Senta, dottore, mi spiace comunicarle che le condizioni mentali di suo padre...»
«Si sono aggravate? Lo temevo.»
«Dovrebbe venire immediatamente a Vigàta. Mi venga a trovare. Studieremo il modo per...»
«Senta, commissario, io la ringrazio per la sua cortesia, ma immediatamente proprio non posso.»
«Suo padre sta predisponendosi al suicidio, lo sa?»
«Non drammatizzerei.»
Montalbano riattaccò.
La sera stessa, passando davanti al villino del giudice, fermò, scinnì, suonò il citofono.

«Chi è?»
«Montalbano sono, signor giudice. Vorrei salutarla.»
«Mi farebbe piacere farla entrare. Ma c'è troppo disordine. Ripassi domani, se può.»
Il commissario stava allontanandosi quando si sentì richiamare.
«Montalbano! Dottore! E ancora lì?»
Tornò indietro di corsa.
«Sì, mi dica.»
«Credo d'aver trovato.»
Non ci furono altre parole. Il commissario suonò, suonò a lungo, ma non gli venne più data risposta.
L'arrisbigliò il suono insistente delle sirene delle autobotti che correvano verso Vigàta. Taliò il ralogio: le quattro del matino. Ebbe un presentimento. Così com'era, in mutande, scinnì dalla parte della verandina, si dlresse a ripa di mare in modo da avere una visuale più ampia. L'acqua era tanto ghiacciata da fargli dolere i piedi. Ma il commissario quel fastidio manco l'avvertiva: stava a taliàre, a distanza, il villino dell'ex giudice Leonardo Attard che avvampava come una torcia. Figurarsi, con tutte le carte che c'erano dintra! I pompieri avrebbero perso molto tempo prima di trovare il corpo carbonizzato del giudice. Di questo ne fu certo. Un pacco molto grosso, chiuso da un lungo pezzo di spago ripassato torno torno più volte e una busta grande vennero due giorni appresso posati sul tavolo dell'ufficio di Montalbano da Fazio.
«Li ha portati stamatina Prudenza. Il giudice, il giorno avanti che la casa pigliasse foco, glieli aveva dati perché li consegnasse a lei.»
lì commissario rapri la busta grande. Dintra c'erano un foglio scritto e un'altra busta chiusa, più piccola.
Ci ho messo tempo, ma finalmente ho trovato quello che da sempre avevo supposto e temuto. Le mando tutti gli incartamenti di un processo di quindici anni fa, in seguito al quale la corte da me presieduta condannò a trent'anni un uomo che fino all'ultimo si proclamò innocente. Io alla sua innocenza non ho creduto. Ora, dopo un'attenta revisione, mi sono reso conto che a quell'innocenza

non ho voluto credere. Perché? Se lei, leggendo le carte, arriverà alla mia stessa conclusione, e cioè che da parte mia ci fu una più o meno cosciente malafede, apra, ma solo allora, la busta che accludo. Dentro ci troverà la storia di un momento assai travagliato della mia vita privata. Forse, quel momento spiega la mia condotta di Una brava fimmina di casa quindici anni fa. Spiega, ma non giustifica. Aggiungo che il condannato è morto in carcere dopo dodici anni di detenzione. Grazie."

C'era la luna. Con una pala che si era fatto prestare da Fazio, scavò una buca nella rena a dieci passi dalla verandina. Dintra ci mise il pacco e le due lettere. Dal portabagagli della sua macchina pigliò una piccola tanica di benzina, tornò alla plaja, ne versò un quarto sulle carte, ci desi foco. Quando la fiamma s'astutò, con un pezzo di legno rimestò tra le carte, versò un altro quarto di benzina, ci ridesi foco. Ripeté l'operazione altre due volte, fino a quando fu certo che tutto fosse ridotto a cenere. Poi principiò a ricoprire la buca. Quando finì, gia l'alba faceva occhio.

«Commissario! Beati gli occhi che la vidino!» esclamò

Clementina Vasile-Cozzo isando le braccia per stringere a sé Montalbano e per ricevere il rituale, affettuoso bacio sulle guance.

«Questo dove lo poso?» spiò il commissario mostrando il pacchetto di dieci cannoli freschissimi.

«Lo dia a me. Intanto venga a conoscere la mia ex allieva e amica di cui le ho parlato per telefono.»

Si mosse spedita con la seggia a rotelle sulla quale stava inchiovata da anni, si diresse verso il salotto.

«Il commissario Montalbano. E questa è Simona Minescu.»

«La ringrazio per la sua cortesia» fece la fimmina stringendogli la mano.

Montalbano non se l'aspettava. Va' a sapiri pirchì se l'era immaginata diversa. Simona Minescu era alta, bruna, snella, grandi occhi nivuri intelligenti. Ma c'era in lei, e si vedeva da come si muoveva e da come parlava, un'ariata di brava fimmina di casa che contrastava con la prepotenza del suo fisico. A tavola, le due parlarono picca e nenti, la signora Clementina doveva avere struito la sua amica sul fatto che, mentre mangiava, Montalbano evitava di parlare e gli faceva piaciri non sentir parlare. La cammarèra della signora Clementina aveva preparato, al solito so', un ottimo pranzo, a malgrado che il commissario non gli facesse tanto sangue.

«Il cafè ce lo pigliamo in salotto» fece la signora.

Ancora non era stata detta una parola sulla ragione per la quale la signora Clementina aveva voluto la conoscenza e Montalbano principiava a sentirsi canticchia curioso.

«Contagli tutta la storia» disse la signora Clementina doppo che la cammarèra si riportò in cucina le tazzine.

«Ma il signor commissario ha tempo?» spiò la sua amica, taliàndo negli occhi Montalbano. Al quale quella taliàta non dispiacque.

«Ho tempo, tutto quello che vuole.»

«Non so da che parte principiare» fece esitante Simona Minescu.

«Allora principio io» tagliò corto la signora Clementina. «Lei ha sentito parlare dell'omicidio di Antonio Minescu che abitava a Fela?»

«No» disse Montalbano. «Suo marito?»

«Mio marito, ringraziando Dio, è vivo e vegeto. No si tratta di mio padre.»

«L'hanno ammazzato a Fela? La signora Clementina m'ha detto che lei vive a Fela.»

«È vero, ma mio padre è stato ammazzato a Roma.»

«Allora non è vero che abitava a Fela?»

«Sì, però era andato a Roma.»

«Mi perdoni una curiosità. Lei è siciliana?»

«Sì. Perché?»

«Mah, non so, con quel cognome...»

«Papà era romeno. Poi ha avuto la cittadinanza italiana. Si è sposato qui, a Vigàta, e doppo si è trasferito a Fela. Dove sono nata io.»

«Non è meglio se tu, Simona, conti la cosa a modo tuo?» intervenne saggiamente la signora Clementina.

«Ci provo. Dunque, commissario, deve sapere che mio padre era un cattolico praticante. Tanticchia bigotto, a mio modo di vedere, bonarma. Un giorno sì e un giorno no andava al camposanto a trovare la mamma, che è morta dieci anni fa. Ma ogni giorno andava in chiesa, tanto che il parroco gli aveva affidato la contabilità.»
«Che faceva suo padre?»
«Era ragioniere. Si era diplomato nel 1948, dopo quattro anni che era arrivato in Sicilia. Nel `50 ebbe un'offerta di lavoro da un commerciante di legnami di Fela. Ha accettato e ci è rimasto fino a quando è andato in pensione.»
«Viveva da solo?»
«Sì e no. Quando mamma è morta, mio marito gli ha trovato un appartamentino allato al nostro. Mangiava con noi. Era molto affezionato ai nostri due figli, Antonio, che ha quindici anni e porta il suo nome, e Mario che ne ha dieci. Stravedeva per loro, li viziava. Abbiamo macari litigato perché ha avuto la bella pensata di regalare un motorino ad Antonio. Aveva risparmiato all'osso i soldi della pensione.»
«Ma perché è andato a Roma?»
«Ecco vede, mio padre aveva un sogno: vedere il Papa. Aveva giurato a se stesso che non avrebbe perso l'occasione del Giubileo. Però, l'anno passato, gli è venuto un piccolo infarto. Una cosa da niente, ha detto il medico, bastava riguardarsi. Senonché lui s'è messo in testa che al Duemila non ci sarebbe arrivato. E ci ha indovinato, pòviro papà, ma la cosa è andata diversa da come la prevedeva lui.»
«Che età aveva?»
«Settantatre anni. Era nato nel 1925. Don Cusumano, il parroco, visto che mio padre era sprofonnato nella malinconia, gli propose un viaggio a Roma con una comitiva di parrini della provincia di Montelusa che dovevano essere ricevuti dal Papa. Lui accettò e partì felice.»
«In treno?»

«No. In puliman. Mi chiamò appena arrivato. Stava benissimo. Mi disse il nome e mi diede il numero dell'albergo dov'era alloggiato con gli altri. Mi fece macari sapere che il pomeriggio sarebbe andato in giro per Roma, sempre con la comitiva, e che la mattina appresso, alle undici, sarebbero stati ricevuti dal Papa. Mi promise che m'avrebbe telefonato dopo l'udienza. Ma quella telefonata non mi è mai arrivata.»
E questa volta non si tenne. Grosse lacrime le colarono sulla faccia.
«Scusatemi.»
La signora Clementina si avvicinò alla porta, chiamò la cammarèra, fece portare un bicchiere d'acqua. Montalbano rron sapeva dove posare gli occhi.
«Naturalmente, verso l'una, non avendo avuto notizie, telefonai io all'albergo. Mi passarono il capocomitiva, monsignor Diliberto. Era molto preoccupato e non usò mezze parole. Mi riferì che mio padre, la sera avanti, era nisciuto dall'albergo senza dire nenti a nessuno e non era più rientrato. Mi disse che aveva avvertito la polizia.
Non sapevo che fare, ero disperata. Verso le quattro di doppopranzo mi chiamò monsignor Diliberto. Non sapeva, mi disse, se la cosa che doveva riferirmi era un signale buono o tinto: fatto sta che mio padre non risultava ricoverato in nessun ospedale o istituto di carità.»
«Soffriva di amnesie, macari leggere?»
«Ma quando mai! Una memoria di ferro! Alle cinque tornò mio marito da Palermo. Io l'avevo avvertito della facenna col telefonino. È omo di decisioni rapide. Alle otto e mezzo di sira era in volo per Roma. Mio marito doveva appena essere atterrato, che mi chiamò nuovamente monsignor Diliberto. Mi disse, in modo ancora peggio del solito, che mio padre era stato trovato morto. Non mi volle spiegare altro. Riuscii finalmente a parlare con mio marito, gli contai la bella novità. La mattina appresso accattai tutti i giornali che arrivano a Fela. Seppi accussì che il corpo di mio padre era stato scoperto da un passante mezzo seppellito da scatole di cartone vicino alla stazione Termini di Roma. Alle cinque del mattino, pensi!»

«Non aveva più documenti?»
«I documenti ce li aveva tutti. Come aveva il portafoglio. Non mancava un centesimo. Manco l'orologio d'oro gli hanno pigliato.»
«E allora come mai hanno avvertito così tardi monsignor Diliberto?»
«Questo me lo spiegò mio marito al ritorno. Il passante corse dai carabinieri, i quali telefonarono prima a Fela, a casa di mio padre, senza naturalmente ricevere risposta, e poi si rivolsero ai loro colleghi della stazione locale. Due di loro vennero a casa di mio padre, suonarono senza risposta. Doppo tuppiarono macari da me, ma forse la sfortuna ha voluto che è stato quando io ero scesa a fare la spesa. Così passò la matinata. Nel doppo pranzo i due carabinieri di Fela andarono in municipio, ma trovarono gli uffici chiusi. In serata fecero l'alzata d'ingegno d'andare dal parroco. E questi gli disse come e qualmente mio padre si trovasse a Roma e diede loro il numero di telefono dell'albergo. Così si misero in contatto con monsignor Diliberto. Mio marito doppo mi contò altre cose.»
«Come l'hanno ammazzato?»
«Un colpo di pistola. Uno solo. In faccia.»
«E che le disse d'altro suo marito?»
«Che i carabinieri gli hanno fatto domande canticchia strane.»
«Vale a dire?»
«Se mio padre aveva certe tendenze. Perché dove l'hanno trovato pare che ci siano màscoli che...»
«Ho capito, lasci perdere.»
«Gli hanno macari spiato se si drogava. Capirà, un vecchio di settantatre anni! Poi hanno concluso che si era trattato di un tentativo di rapina andato a male. Mio padre deve aver resistito all'aggressione, quelli hanno perso la testa, hanno sparato e, pigliati dal panico, sono scappati senza portarsi via niente.»
«È un'ipotesi ragionevole. Suo marito è riuscito a sapere qualche cosa dei risultati, mi perdoni signora, dell'autopsia? Che so, tracce di alcol...»
«Non ce n'erano. Mio padre era astemio.»
Tutte le belle qualità, aveva quel sant'uomo!

«Ma perché se n'è uscito, invece di andarsene a corcàre come tutti gli altri?» spiò Montalbano quasi a se stesso.
«È per questo che sono qua» fece Simona Minescu.
«Oddio, signora, ma io non sono assolutamente in grado di... Mi perdoni, ma con così pochi elementi, che dico pochi...»
«Io qualcosa ho saputo» fece frisca frisca la signora Simona.
«Ah, sì? Ne ha parlato con i carabinieri?»
«No, perché avrei dovuto? Loro considerano il caso chiuso.»
«Beh, il mio collega di Fela potrebbe...»
«Sono stata io a farle il suo nome» intervenne Clementina Vasile-Cozzo.
«Crede che mi darebbero ascolto?» rinforzò Simona.
«Va bene» arrisolvette Montalbano. «Che ha saputo?»
«Quando monsignor Diliberto è tornato con la comitiva di parrini, sono andata a parlare con loro a uno a uno. Don Pignataro e don Cottone mi dissero che mentre camminavano per via della Conciliazione mio padre li pregò d'aspettarlo perché gli era venuto un bisogno urgente. Lo videro trasiri in un bar. Doppo un bel pezzo che aspettavano, incominciarono a preoccuparsi. Andarono macari loro nel bar, che era pieno di stranieri, e videro a mio padre assittato a un tavolino, tranquillo, che se ne stava a leggere un giornale. Lo rimproverarono per la maleducazione, niscirono, ma mio padre, mi dissero, pareva stonato, assente. E accussì rimase fino al momento della cena, tanto che si consigliarono tra di loro, convinti com'erano che papà non si fosse sentito bene. Decisero d'aspettare la matina appresso. Altro non seppero dirmi.»
«Questa storia potrebbe avvalorare l'ipotesi di una momentanea amnesia.»
Simona Minescu parse non averlo sentito.
«Una quarantina di giorni fa m'hanno fatto avere da Roma tutte le cose di papà. Nel taschino della giacchetta, arrotolato, c'era questo pezzetto di carta.»
Lo porse al commissario tirandolo fora da una capace borsetta.

«Vede? È un biglietto dell'Atac, non usato. L'Atac sarebbero gli autobus di Roma» spiegò, col tono d'una maestra elementare.
«Lo so» fece Montalbano tanticchia piccato.
«Mio padre ci ha scritto sopra un numero di telefono. L'ha fatto lui, non ci ho dubbio, i numeri sono come li scriveva lui. 3612472. Poi, vede, c'è un'altra cifra, il 7, un poco staccata. Come se mio padre non avesse capito bene il numero. Invece aveva inteso bene.»
«In che senso, scusi?»
«Nel senso che io ho fatto il 3612472 col prefisso di Roma e mi hanno subito risposto. È un albergo. E la vuole sapere una cosa?»
«A questo punto, perché no?» fece Montalbano coll'agrodolce.
La signora non capì l'ironia o non la volle capire.
«L'albergo è vicinissimo al posto dove è stato trovato mio padre.»
Il commissario appizzò le orecchie. La cosa si stava facendo interessante.
«Quando è accaduto il fatto?»
«Nella sera o nella notte del 12 ottobre.»
«Bene. In Questura hanno gli elenchi di tutti quelli che...»
Simona Minescu isò una mano affusolata, il commissario s'interruppe.
«Mio marito, lei non lo sa perché nessuno glielo avrà detto, ha una grossa agenzia di viaggi. E ha molti amici.»
«Non lo metto in dubbio, signora. Ma non è detto che chi va in albergo abbia per forza dovuto viaggiare tramite agenzia.»
«Certamente. Ma io avevo in mente qualche cosa di preciso.»
«Vuole spiegarsi meglio?»
«Subito, commissario. Il 7, che papà ha scritto, non significa una seconda linea dell'albergo. Mi sono informata, non ce l'hanno. Allora quel numero telefonico non è stato dato a mio padre da qualcuno: l'avrà sentito e l'ha scritto, incerto però sull'ultima cifra. E dove poteva aver sentito quel numero? Solo al bar, quando ha lasciato la comitiva. Lì deve aver inteso, o visto, qualcosa che l'ha sconvolto, come mi hanno riferito i due parrini.»

«Ha controllato le telefonate fatte da suo padre mentre era in albergo?»
«Sì. Dalle camere dell'hotel Imperia, quello dove alloggiava, si può telefonare all'esterno solo tramite centralino. Risulta solamente la chiamata fatta a me. Però a qualcun altro, prima di andare a cena, ha certamente telefonato.»
«Come fa a esserne tanto sicura?»
«Me lo disse patre Giacalone, uno della comitiva. Nella hall dell'hotel Imperia ci sono due telefoni a gettone. Patre Giacalone giura e spergiura di averlo visto a uno di questi telefoni.»
«Quindi lei ha supposto che suo padre avesse telefonato all'albergo... A proposito, come si chiama?»
«Sant'Isidoro.»
«Chiedendo di parlare con qualcuno e per fissare un appuntamento con questo qualcuno.»
«Esattamente. Ho pigliato a ragionarci sopra, su questo qualcuno. Mio padre era molto socievole, espansivo, contava a tutti quello che aveva fatto e detto. Perché ha taciuto con i parrini della comitiva su quanto aveva visto o sentito al bar? Perché era qualcosa che l'aveva sconvolto.»
«Cosa sa di suo padre?» spiò di scatto il commissario. E aggiunse: «Intendo riferirmi a qualcosa che può essergli capitato mentre era ancora in Romania. Ne sa niente?».
Simona Minescu lo taliò ammirativa.
«Lei è bravo come mi hanno detto, commissario.»
«Lei ha domandato a suo marito d'informarsi se il 12 ottobre all'albergo Sant'Isidoro alloggiava una comitiva di romeni?»
«Esattamente, commissario, e la risposta è stata affermativa.»
«Torniamo alla domanda di prima.»
«Come le ho accennato, mio padre scappò dalla Romania nel 1944, aveva diciannove anni, e, dopo aver traversato la Jugoslavia, l'Adriatico, la Puglia, la Calabria e lo stretto di Messina, si fermò a Vigàta. Non mi disse mai né perché né percome. Lui, che era sempre

così aperto, si rinserrava appena si parlava della sua vita in Romania. A me disse che la sua famiglia era stata sterminata.»
«Da chi?»
«Dagli uomini del generale Antonescu, il Primo ministro filonazista. Mio padre sfuggì all'arresto. Era nato e viveva a Deva, capoluogo della regione Hunedoara, un paese di appena sedicimila abitanti. Si conoscevano tutti, difficile nascondersi. Ma papà ci riuscì. Poi nel 1944 Antonescu venne deposto e mio padre scappò. Nemmeno del suo viaggio, che deve essere stato tremendo, mi parlò mai. Credo che volesse dimenticarsi di tutto o che il trauma subito gli avesse in parte fatto perdere la memoria. Quindi la conclusione logica era che in quel bar di Roma avesse visto qualcuno che l'ha violentemente riportato indietro nel tempo, tanto da farlo nascondere darrè a un giornale.»
«È una spiegazione logica, ma assolutamente improbabile. Dico, come possibilità. Andare a capitare proprio in quel giorno e in quell'ora, a Roma, dentro un bar qualsiasi, con un compaesano che...»
«Lei se la sente di escluderlo completamente?»
Montalbano ci pinsò su.
«Completamente, no.»
«Allora posso andare avanti senza essere pigliata per pazza. Partendo da questa supposizione, ho cercato di saperne di più. E ho fatto una cosa che qualche volta mi aveva tentato, ma non avevo osato.»
«Cioè?»
«Taliàre tra le carte di mio padre. Una cartellina unta e bisunta che teneva in un cassetto del settimanile, sotto la biancheria. C'era una fotografia sbiadita, una coppia con due bambini, uno era certamente mio padre. Gli altri dovevano essere i genitori e Carol, il fratello maggiore di un anno, macari lui trucidato. C'era la brutta copia della sua domanda di cittadinanza. Il diploma di ragioniere.
L'atto di matrimonio e l'atto di morte di mia madre. Il mio atto di nascita. E un fogliettino giallo, scritto in romeno. Diceva: "A futura

memoria. Gli assassini della mia famiglia sono Anton Petrescu, Virgil Cordeanu, Petre Lupescu e Cezar Pascaly, quest'ultimo mio coetaneo". Seguiva la frase: "Sul mio onore questa è la verità" e la firma. Se mio padre aveva scritto che Pascaly era suo coetaneo, veniva a dire che gli altri erano tutti più grandi d'età. Quindi l'unico della lista ancora in vita doveva essere Cezar Pascaly. Supplicai mio marito di fare le umane e divine cose per conoscere i nomi dei componenti della comitiva romena. Ci riuscì.»

«E naturalmente c'era quello di Cezar Pascaly.»

«No, commissario, non c'era.»

«Può aver cambiato nome, ma suo padre l'avrà riconosciuto lo stesso.»

«Macari io ho pinsato la stessa cosa. E mi dissi che, essendo impossibile ogni altra ricerca, tanto valeva accettare la spiegazione data dai carabinieri. L'indomani a matino, svegliandomi, gettai un'occhiata sulla lista dei nomi che avevo lasciata sul tavolino di cucina. Era in ordine alfabetico. Solo allora mi resi conto che avevo taliàto esclusivamente sotto la lettera P. Ricominciai dalla lettera A. E a un tratto mi trovai davanti a uno dei quattro nomi scritti da mio padre: Virgil Cordeanu, di anni settantotto, nato a Deva nel 1920. Viaggiava accompagnato dal figlio cinquantenne bn. Allora ho ricostruito così tutta questa terribile storia. In quel maledetto bar di Roma mio padre riconosce Cordeanu, uno dei carnefici della sua famiglia. In qualche modo capta il numero di telefono dell'albergo dove i suoi ex compatrioti alloggiano. Lo trascrive. Sul momento è troppo sconvolto per fare qualcosa. Dal suo albergo, prima di cena, telefona all'albergo dove sta Cordeanu, se lo fa passare. Si parlano, si danno un appuntamento.»

«Cosa pensa che suo padre volesse ottenere, incontrandolo?»

«Niente di materiale, mi creda. Sono convinta che volesse incontrano per domandargli se si fosse pentito o qualcosa del genere. Se avesse confessato il suo peccato. Credo però che all'appuntamento non sia andato Virgil Cordeanu, ma suo figlio bn.»

«Lei pensa che bn fosse a conoscenza del passato del padre?»

«Forse sì. O ne è stato messo al corrente da Virgil stesso dopo la telefonata. Comunque non ha esitato a eliminare un pericoloso testimone.»
«Pericoloso, signora? Per un vecchio di settantotto anni?»
«Beh, commissario, lei si dimentica del colonnello Priebke.»
«Ma il caso mi pare diverso.»
«Il dubbio lo ebbi macari io, però. E cominciai a pigliare informazioni. Ho scoperto così che mio padre non rappresentava tanto un pericolo per Virgil Cordeanu, ma per suo figlio bn. Mandato in galera dal governo filocomunista, poi liberato, campione della democrazia, divenuto un pezzo grosso della politica e dell'economia romene in appena dieci anni. Suo padre Virgil si è sempre tenuto nell'ombra, è riuscito a farsi scordare da tutti. Uno scandalo avrebbe certamente interrotto la brillante carriera politica di bn. Non le pare un buon motivo per ammazzare mio padre?»
Montalbano di subito non rispose. Era rimasto, affatato, a taliàre la bella signora che gli stava assittata davanti. Pensava al marito di lei: se putacaso avesse deciso di metterle un paro di corna di passata, quella in un vidiri e svidiri sarebbe venuta a conoscenza di nome, cognome, paternità, maternità, stato civile, domicilio della rivale, e per buon peso, macari quanto dichiarava di reddito. Simona Minescu arrossì leggermente sotto l'insistente taliàta del commissario, Clementina Vasile-Cozzo capì che era il momento d'intervenire.
«Che ne dice, commissario?»
«Il discorso quatra. Ma lei, signora Simona, cosa vuole precisamente che io faccia?»
«Giustizia» rispose semplicemente Simona Minescu.
«E per quello che allora fece il padre e per quello che adesso ha fatto il figlio.»
«Sarà una cosa lunga e difficile. Ma se lei mi aiuterà, ce la faremo sicuramente, egregio collega» disse Montalbano susendosi e inchinandosi profondamente.

"Salvo amato..." "Livia mia...

Boccadasse, 2 luglio

Salvo amore mio,

al telefono non sono riuscita a parlare perché ero troppo sconvolta. Qui a Boccadasse, una volta che sei venuto a trovarmi, hai intravvisto la mia amica Francesca. Di lei, a Vigàta, ti ho parlato spesso. Avrei tanto desiderato che tu l'avessi conosciuta veramente e ogni volta che venivi da Vigàta l'invitavo a casa mia, ma lei si ritraeva, inventava pretesti, riusciva (salvo in quell'unica occasione) a evitare d'incontrarti. Ho persino pensato che fosse gelosa dite. Mi sbagliavo stupidamente. Ho capito dopo qualche tempo che se Francesca non voleva venire a Boccadasse mentre c'eri tu era per delicatezza, per discrezione, aveva timore di disturbarci.

Come forse ti ho già detto, Francesca l'avevo incontrata anni fa in ufficio, lavorava al reparto legale, ed eravamo diventate rapidamente amiche, malgrado lei fosse più giovane di me. Poi l'amicizia si era mutata in affetto. Era una creatura estremamente leale e generosa, nelle ore libere si dedicava al volontariato. Non mi ha mai parlato di qualche uomo che l'avesse particolarmente interessata. Non beveva, non fumava, non aveva vizi. Insomma, una ragazza normalissima, tranquilla,contenta del suo lavoro e della vita in famiglia. Figlia unica, abitava con i genitori. Come faceva da sempre, avrebbe trascorso le vacanze con loro. Sarebbero dovuti imbarcarsi sul traghetto alle venti. Ieri mattina Francesca s'è alzata regolarmente alle sette e trenta, ha fatto colazione, ha preparato la valigia per la partenza. E uscita da casa verso le dieci e mezzo, ha detto alla madre che andava a comprare un costume da bagno e altre piccole cose. Sarebbe tornata per l'ora di pranzo. Ha portato con sé un borsone, una specie di sacca. I genitori, per mettersi a tavola, hanno aspettato a lungo. Poi hanno cominciato a impensierirsi. Hanno fatto diverse telefonate: hanno anche chiamato me, ma Francesca e io ci eravamo salutate il pomeriggio del 30. Anche io mi sono preoccupata, non solo Francesca era

puntuale e precisa, ma non avrebbe mai fatto qualcosa che potesse mettere in pensiero i genitori. Trascorsa qualche ora ho chiamato io casa Leonardi. Piangendo, la mamma di Francesca m'ha detto che non avevano ancora notizie. Allora mi sono messa in macchina e sono andata a trovarla. Appena entrata nel portone sono stata interpellata dalla portinaia ch'era stravolta. Con lei c'era un quarantenne distinto che si è qualificato come un commissario della Omicidi. Credimi, mi sono sentita mancare. In un istante, ho capito, prima che lui parlasse, che qualcosa d'irreparabile era successo a Francesca. Mi ha detto, stringendomi un braccio in una sorta di gesto affettuoso, che Francesca era morta. Aveva cominciato a dire che si era trattato di una disgrazia, quando io l'ho interrotto: «Se fosse stata una disgrazia lei non sarebbe qui. È stato uno scambio di persona, una fatalità?». Mi pareva, e mi pare, impossibile che qualcuno, intenzionalmente, avesse voluto ammazzarla. Lui mi ha guardata con attenzione e ha allargato le braccia. «Ha sofferto?»
Credevo che avrebbe evitato il mio sguardo, invece mi ha fissato deciso: «Purtroppo temo di sì». Non ho avuto il coraggio di fare altre domande. Lui però ha continuato a scrutarmi e poi, quasi timidamente, ha chiesto: «Mi aiuta?». In ascensore mi ha fatto ancora una domanda:
«Lei che fa?». Intendeva nella vita, naturalmente. E io ho risposto incongruamente, invece di dire che ero impiegata, dalla bocca mi sono uscite queste parole: «Sono la fidanzata di un suo collega siciliano». Lui allora ha dett di chiamarsi Giorgio Ligorio. Ti risparmio lo strazio della mamma e del papà di Francesca. E il mio. Ho aspettato in casa Leonardi che arrivassero gli zii di Francesca e altri amici che mi hanno dato il cambio. Sono tornata per distendermi che già era il tramonto. Alle otto di sera il telefono ha cominciato a suonare, erano amici, compagni di lavoro, conoscenti, tutti increduli. Una vera sofferenza, dover continuamente parlare di Francesca. Stavo per staccare la spina, quando il telefono ha ancora squillato. Era il commissario che avevo conosciuto nel pomeriggio (aveva voluto il mio numero). Desiderava parlarmi di Francesca, si

era reso conto, mentre era con me dai poveri signori Leonardi, della profonda amicizia che ci legava. Malgrado fossi in uno stato che ti lascio immaginare ho acconsentito a riceverlo. La polizia ha ricostruito i movimenti della mia disgraziata amica. Prima si è recata in una farmacia vicino casa per comprare un collirio e qualche altro medicinale, poi, coll'autobus (aveva la macchina, ma preferiva non guidare) ha raggiunto il centro. Qui è entrata in un negozio e ha comprato un costume da bagno. Ne voleva un altro di un colore diverso ma ne erano sprovvisti. Allora, a piedi, ha raggiunto un secondo negozio dove ha comprato il costume che desiderava. Tutto questo l'hanno potuto ricostruire attraverso gli scontrini che hanno trovato nella sacca assieme ai medicinali e ai costumi. Nella sacca c'era tutto: documenti, portafoglio (con circa quattrocentomila lire), rossetto. Insomma, l'assassino non si è impossessato di niente, è escluso per la polizia che possa essere un ladro o un drogato in cerca di soldi per la dose. Non c'è stato nemmeno un tentativo di violenza carnale, i suoi indumenti intimi, sia pure imbrattati di sangue, erano in ordine. Ad ogni modo, l'autopsia chiarirà i particolari. Ha voluto conoscere le abitudini, gli interessi, le amicizie di Francesca. A un certo momento mi sono resa conto che ancora non sapevo alcune cose dell'omicidio né che lui me ne aveva parlato. «Dove è avvenuto?» Mi ha detto che il corpo è stato ritrovato nel bagno di una scuola privata serale, la Mann, che Francesca aveva frequentato fino a una decina di giorni fa per impararvi il tedesco. La scuola però aveva terminato i corsi il 25 del mese scorso e risultava chiusa per le ferie estive. Ligorio mi ha spiegato che Francesca è entrata nella scuola (occupa i tre piani di una villetta con un piccolo parco) perché ha trovato sia il cancello sia il portone aperti in quanto c'erano degli operai che stavano effettuando lavori di ristrutturazione. Nessuno del personale amministrativo era presente, tutti già in ferie. Francesca deve essere arrivata alla Mann poco dopo mezzogiorno: in quel momento i quattro operai erano nel retro della villetta, dove c'è un gazebo, a consumare il pasto di mezzogiorno. Non hanno perciò potuto vedere Francesca entrare e salire fino al bagno del terzo piano dove ci sono gli uffici e non le aule. A questo punto il commissario m'ha chiesto se Francesca poteva aver dato appuntamento a qualcuno all'interno della scuola, magari a qualche compagno o compagna di corso. Io gli ho risposto che non mi pareva probabile, anche perché avevo saputo dalla mia amica che l'istituto era chiuso. M'è venuta però un'idea e ho domandato quanto distasse la Mann dall'ultimo negozio nel quale Francesca era andata. M'ha risposto che non distava più di un centinaio di metri. Allora, vergognandomene un poco, ho rivelato a Ligorio una singolare fobia di Francesca: le era impossibile usare il bagno di un posto se non avesse prima frequentato quel posto per qualche giorno. Insomma, era impossibilitata a servirsi dei bagni dei bar,dei ristoranti, dei treni. Tutto questo, mi aveva rivelato una volta, le procurava un acuto disagio, ma era fatta così, non ci poteva far niente. Ho avanzato l'ipotesi che Francesca, passando davanti al cancello dell'istituto, l'abbia visto aperto. E entrata, è salita al terzo piano dove c'era il bagno meno frequentato (e data la chiusura estiva assolutamente solitario) e lì ha incontrato il suo assassino. Ligorio si è mostrato colpito da questa ipotesi. Dopo un poco se ne è andato. E io ho cominciato a scriverti

E questa lettera che qui interrompo. I giornali dovrebbero già essere in edicola. Sento molto freddo, malgrado che la giornata, di primissimo mattino, si presenti serena e, credo, calda. A fra poco.

Caro Salvo,

sono le nove del mattino, riprendo a scriverti ora che mi sento un pochino meglio. Sono stata molto male. Appena ho comprato i giornali, non ho resistito a leggerli lì stesso, davanti all'edicola. Non sono riuscita a terminare il primo articolo. L'edicolante m'ha vista barcollare, è corso fuori, mi ha dato la sua sedia. I particolari sono orribili. Francesca è stata selvaggiamente colpita da non meno di una quarantina di coltellate, si è difesa come dimostrano certe particolari ferite delle mani, deve avere gridato, ma tutto è stato

inutile. Non me la sento di scriverti altro. Ti mando, attraverso un'agenzia, lettera e ritagli. Domani riceverai tutto. Telefonami.
Con tanto amore,
Livia,

Vigàta, 5 luglio.

Livia mia,
ieri sera, al telefono, da quello che mi hai detto ho capito che le prime indiscrezioni sull'autopsia hanno in certo qual modo reso meno lugubri i colori dell'insieme, pur lasciando intatto l'orrore. Non è stata violentata e quasi certamente l'assassino non ne aveva manco l'intenzione. Il fatto poi che la vescica fosse completamente vuota (scusami la necessità del dettaglio) avvalora la tua ipotesi: Francesca, trovato insperatamente aperto il cancello dell'istituto, è salita al terzo piano del villino dove sapeva esserci un bagno per lei più accettabile. E qui ha fatto un imprevisto incontro mortale. Ho seguito attentamente in televisione e sulla stampa tutte le notizie sul caso. Non me lo domandi espressamente, ma ho capito il tuo desiderio: vorresti che m'occupassi del delitto. Forse sopravvaluti le mie capacità. Sapere da chi e perché Francesca sia stata assassinata significherebbe, per te, riportare qualcosa che t'appare insensata e assurda, e perciò tanto più insopportabile, entro i limiti rassicuranti del "capire". Ed è solo per aiutarti in questa direzione che faccio alcune considerazioni generali. Perdona la freddezza, perdona le parole che userò: un'indagine non può tenere in nessun conto offese alla sensibilità o alle buone maniere. Ieri sera mi hai detto che il mio collega Ligorio, che ha voluto rivederti, ti ha domandato se tu m'avessi scritto o parlato dell'assassinio di Francesca e, alla tua risposta affermativa, voleva sapere cosa ne pensassi. Tu dici che nel tono delle sue parole hai colto come una richiesta di collaborazione. O che almeno la mia collaborazione non gli sarebbe stata sgradita. Sei certa di non prestare a Ligorio un desiderio che è solamente tuo? Mi sono informato: il mio collega è giovane, intelligente,

capace, giustamente stimato. Ad ogni modo, eccomi a tua disposizione per quel poco che posso fare.
Verso mezzogiorno e dieci, o pressappoco, quando i quattro operai che lavorano nel villino si sono trasferiti nel gazebo per la pausa-pranzo che inizia alle dodici, Francesca varca il portone non vista, sale le scale (mi pare d'aver capito che non c'è ascensore) senza incontrare nessuno, entra nel bagno femminile che è vuoto, si chiude nel camerino. Il locale è composto di due vani: un antibagno spazioso con il lavabo e un apparecchio a emissione d'aria calda per asciugarsi le mani (ho visto le immagini in tv) e un camerino con la tazza, munito di una porticina che può chiudersi dall'interno. Francesca rimane nel camerino il minimo indispensabile (un paio di minuti al massimo) e quindi fa due cose contemporaneamente: aziona lo sciacquone e apre la porta. Se avesse azionato lo sciacquone prima d'aprire la porta, quei pochi secondi le avrebbero probabilmente salvato la vita. Perché, e di questo sono quasi certo, come Francesca ignora che qualcuno è nel frattempo entrato nell'antibagno, così l'assassino (che ancora non sa di doverlo diventare) ignora che lì dentro c'è una persona. Se avesse sentito il rumore dell'acqua che scendeva, forse sarebbe scappato via o non sarebbe nemmeno entrato nell'antibagno. Invece rimane per un istante paralizzato nel veder comparire dal nulla una persona. E anche per la tua povera amica la sorpresa non deve essere stata da meno. Alcuni giornalisti hanno avanzato l'ipotesi di un maniaco che, avendo per caso incontrato Francesca in strada,l'abbia seguita e, di fronte alla disperata resistenza della ragazza, l'abbia uccisa. A parte il fatto che non è risultato alcun tentativo di violenza (mutandine e reggiseno non hanno segni di strappo, solo tagli dovuti al coltello), que- sta ipotesi non regge di fronte all'assoluta casualità della scelta di Francesca: che l'istituto non fosse in quei giorni in piena attività lei lo sapeva, ma non poteva saperlo il maniaco. Il quale, appena dentro il villino, avrebbe immediatamente aggredito la vittima senza darle il tempo d'arrivare fino al terzo piano, aspettare pazientemente che avesse soddisfatto il bisogno e quindi assalirla.

Ma via! C'erano aule e locali vuoti a ogni piano! Un maniaco sa d'avere poco tempo a disposizione, può sempre arrivare qualcuno e costringerlo ad abbandonare la preda. No, l'ipotesi del maniaco non quadra. L'assassino, a parer mio, è qualcuno che la tua amica conosceva, sorpreso a fare qualcosa che non doveva. E quello che lei gli ha visto fare (o che stava per fare) avrebbe costituito per lui, se saputo in giro, un danno irreparabile. Vedi, Francesca è stata colpita da oltre quaranta coltellate, ha ferite alle mani provocate dal tentativo di parare la lama, molti colpi risultano inferti dopo la morte. Francesca deve avere disperatamente gridato, ma l'assassino ha continuato a infierire implacabile, quasi con odio. È la tipologia del delitto passionale, però nel nostro caso l'assassino si accanisce sulla ragazza, ne fa scempio, per un altro impulso passionale: l'odio, cioè, verso chi lo sta costringendo a diventare un assassino.
Ancora: l'arma usata, dicono, dovrebbe essere un coltello lungo una trentina di centimetri e largo poco meno di due. Date le dimensioni, mi viene più da pensare a uno stiletto affilato ai due lati che a un vero e proprio coltello. Inoltre, poiché il delitto non è stato commesso in una casa adibita ad abitazione, nella cui cucina si sarebbe potuto trovare un oggetto del genere, ne consegue che l'omicida aveva l'arma con sé. Ma se Francesca non è stata uccisa da un maniaco (che potrebbe portarsi appresso un'arma simile per ridurre al silenzio la vittima dopo averne abusato), allora cosa ci può essere di tanto simile a uno stiletto all'interno di un istituto scolastico? Io lo so cosa può essere, ma vorrei che Ligorio arrivasse da solo alla medesima conclusione. Altra considerazione: di sicuro l'assassino si sarà macchiato abbondantemente di sangue i vestiti che indossava. Le immagini che ho visto mostrano sangue dappertutto, sulle pareti e per terra. In quelle condizioni, e a quell'ora, l'omicida non sarebbe potuto scendere in strada senza essere notato. Si sarà certamente trovato nella necessità di cambiarsi il vestito. E l'ha fatto,portando via con sé gl'indumenti macchiati. Ma ammessa e concessa questa possibilità, dove si è cambiato? Non certo nell'antibagno. In un ufficio vuoto? Come mai

allora non risultano nel corridoio orme di suole sicuramente imbrattate di sangue? O forse risultano e la polizia non ha voluto comunicare questo dato importante?
Livia cara, i miei ragionamenti al momento si fermano qui. Se lo credi opportuno, riferisci tutto a Ligorio.
Vorrei tanto, in questo momento, che fossimo vicini.Tu però non te la senti ancora di lasciare i genitori di Francesca e io sono incatenato a Vigàta da un'inchiesta che mi sta facendo penare e della quale, al momento, non intravvedo la soluzione.
Che ci vogliamo fare? Portiamo pazienza, come molte altre volte.
Con tanto amore,
Salvo
Seguo il tuo esempio e spedisco questa lettera tramite agenzia.

Boccadasse, 8 luglio

Salvo amato,
ho rivisto ieri sera Giorgio Ligorio. Gli ho riferito, papale papale come dici tu, quello che mi hai scritto. M'è parso che se l'aspettasse. Qualche tua osservazione se l'è fatta ripetere, interessatissimo. Conferma quello che tu hai supposto, l'arma è affilata ai due lati, è un vero e proprio stiletto. Anche lui è del parere che l'assassino sia stato costretto a cambiarsi d'abito. Ma come ha fatto? Dove l'ha fatto? Se l'assassinio è stato del tutto casuale, come mai l'omicida se ne andava in giro con camicia, giacca e pantaloni di ricambio? E dove ha preso l'arma del delitto? Se la portava appresso, certamente.
Se le cose stessero veramente così, dice Ligorio, allora ci troveremmo di fronte a un omicidio premeditato. Molti fatti però sono contro questa tesi. Ho avuto l'impressione che Ligorio sia in alto mare. In quanto alla tua domanda su eventuali orme di suole macchiate di sangue, Ligorio mi ha rivelato che l'assassino, commesso il delitto, ha accuratamente lavato il pavimento del corridoio, usando uno straccio e un catino che erano in bella vista accanto alla porta del bagno. Se ne era servito, nella prima

mattinata, il custode; c'è molta polvere in giro per i lavori in corso. È stata però, malgrado la ripulitura, rinvenuta, proprio dove il pavimento fa angolo col muro, l'orma molto confusa di un piede nudo. Che però va verso il bagno. Uno degli operai ha ammesso di avere lavorato un giorno senza la scarpa destra, gli si era gonfiato il piede perché gli era caduto sopra un pezzo di ferro. Dell'episodio hanno dato conferma i compagni.
Ma tutti e quattro gli operai affermano di non avere mai avuto occasione d'andare nel bagno femminile. Loro usano quello maschile che è proprio nel lato del corridoio dove stanno lavorando. Per renderti la situazione più chiara: il corridoio del terzo piano, quello sul quale si affacciano gli uffici, la biblioteca e i due bagni, ha esattamente la forma di una "L" maiuscola. Al bagno femminile si accede dall'ultima,porta del lato più lungo, a quello maschile dall'ultima porta del lato più corto. Qui stanno facendo il loro lavoro gli operai (abbattono due tramezzi per ottenere un grande salone). Tieni presente che la scala d'accesso al piano è situata a metà del lato più lungo. Quindi, anche se gli operai fossero stati al lavoro, potrebbero egualmente non aver visto arrivare Francesca, ma in questo caso però avrebbero certo udito le sue grida, anche perché non usano attrezzi particolarmente rumorosi. Ligorio mi ha spiegato pure, con tutti i dettagli, come il delitto è stato scoperto. Assolutamente per un caso. Se questo caso non si fosse verificato, la povera Francesca sarebbe rimasta in quell'orrendo posto chissà per quanto tempo, forse fino alla riapertura degli uffici alla fine d'agosto (i corsi invece cominciano a ottobre). L'assassino, prima di lasciare il luogo del delitto, si è lavato convulsamente le mani, spargendo molta acqua sul pavimento, in prossimità del lavabo infatti il sangue e l'acqua si sono mischiati. Si è però dimenticato di chiudere il rubinetto. Il guardiano, rimasto in servizio con il compito d'aprire l'istituto alle sette del mattino e di richiuderlo alle diciotto dopo l'uscita degli operai, è arrivato in anticipo, alle quindici e trenta. Voleva consegnare le chiavi al capo-operai avvertendolo che della chiusura serale e della riapertura del giorno seguente lui non

avrebbe potuto occuparsene perché la moglie era stata ricoverata in ospedale. Arrivato in cima alle scale del terzo piano, il guardiano ha udito distintamente lo scorrere dell'acqua del lavabo nel bagno femminile. Siccome al mattino aveva riempito il catino per le pulizie, ha pensato d'essere stato lui stesso a dimenticarlo aperto. E entrato, ha visto il corpo di Francesca, si è messo a urlare, incapace di fare un passo. Allora sono corsi gli operai. Uno di loro ha dato una spallata alla porta della Direzione, ch'era chiusa a chiave, e ha telefonato alla polizia. Ti ho riferito tutto quello che mi ha detto il tuo collega che mi sembra una persona a modo e molto, molto intelligente. Ha la mia stessa età. Tu continua a riflettere su questo delitto che mi ha lasciata affranta.

La mamma di Francesca sta molto male, ha bisogno di continue cure: la sera viene un'infermiera a darmi il cambio. Il padre mi sembra inebetito: continua a fare le sue cose come se nulla fosse accaduto, ma si muove in un modo molto strano, lentissimamente.

Mi dispiace che la nostra vacanza, da tempo programmata, sia finita così. Del resto anche tu sei impossibilitato a muoverti. Pazienza.

Ti telefonerò stanotte. Ti bacio con tanto amore

Livia

Proprio non ce la fai a venire? Nemmeno per un giorno? Mi manchi.

Vigàta, 10 luglio

Livia mia,

credo di avere adesso un quadro chiaro di ciò che è accaduto. Il fatto è che troppo a lungo mi sono lasciato fuorviare da un falso problema: come ha fatto l'assassino ad andarsene in giro con i vestiti vistosamente macchiati di sangue senza essere notato da nessuno? Tutti, con questo caldo che ci cuoce, indossiamo vestiti chiari e leggeri; inoltre è impensabile che l'assassino avesse un impermeabile col quale coprire in parte l'abito imbrattato.

A mettermi sulla strada giusta è stata l'orma del piede nudo semicancellata, quella che andava verso il bagno. Se Ligorio ha interrogato in proposito gli operai vuol dire che si trattava inequivocabilmente di un piede maschile. Inoltre c'è il fattore tempo. L'assassino ammazza Francesca impiegandoci qualche minuto, si lava (non solo le mani, come ti dirò appresso), poi lava accuratamente il corridoio. Inoltre non si preoccupa più di tanto delle disperate grida della vittima. Perché ha sentito la necessità di lavare solo il corridoio e non l'antibagno? Non tanto, a mio parere, per cancellare le tracce del suo passaggio, quanto piuttosto per impedire agli investigatori di seguire il percorso delle tracce stesse. Se è vera questa mia ipotesi, le tracce non possono che portare dal bagno a uno degli uffici che sul corridoio si aprono. Quindi l'omicida è uno degli impiegati dell'istituto che conosce benissimo la durata della pausa-pranzo degli operai. Sa di avere un'ora per agire indisturbato. Ma perché ha ucciso? Azzardo. C'è un impiegato che approfitta della pausa-pranzo per ricevere, di nascosto da tutti, qualcuno col quale ha una relazione. Dico qualcuno e non qualcuna a ragion veduta: l'orma nel corridoio è quella di un uomo. Quel maledetto giorno l'impiegato dell'istituto riceve il suo amico. Sicuramente l'ha già fatto in precedenza e la cosa, fino a quel momento, ha funzionato. Fa molto caldo, si chiudono dentro l'ufficio, si spogliano. A un certo momento tra i due certamente avviene qualcosa (un litigio? un gioco erotico?) in seguito al quale l'amico apre la porta dell'ufficio e corre nudo per il corridoio verso il bagno femminile. L'impiegato, anche lui completamente nudo, lo insegue brandendo un tagliacarte (lo stiletto). Quando i due sono nell'antibagno, compare, a sorpresa, Francesca. La tua amica certamente conosce l'impiegato e rimane paralizzata dalla sorpresa. E un attimo: terrorizzato di essere stato scoperto (si vede che teneva rigorosamente nascosta la sua omosessualità, rispettoso di una borghese idea di "decoro"), l'impiegato perde letteralmente la ragione e colpisce Francesca d'istinto. L'amico intanto scappa via, ritorna nell'ufficio, fugge. L'impiegato continua a infierire sulla vittima, Francesca grida ma l'uomo sa che nessuno può sentirla. Quando ha dato fondo al suo odio, si lava accuratamente tutto il

corpo (ecco perché tanta acqua caduta fuori dal lavandino), ripercorre il corridoio, torna nell'ufficio, indossa i vestiti.
Qui è dove avevamo sbagliato: nel supporre che l'assassino avesse adoperato un abito di ricambio.Una volta vestito, cancella le orme nel corridoio, esce tranquillamente dall'istituto e chi s'è visto s'è visto. Possibile che Giorgio Ligorio non sia arrivato alle mie stesse conclusioni? O desidera solo avere una mia conferma? Scusami, amore mio, se sono stato troppo sbrigativo e burocratico con questa mia. Ma quella maledetta inchiesta mi ruba tutto il tempo.
Vorrei tanto essere con te nella tua casa di Boccadasse e tenerti stretta. Come stanno i genitori di Francesca?È l'una di notte, ti scrivo seduto nella verandina, c'è la luna e il mare è una tavola. Quasi quasi mi faccio un bagno.
Ti bacio con tanto amore
Salvo

Boccadasse, 13 luglio

Salvo amato,
come certamente avrai saputo dalle televisioni e dalla stampa hai fatto centro. Giorgio nel frattempo era arrivato alle tue stesse conclusioni. L'assassino è Giovanni De Paulis, direttore amministrativo dell'istituto. Insospettabile, pignolo, severissimo. Ora mi ricordo che Francesca m'aveva detto che era soprannominato "l'austero Giovanni". Il suo partner di quel tragico giorno è un ragazzotto noto negli ambienti. Si è dato alla fuga, ma Giorgio mi ha detto che è questione di ore e lo prenderanno. Sono molto triste, Salvo mio, molto triste perché la mia amica è morta per mano di un imbecille, dentro una storia squallida. Tra l'altro, Francesca era conosciuta per la sua estrema riservatezza, mai avrebbe fatto parola delle inclinazioni sessuali del direttore amministrativo. La mamma di Francesca sta un pochino meglio.
Ora però sono io a risentire della tensione di queste terribili giornate. Fortunatamente Giorgio mi è stato molto vicino e ha

tentato in tutti i modi di rendere meno pesanti le mie ore. Non puoi proprio venire? Ti bacio con tanto amore
Livia

Giorgio? Ma come, lo chiama Giorgio?! Fino a due giorni fa era il commissario Ligorio e ora gli dà del tu? E che mmchia! E che viene a significare che la consola?
TI HO INUTILMENTE CERCATA PER TELEFONO COMUNICOTI AVERE BRILLANTEMENTE RISOLTO CASO CHE M'IMPEGNAVA SARÒ DOMANI AEROPORTO GENOVA ORE 14 BACI
SALVO

La traduzione manzoniana

«Dottori, gli sponzàli tutti si fottèrono!» fece al telefono la voce agitata di Catarella. Montalbano taliò intordonuto il ralogio, erano le sette del matino. Aveva passato una nottata piena d'incubi terribili (in una specie di Star Trek casereccio, tra l'altro, veniva promosso capo della polizia interplanetaria) a causa delle sarde a beccafico sbafate indecentemente la sera avanti e perciò non si poteva dire che funzionasse al meglio. Non aveva capito niente di quello che gli aveva detto l'altro che ora si era preoccupato per il silenzio del suo superiore:
«Dottori, che fece, si ne andò?»
«No, Catarè, ancora qua sono. Cerca d'essere tanticchia più chiaro.»
«Più chiaro d'accussì? Se vole, ci arripeto parola pi parola quello che ci dissi: gli sponzàli...»
«Lascia perdere, Catarè. Telefona al dottor Augello o a Fazio e contagli la cosa. Ci vediamo più tardi.» Riattaccò, ma il sonno era irrimediabilmente perso. Si susì dal letto, taliò fora dalla finestra. Una giornata chiara come Dio comanda. Si mise i pantaloncini. Scinnì dalla verandina, percorse a lento la spiaggia, trasì in acqua. Per poco non gli venne un sintòmo, era ghiacciata. Però lo fece addiventare lucido di testa. La misteriosa telefonata di Catarella gli tornò a mente verso mezzogiorno e gli fece venire curiosità. Chiamò

Mimì Augello.
«Mimì, tu ne sai niente di matrimoni andati a puttane?»
«Perché tu no? Non passa giorno che non c'è una coppia che conosciamo che si lascia. Ti ricordi di...»
«Mimì, non parlavo di questo. Sai perché stamatina Catarella m'ha telefonato? Non ci ho capito niente.»
«Con me Catarella non ha parlato. Ti mando Fazio.»
«Fazio, per caso stamattina Catarella ti ha cercato?»
«Sissi, dottore. Una minchiata.»
«Non ne dubitavo. Dimmi.»
«Stamatina presto il signor Crisafulli, che è impiegato all'anagrafe, tornando a casa dopo essere andato a fare la spesa, ha visto che la bacheca allato al portone del municipio non c'era più.»
«Embè? Qualche impiegato l'avrà tirata dentro.»
«Nonsi, dottore, è la bacheca degli avvisi matrimoniali. Deve restare sempre esposta, giorno e notte, per il periodo stabilito dalla legge.»
«Fammi capire meglio.»
«Dottore, quando due si vogliono maritare, vanno in municipio e l'ufficiale di stato civile fa una specie di atto, che si chiama pubblicazione, e l'espone nella bacheca. Così tutti sanno del matrimonio e se ci sono cose contrarie le possono dire a tempo debito. Se la pubblicazione non resta esposta quanto deve, il matrimonio non si può fare nella data stabilita. Bisogna riscrivere daccapo l'atto, ma ci vuole il permesso del giudice.»
«Ho capito. Forse. Ma perché hai detto che si tratta di una minchiata?»
«Perché accussì è, in sostanza. Al massimo ci sarà qualche ritardo, ristabilire la data, rifare gli inviti... Un grosso disturbo, ma un danno leggero. E stata una bravata, dottore, di qualche picciottazzo che si era fatto troppe canne.»
Per andare alla trattoria San Calogero doveva per forza passare davanti al municipio, un edificio che aveva una specie di porticato con otto colonne. Taliò verso il portone d'entrata e vide che allato c'era una bacheca con alcuni fogli appuntati. Si avvicinò per

leggerne qualcuno e in quel momento niscì il signor Crisafulli che andava a casa per la pausa-pranzo. Si conoscevano.
«Tutto a posto?» spiò Montalbano indicando la bacheca.
«Sì, commissario. Mi sono fatto una corsa a Montelusa e il giudice ha dato subito l'autorizzazione a esporre la copia. Per fortuna le pubblicazioni erano solamente nove, non è più tempo di matrimonio, comincia a fare troppo càvudo.»
«Mi levi una curiosità: queste nove coppie si sarebbero dovute maritare tutte nello stesso giorno?»
«Ma no! Ogni atto ha la sua data e quindi una scadenza diversa.»
«Un'ultima domanda e la lascio andare a mangiare. Se il giudice non avesse dato subito il permesso della duplicazione, che cosa sarebbe successo?»
«Che avremmo dovuto riconvocare i promessi sposi e rifare gli atti ex novo. Un ritardo di almeno una simanata.»
Il giorno appresso il commissario rifece la stessa strata per andare a mangiare in trattoria, la cammarèra Adelina era malata d'influenza e così non gli poteva lasciare i piatti già preparati nel frigo o nel forno. Passando, taliò sotto il porticato del municipio, la bacheca stava lì, nessuno l'aveva toccata durante la nottata. Si convinse che Fazio aveva avuto ragione: una bravata di picciottazzi `mbriachi di vino e d'erba.
Dovette ricredersi due ore doppo quando s'appresentò nel suo ufficio Galluzzo che voleva parlargli privatamente.
«Si tratta di una cosa di mio nipote.» La moglie di Galluzzo stravedeva per questo nipote sedicino, Giovanni, che non aveva gana di fare altro se non correre in motorino coi suoi compagnuzzi, spinellare, e quindi mettersi a taliàre per ore il basolato. Galluzzo, al contrario della mogliere, non lo sopportava.
«Ha combinato qualche guaio?» spiò Montalbano.
«Nonsi, dottore. Ma mi disse una cosa curiosa. Oggi il signorino si è degnato di venire a mangiare dalla zia che trova sempre modo d'infilargli in sacchetta la cinquantamila. Stavo contando a mia mogliere la facenna della bacheca, dicendo che a mio giudizio erano

stati i compagnuzzi di Giovanni a fare la spirtizza, quando lui ha detto che le cose non stavano accussì. "E come stanno?" gli ho spiato io. Allora lui mi ha contato che l'altra notte è stato l'ultimo a lasciare la piazza davanti al municipio. Potevano essere le due. Era già arrivato col motorino sotto casa sua, quando si è ricordato d'avere lasciato le sigarette sulla panchina. E tornato indietro. Ha visto uno che aveva appena finito di staccare la bacheca e la stava infilando dintra a una macchina.»
«Uno?»
«Sissignore, uno. Un cinquantino, un omo grosso. Si mise in macchina e partì.»
«Ha visto la targa?»
«Non se la ricorda.»
«Perché non è venuto lui a contarmi la storia?»
«Lasciamo perdere» disse Galluzzo.
Sospirò, fece una pausa e aggiunse: «Un giorno o l'altro ci viene, in commissariato. In manette».
E allora: se un cinquantino va a rubare la bacheca esposta, viene a dire che ha le ragioni sue per farlo, non si tratta di un momentaneo firticchio.
«Senti, Galluzzo, mi devi fare un favore. Fatti dare a nome mio dal signor Crisafulli nove stampati di pubblicazione in bianco e mi fai una copia precisa degli atti esposti.»
Dopo un due orate di paziente travaglio, Montalbano arriniscì a fare una specie di specchietto riassuntivo delle pubblicazioni che gli aveva portato Galluzzo. Gaetano Palminteri, di anni cinquanta, avrebbe impalmato in seconde nozze, perché vedovo, Teresa Gamberotto, di anni diciannove ("e queste sono corna assicurate"); Gerlando Cascio, di anni trenta, si sarebbe maritato con Ulrike Roth, tedesca, di anni ventotto ("lui, emigrato, invece di portare i soldi a casa ha preferito portarci una mogliere forastera"); Alfonso Serraino, di anni trentadue, con Filippa Di Stefano, di anni quaranta, vedova ("questa si scanta a corcarsi da sola nel letto"); Matteo Interdonato, di anni sessantasette, con Marianna Costa, di anni

sessantacinque ("vuoi vedere che è vero che il cuore non invecchia mai?"); Stefano Capodicasa, di anni trenta, con Virginia Umile, di anni ventotto ("se non hai una mogliere virginea e umile come fai a essere capo di casa?");Còsimo Pillitteri, di anni quarantacinque, vedovo, con Agatina Tuttolomondo, di anni quarantacinque ("lui è rimasto vedovo e si è nuovamente accasato, macari per i figli"); Salvatore Lumia, di anni trenta, con Djalma Driss, tunisina, di anni ventotto ("fate un sacco di figli accussì finisce sta camurria di razzismo"); Alberto Cacòpardo, di anni ventinove, con Giovanna La Rosa, di anni venticinque ("niente da eccepire"); Davide Cimarosa, di anni trenta, con Donatella Golia, di anni trenta ("e come? Davide invece d'ammazzare Golia ci si marita?"). L'elenco era finito e il commissario si vrigognò d'avere commentato i matrimoni pensando a delle minchiate. Di tutta la lista, due erano i casi che saltavano all'occhio: quello del cinquantino Palminteri che si maritava con una picciotta che aveva trentun anni meno di lui e quello della vidova Di Stefano che si pigliava un giovane con otto anni di meno.

«Salvo, ma tu hai una mentalità di vecchio!» scattò Mimì Augello quando Montalbano gli riferì il risultato della sua ricerca. «Chi ti dice che un matrimonio tra un omo e una fimmina con una certa differenza d'età deve per forza finire male o nascondere chissà che? E poi, perché te la sei pigliata accussì seria per questa facenna della bacheca?»

«Perché un adulto non la fa scomparire senza una ragione precisa.»

«Va bene, ma se il signor Crisafulli ti ha spiegato che la cosa sostanzialmente non avrebbe avuto effetto pratico!»

«Talia la facenna da un altro punto di vista, Mimì. Chi ha fatto scomparire la bacheca, secondo mia, ha voluto significare qualche cosa.»

«A tutte e nove le coppie?»

«No, a una solamente. O macari solo a lui o solo a lei. Ma se avesse rotto il vetro e si fosse portato via l'unico atto che l'interessava, scoprire il perché ci sarebbe stato più facile, come se ci avesse

messo la firma. E così ha dovuto portarsi appresso la bacheca intera.»
«E che voleva significare?»
«È la traduzione in siciliano di una frase che trovi nei Promessi sposi. L'hai mai letto?»
«L'ho studiato a scuola e m'è bastato» fece Mimì taliàndolo ammammaloccuto. «E quale sarebbe la frase?»
«Questo matrimonio non s'ha da fare.»
Ma quale dei nove? Questo era il busillisi. Tanto per dare una logica all'inchiesta, decise di seguire l'ordine cronologico delle scadenze, di principiare cioè da quelli che correvano pericolo più immediato, sempre che ci fosse stato pericolo. Convocò Fazio, Gallo e Galluzzo.
«Avete quattro giorni di tempo. Poi mi dovete riferire tutto su queste prime sei persone che si maritano.» Consegnò loro gli atti di pubblicazione.
«Ognuno si pigli l'incarico di una coppia. Decidete voi.»
«Ma che vuole sapere, precisamente?» spiò Fazio a nome degli altri.
«Chi sono. Se hanno precedenti di qualsiasi tipo. Perché si maritano. Che cosa si dice in paisi di ognuno di loro e del matrimonio. Voglio sapere tutto, macari le chiacchiere, macari se hanno avuto la scarlattina.» Quando lo seppe, Mimì Augello sghignazzò.
"Il fatto è" pinsò "che lui vuole sapiri il perché uno si marita. Accussì, forse, trova la forza di farlo con Livia." Ma si guardò bene dal dirlo a Montalbano.
Quattro giorni appresso, il primo a venirgli a contare il risultato delle sue indagini fu Galluzzo.
«Dottore mio, che le devo dire? A mia pare una cosa normalissima. Questo Còsimo Pillitteri tutti dicono che è una bravissima pirsona. Vende pesci al mercato, due anni fa è arrimasto vidovo perché la mogliere gli è morta di tumore. Ha due figli màscoli, uno di dieci e uno di otto anni e lui non ci può abbadare... Perciò si marita con Agatina Tuttolomondo, una fimmina di casa che era amica della mogliere. Non mi pare che c'è niente di strammo.» Questo il commissario l'aveva già pinsato quando faceva l'elenco delle coppie.

E si congratulò con se stesso per l'intuizione. Invece una smentita alle sue acide supposizioni l'ebbe dal rapporto di Fazio.
«Questa Filippa Di Stefano, vidova e quarantina, è vero che si marita con Alfonso Serraino che ha otto anni meno di lei. Ma, commissario, la facenna non è come a uno gli viene subito di pinsare.»
«Tu che avevi pinsato?»
«La vidova ricca che s'accatta l'omo picciotto.»
«E invece?»
«Commissario, Alfonso Serraino, per un incidente d'auto capitato una decina d'anni passati, è ad diventato paralitico, è inchiovato sopra a una carrozzina a rotelle. Ci dava adenzia so' matre, ma capitò che la matre...»
«Basta così» disse Montalbano domandando mentalmente scusa alla vidova Di Stefano. Un'altra smentita alle sue supposizioni venne da Gallo.
«Gerlando Cascio da otto anni travaglia a Dùsseldorf, fa il cammarèri in un ristorante dove ha accanosciuto a Ulrike Roth che ora si marita. Poi, fatto il matrimonio, se ne tornano in Germania e con loro partono macari Calogero e Umberto, fratelli a Gerlando. Vanno tutti a travagliare nella catena di ristoranti che Ulrike Roth tiene di proprietà.» Si andò a corcàri quasi pirsuàso di lasciar perdere la facenna degli atti di pubblicazione. Certe volte, quando amminchiava sopra una cosa, la sua testa ad diventava più dura di quella di un calabrese. Le cose dovevano stare come aveva detto Fazio: una babbiata. E se non era stato un picciotto ma un omo adulto, pacienza. Forse aveva fatto una qualche scommessa cretina. Dormi bene e alle sette e mezzo del matino, quando squillò il telefono, era già pronto per nisciri di casa. «Pronti? Pronti! Dottori? Pronti! Agli sponzàli spararono!»
La signora Assunta Pezzino, che aveva la càmmara di letto proprio di fronte al municipio, dichiarò:
«Pazza sto niscendo! Pazza! Questi picciottazzi stanno a sgherzare e a ridere fino alle due di notte! E non mi fanno pigliare sonno! Poi arrivano e partono con le motociclette, i motorini che fanno una

rumorata d'inferno! Aieri notte, come Dio vole, passate le due, calò silenzio e io finalmente potei appinnicarmi. Manco doppo una mezzorata, m'arrisbigliò il rumore d'una frenata. E subito appresso un colpo. Poi sentii che la macchina ripartiva facendo scrùscio con le gomme. Ora, ci pare cosa? Che una non può chiudere occhio tutta la santa notte? Niente niente si può fare per mandare in galera questi picciottazzi?» Il proiettile aveva rotto il vetro della bacheca, l'aveva trapassata e si era andato a infilare profondamente dintra al muro.
«Abbiamo avuto fortuna» disse il signor Crisafulli.
«Il colpo non ha centrato manco un atto. Ne ha bruciacchiato l'orlo alto di uno, in un posto che non conta.»
«Lei crede a una babbiata?»
«No» disse il signor Crisafulli.
Una cosa era certa: sparando, lo sconosciuto aveva chiarito meglio il senso della sua traduzione manzoniana.
«Matteo Interdonato si era innamorato di Marianna Costa che non aveva manco diciannove anni. Macari la diciassettina Marianna, che era di famiglia benestante, pigliò foco per Matteo che era alto, scuro e aveva occhi di diavolo. Ma era figlio di povirazzi, sua matre si guadagnava il pane lavando le scale e so' patre faceva lo spazzino.
«"Mai!" dissero i genitori di Marianna.
«E per rendere più chiara la loro opposizione, il fratello di Marianna, un ventino di corporatura che pareva un armuàr e che di nome faceva Antonio, fermò una sira Matteo e gli ruppe, letteralmente, le ossa. Poi pigliarono la figlia e la spedirono a Palermo in un collegio. La domenica queste picciotte niscivano incolonnate per una passeggiata. Una volta al mese Matteo, racimolati i soldi per il viaggio! pigliava il treno, andava a Palermo, s'appostava e quanno Marianna passava con le compagne, si taliàvano. Non si sa come, la storia venne all'orecchio di Antonio. E accussì, una domenica, mentre Marianna e Matteo si taliàvano, sbucò Antonio che tentò di rompere di bel nuovo nuovamente le ossa a Matteo, arriniscendoci solo in parte perché questa volta Matteo reagì cavandogli un occhio. La cosa venne messa a tacere e Marianna fu mandata a

Roma, da una zia. Per anni e anni ha rifiutato i migliori partiti e manco Matteo ha voluto maritarsi. Una diecina d'anni passati, il patre e la matre di Marianna sono morti, ma lei non è voluta tornare a Vigàta, odiava a so' frate Antonio. È tornata solamente l'anno passato per maritarsi finalmente col suo Matteo.»
A questo punto il commissario interruppe il racconto di Fazio.
«Senza perdere tempo, portami subito qua Antonio
Costa, il fratello di Marianna. Informati dove abita.»
«Dove abita lo so. Al camposanto, da diciotto mesi. Per questo ora i due possono maritarsi.»
«Commissario, che le devo dire? È propio una coppia che viene da ridere!»
«Li hai visti? Come hai fatto?»
«Semplice, dottore» rispose Galluzzo. «Lui vende fiori e lei frutta e verdura. Hanno le bancarelle l'una allato.È all'altra al mercato vecchio. Si conoscono da quando erano picciliddri. Nessuno ci vuole male. Anzi.»
«Perché dici che è una coppia che viene da ridere?»
«Lei è un colosso, certe braccia che pàrino prosciutti ed è un tipo che non sgherza. Lui è minuto, educato, pulitino, gentile. E pinsare che lei si chiama Virginia Umile e lui Capodicasa! Quella lo farà filare a bacchetta!»
«Va bene. E Gallo dov'è? È da ieri che non lo vedo.»
«Mannaggia! Me lo scordai!» fece Fazio dandosi una botta sulla fronte. «Da aieri gli è venuta l'influenza, questa camurria che corre.»
Impaziente, Montalbano lo chiamò al telefono.
«Cobbissario» fece Gallo con voce d'oltre tomba. «ai scuso ba dod ce l'ho fatta. Ho saputo però che Salvatore Lubia è ud bacellaio che ha il degozio alla salita Piraddello. Abita in via Libertà diciotto con il fratello Fradcesco, bacari lui bacellaio, ba che però ha il degozio verso il porto. La tudisina da sei mesi vive a casa con loro.»
«Prima dove abitava?»
«A Palerbo, così bi hanno detto.»

Andò di persona alla macelleria di via Pirandello e la trovò chiusa. Tornò indietro, riattraversò Vigàta e, in una stratuzza che immetteva alla banchina del porto, trovò l'altra macelleria, quella del fratello. Aspettò che l'unica cliente niscisse, poi trasì.
«Buongiorno. Il commissario Montalbano sono.»
«La conosco. Che vuole?»
Non si poteva onestamente dire che Francesco Lumia arriniscisse simpatico né a prima né a seconda vista. Alto, lentigginoso, capelli rossi, modi bruschi.
«Volevo parlare con suo fratello, ma ho trovato la macelleria chiusa.»
«Lui patisce, di tanto in tanto, di gran botte di malo di testa. Oggi è la jornata. E a casa. Ma non ha necessità di andarlo a trovare, può dire a mia.»
«Beh, per la verità, a maritarsi è suo fratello.»
Aveva sentito l'impulso di giocare a carte scoperte. L'altro lo taliò di traverso, giocherellando con un coltellaccio di sessanta centimetri che rendeva il commissario leggermente squieto.
«Lei ha qualichi cosa in contrario al matrimonio di mio fratello Salvatore?»
«Io? Auguri e figli màscoli.»
«E allora che gliene fotte?»
«A mia niente. Ma a qualche altro forse sì.»
«Lei si riferisce a quelle minchiate della bacheca?»
«Esattamente.»
«E chi le ha detto che è un avvertimento per me' frati?»
Ecco: il signor Francesco Lumia aveva esattamente capito il senso della traduzione manzoniana.
«No, non solo per suo fratello. E io infatti mi sto informando su tutti e nove i matrimoni che sono annunziati nella bacheca.»
«Commissario, in primisi io continuo a pinsare che sia tutta una minchiata sullenne e in secundisi nisciuno se la può pigliare per il matrimonio di Salvatore.»

E qui Montalbano segnò il primo punto a favore dell'inchiesta: Francesco Lumia non sapeva recitare, il suo atteggiamento, sotto quelle parole in apparenza sicure, tradiva una certa inquietudine.
«Io la ringrazio, ma preferisco andare a parlare con suo fratello.»
«Faccia come vuole.»
Prima ancora che raprisse bocca, appena suonato il citofono, una voce fece:
«Il commissario Montalbano?» Francesco aveva avvertito il fratello.
«Sì.»
«Venga. Quarto piano.»
Una casa ariosa con mobili di così cattivo gusto che uno, per sceglierli, doveva averci studiato. Venne fatto accomodare in un salotto dove l'estrema pulizia sottolineava la bruttezza dell'arredamento. Salvatore Lumia era l'opposto del fratello in quanto a fisico. Bruno, magrolino, ma perfettamente uguale all'altro nei modi.
«Ho malo di testa, fatico a parlare.»
«Le toglierò subito il disturbo. Lei sa perché sono venuto a trovarla?»
«Djalma!» chiamò l'omo invece di rispondere. Si materializzò una specie di angelo bruno. Era alta, flessuosa, occhi incredibilmente grandi. Montalbano, scioccato, scattò in piedi.
«Questa è Djalma, la mia zita. Questo è il commissario Montalbano. E venuto per sapere qualichi cosa del nostro matrimonio.»
«Ho i documenti in regola» disse Djalma.
Forse che le sirene avevano la stessa voce? Montalbano si ripigliò.
«No, signorina, non si tratta dei documenti. Il fatto è che...»
«Grazie, Djalma» fece lo zito.
La ragazza rivolse un sorriso al commissario e scomparve.
«Non volevo che si squietasse a sentire la facenna di uno strunzo che s'addiverte a minazzare chi si deve maritare. Ho conosciuto Djalma in casa d'amici, a Palermo. Me ne sono innamorato. Lei era libera. E venuta qua a Vigàta a vivere con noi. Ci mariteremo in municipio perché lei è musulmana. Io personalmente non ho

nemici, lei manco. E allora viene a dire che la facenna della bacheca non arriguarda il mio matrimonio. Mi scusasse, commissario, ma non ce la faccio più a parlare. Mi sta scoppiando la testa.»
Mangiò da San Calogero pigliandosela commoda e soprattutto votando e rivotando l'idea che gli era venuta. Dall'ufficio chiamò il suo amico Valente, ch'era vicequestore a Palermo, e gli spiegò cosa voleva da lui. Nell'orata successiva se la fissiò, facendo finta di occuparsi di questioni delle quali in realtà se ne stracatafotteva.
Poi arrivò la chiamata di Valente con tutte le risposte alle sue domande. Aveva appena riattaccato che il telefono squillò nuovamente.
«Commissario Montalbano?»
La voce era inconfondibile e, al telefono, così sensuale da rimisculiàre il sangue.
«Sono Djalma. Ci siamo visti stamattina.»
«Mi dica, signorina.»
«Vorrei parlare con lei. Salvatore è dovuto andare a Fela per affari, non ha potuto dire di no, malgrado il dolore di testa. Io non posso uscire da casa. Salvatore non vuole.»
Della domanda che le rivolse, sapeva già la risposta.
Ma gliela fece lo stesso per saggiare la sincerità del discorso che lei gli avrebbe fatto.
«E geloso?»
Una leggerissima esitazione. Poi:
«Non si tratta solo di gelosia, signor commissario.»
«Allora vengo io da lei?»
«Sì, prima possibile. L'aspetto.»
«Io le ho detto che i miei documenti sono in regola. In realtà, non sono falsi, ma non sono veritieri.»
«Si spieghi.»
«È stato un amico di Salvatore a farmi avere un certificato di lavoro per il permesso di soggiorno. C'era scritto che facevo la baby-sitter, ma non era vero. Facevo un altro mestiere. Sono arrivata in Sicilia tre anni fa, clandestinamente. Poi sono stata sorpresa dalla polizia

in una casa d'appuntamenti, schedata e rimpatriata. Sono tornata nuovamente...»
«Guardi che tutto questo lo so o l'intuisco, signorina. Ho telefonato alla Buoncostume e all'Ufficio stranieri di Palermo.» Djalma si mise a piangere silenziosamente.
«E ora che fa? Ora che le ho detto...»
«Signorina, questa parte della sua vita non m'interessa, glielo assicuro... Voglio solo sapere cosa mi nascondete.»
Le lacrime corsero sul bel volto della fimmina con maggiore frequenza.
«Salvatore si è innamorato di me. E io di lui. Allora siamo scappati, sono venuta a nascondermi qua. Ma lui deve avermi scoperto.»
«Lui chi?»
«Il mio protettore.»
«Pensa che sia stato lui a sparare alla bacheca? Pensa che l'avvertimento sia rivolto a voi due?»
«Ne sono sicura. Anche perché non passa giorno senza che ci telefoni minacciandoci. Ma Salvatore e Francesco non hanno paura. Io ho paura, per me e per loro. E un violento, lo conosco bene.»
«Cosa vuole da lei?»
«Che lasci Salvatore e torni a vivere con lui.»
«Era la sua amante?»
«Sì. Ma non si tratta d'amore, commissario. È per la figura che ha fatto davanti ai suoi amici, a quelli come lui. Vuole tornare a dimostrare a tutti la sua forza, il suo potere.»
«Lei ha studiato?»
Djalma non s'aspettava la domanda, lo taliò.
«Sì... al mio paese. E vorrei, se mi sposo, continuare.»
«Complimenti per il suo italiano» disse Montalbano susendosi.
«Grazie» fece Djalma confusa.
«Perché il suo fidanzato non m'ha riferito come stavano le cose?»
«Mi ha detto che non si sarebbe mai rivolto alla legge per una questione personale. Anche da noi, giù in Tunisia, è così.»
«Già» fece amaro Montalbano. «Un'ultima cortesia:

nome, cognome e indirizzo del suo ex protettore. E tanti auguri per il suo matrimonio.» sualmente parcheggiata vicino al municipio. La notte prima del matrimonio di Salvatore con Djalma, un'auto s'avvicinò silenziosa, fermò, scinnì un omo con una bottiglia in una mano e uno straccio nell'altra. Si taliò torno torno, s'infilò sotto il colonnato. Quindi stappò la bottiglia e ne versò il contenuto sulla bacheca, specialmente sul riquadro di legno. A questo punto Fazio, ch'era di guardia, capì quello che l'omo aveva intenzione di fare.
Scinnì di corsa dalla macchina e gli puntò contro la pistola.
«Fermo! Polizia!»
Santiando, l'omo isò le braccia, tenendo la bottiglia vacante in una mano e lo straccio nell'altra. L'odore della benzina era accussì forte che Fazio si sentì nauseato.
«Si chiama come ci aveva detto lei, dottore: Nicola Lopresti. Ha ricevuto condanne per sfruttamento, violenze e cose così. In sacchetta aveva un revolver carico.»
«Porto d'armi?»
«No. E matricola abrasa. E in sacchetta aveva macari questa.»
Posò sul tavolo di Montalbano una boccettina senza etichetta.
«Cos'è?»
«Vetriolo. Voleva sfregiarla mentre che quella si maritava. Ora glielo porto qua.»
«Non lo voglio vedere» disse Montalbano.
Per otto notti di fila Gallo, Galluzzo, Fazio e Imbrò montarono la guardia a turno alla bacheca, ammucchiati dintra a una macchina

Una mosca acchiappata a volo

Da passato un anno Montalbano non si vedeva con il preside Burgio e con sua mogliere, la signora Angelina. Ogni tanto provava spinno di loro, del calore della loro amicizia, e non passava simana che giurava sullenne promissa di farsi vivo, macari con una semplici telefonata. Poi, tra una cosa e l'altra, andava a finire che il proposito gli nisciva completamente dalla testa. Il preside Burgio non era più preside da una quinnicina d'anni, ma tutti in paisi continuavano a

chiamarlo accussì per rispetto. Era un ultrasittantino ancora forte di corpo e di testa che, assieme alla mogliere, una fimmina minuta e delicata che aveva un modo di cucinare leggero ed elegante, gli era stato di grande aiuto nella soluzione di una complicata facenna che venne chiamata del "cane di terracotta".
«Pronto, dottor Montalbano, sono il preside Burgio.»
Il commissario, di subito, provò imbarazzo e vrigogna. Toccava a lui chiamare, non mettere un vecchio signore nella condizione di dover telefonare per primo.
Ma immediatamente dopo venne pigliato dalla prioccupazione. Senza manco salutare, spiò:
«Come sta la signora Angelina?»
«Bene, commissario, bene, compatibilmente con gli acciacchi dell'età. Macari io non me la passo tanto male.L'altro giorno l'ho intravvisto a Montelusa, nelle vicinanze della Questura...»
«Perché non mi ha chiamato?»
«Non volevo disturbarla. L'ho detto a mia moglie e Angelina m'ha fatto notare che è da un bel pezzo che non ci sentiamo.»
«Sono veramente mortificato, signor preside. Mi creda, è stato un anno di quelli che...»
Il preside si mise a ridere.
«Non stavo domandandole la giustificazione delle assenze! La ragione per la quale la sto chiamando... Stasera che fa?»
«Niente di speciale. Almeno me lo auguro.»
«Verrebbe a cena da noi? Mia moglie ha tanto desiderio di rivederla. Non si aspetti però una cosa eccezionale.»
«Grazie. Verrò.»
«Ah, senta, dottore. Ci sarà un altro ospite, un mio cugino primo, figlio di una sorella di mio padre, la più piccola. È stato a Vigàta solo due giorni per affari, riparte dopodomani, se ne torna a Roma dove vive. E ingegnere, si chiama Rocco Pennisi.»
Il nome e cognome del suo cugino primo il preside parse sillabarli. A Montalbano non sonò novo, ma sul momento non arrinisci a collegarlo con un fatto preciso. Però si squietò: che veniva a

significare che il preside a momenti gli leggeva la carta d'identità dell'altro ospite? L'ingegnere Rocco Pennisi era un sissantino distinto, cortese, riservato. Aveva questa: che per tutta la sirata parse non interessarsi a nessun discorso che si faceva. Interveniva solo se interpellato, ma macari mentre rispondeva manteneva un'ariata assente, come se avesse la testa rivolta a un altro pinsèro. Ogni tanto il commissario sorprendeva qualche breve taliàta tra il preside e il cugino: quello pareva, con gli occhi, invitarlo a dire qualche cosa e l'altro, sempre con gli occhi, rispondeva dino. Macari la signora Angelina, che aveva priparato una cena leggiadra (accussì Montalbano ne aveva definita una, e accussì aveva continuato a definirle tutte), pareva essere a disagio via via che la mangiata arrivava alla fine. L'unica cosa che l'ingegnere disse di sua iniziativa fu che sarebbe partito per Roma la mattina appresso, dato che era riuscito a finire in anticipo la facenna per la quale era venuto a Vigàta.
«Prende l'aereo delle dieci?» spiò Montalbano tanto per dire qualcosa. Il nirbùso della signora Angelina lo stava contagiando. L'ingegnere lo taliò imparpagliato.
«Aereo? Quando avrei potuto prenderlo, non c'era l'abitudine di... No, commissario. Torno a Roma con un rapido.»
Poi ci furono i ringraziamenti, i saluti.
«Ho la macchina. Posso accompagnarla?» spiò Montalbano all'ingegnere, ma a rispondere fu il preside.
«Grazie, dottore. Mio cugino dorme qua.» Montalbano se ne tornò a Marinella più confuso che pirsuaso.
La matina appresso, mentre si faceva la varba, gli tornò a mente l'atmosfera stramma che c'era stata durante la cena dai Burgio. Di una cosa si era sicuramente fatto convinto e cioè che l'invito non era stato casuale. Il preside aveva voluto l'incontro tra lui e l'ingegnere Pennisi probabilmente perché questo intendeva dirgli qualche cosa. Ma nel corso della mangiata aveva cangiato idea, a malgrado che il preside, taliàndolo, lo invitasse a trasiri nella questione. E l'annunzio che sarebbe partito la matina dopo,

l'ingegnere a chi l'aveva fatto? Non certo a suo cugino e a sua mogliere dato che questi dovevano già saperlo: l'ingegnere alloggiava da loro. E non l'aveva di certo rivolto a Montalbano. Allora il senso vero di quella frase era un altro. Forse questo: cugino mio, non insistere, dicendo che parto domani intendo chiudere l'argomento, non parlerò col commissario. E poi Rocco Pennisi aveva detto una cosa che non quatrava, una cosa che gli era nisciuta di bocca senza pinsarci, tant'è vero che si era interrotto di colpo. Era stato a proposito dell'aereo. Aveva suppergiù detto che quando era in condizioni di prenderlo, non c'era ancora l'abitudine ai viaggi in aeroplano. Perché l'ingegnere, a un certo momento della sua vita, macari se avesse voluto farlo, non ne avrebbe avuto la possibilità? Cosa poteva impedirglielo? E c'era un'altra cosa, questa assai difficile a definirsi. Un'impressione. Macari se poteva parere che il commissario, durante la cena, avesse taliàto Rocco Pennisi solo quando necessitava, invece non l'aveva mai perso d'occhio. L'aveva colpito l'economia dei gesti dell'ingegnere. Non allargava le braccia, non poggiava i gomiti sul tavolo... Buona educazione, certo. Ma perché, assittandosi a tavola, aveva avvicinato il bicchiere e le posate, quasi fosse abituato a muoversi in uno spazio ristretto? Si comporta istintivamente accussì chi è abituato a mangiare con altri òmini, uno a dritta, uno a mancina e un terzo davanti. Ci pinsò e ci ripinsò mentre passiava a ripa di mare dato che era ancora troppo presto per andare in ufficio. E tutto `nzèmmula la spiegazione gli venne in testa semplice, chiara chiara. E capì perché il preside, invitandolo, gli avesse sillabato nome e cognome del cugino. Era un gesto di delicatezza, desiderava prevenirlo, non voleva metterlo in imbarazzo facendogli trovare allo stesso tavolo uno come suo cugino. Solo che lui non si era ricordato sul momento chi era Rocco Pennisi. Un assassino, semplicemente. Non era passata manco una mezzorata da quando glielo aveva domandato, che Catarella, glorioso e trionfante, gli mise sul tavolino lo stampato del computer.
«In tempo reale, eh, Catarè?»
«Reali, dottori? Imperiali!»

La scheda aridamente riassumeva la tragica vicenda di Rocco Pennisi, laureato in ingegneria, condannato in via definitiva a trent'anni per omicidio, dei quali venticinque scontati e cinque condonati per buona condotta.
La scarcerazione risaliva ad appena due mesi avanti. Il commissario la scheda se la leggi due volte e arrivò a una conclusione precisa: il processo all'ingegnere era stato tutto indiziario e forse per questo i giudici gli avevano fatto scansare l'ergastolo. Ci pinsò sopra tanticchia, poi fece il numero di casa Burgio.
«Pronto, signor preside? Montalbano sono.»
«L'avevo riconosciuto dalla voce. So perché mi sta telefonando.»
«Suo cugino è veramente partito?»
«Sì. Colpa mia. Ho tanto insistito perché parlasse con lei... Ma chissà perché non se l'è più sentita. E ha voluto tornarsene a Roma.»
«Che fa a Roma? Ha trovato lavoro, oppure...»
«Sì, è nello studio di Nicola, suo figlio. Che è macari lui ingegnere.»
«Signor preside, che voleva che suo cugino mi dicesse ieri sera?»
«Che le contasse com'è veramente andata la faccenda che l'ha tenuto ingiustamente in carcere per venticinque anni e gli ha distrutto la vita.»
Montalbano non se la sentì di controbattere subito. La voce dell'altro sull'ultima frase si era incrinata.
«Ho letto la scheda, signor preside. Certo, prove sicure non ce n'erano, però... Lei lo ritiene innocente?»
«Non lo ritengo, ho la certezza, dentro di me, che sia innocente. E ci contavo tanto in quest'incontro con lei... Sa una cosa? Rocco non aveva niente da sbrigare a Vigàta. Le ho detto una bugia. L'avevo convinto a venire apposta.»
Montalbano si sentì irritare e commuovere dall'ingenua fiducia che il preside riponeva in lui.
«Se vuole parlarmene lei, anche in assenza di suo cugino...»
«Signore mio ti ringrazio!» fece il preside. «Speravo proprio di sentirle dire queste parole! Passi quando vuole, commissario.»

«Le sono infinitamente grato per tutto quello che potrà fare per mio cugino» esordì il preside Burgio facendo accomodare il commissario nel suo studio. «Angelina è rimasta molto scossa per ieri sera. Non ha chiuso occhio e poco fa si è corcàta. La prega di scusarla.»
«S'immagini!» disse Montalbano. E continuò. «Però, signor preside, prima che lei principi a parlare, vorrei premettere che se io mi trovo qua non è per fare qualcosa a favore dell'ingegnere, ma solo per lei. Gli vuole molto bene a questo cugino?»
«Tra noi due corrono quindici anni di differenza. Suo padre, Michele, che aveva sposato la mia zia più giovane, Caterina, era di Montelusa. Possedeva un'avviata azienda olearia lasciatagli in eredità. Michele e mia zia ebbero quest'unico figlio, Rocco. Quando aveva cinque o sei anni cominciò ad attaccarsi a me. Capita spesso che un bambino o una bambina scelgano un genitore d'elezione. Questo nostro rapporto continuò anche quando Rocco crebbe, andò all'università, si laureò. Fu proprio il giorno della laurea che capitò la disgrazia. Michele e Caterina stavano tornando da Palermo dopo avere assistito alla discussione della tesi quando lui perdette il controllo della macchina. Probabilmente un malore. Morirono tutti e due. E da quel momento io diventai una specie di padre a tutti gli effetti. E Angelina divenne la madre. Rocco affidò l'azienda paterna a una persona di fiducia e si mise in società con un suo amico di Montelusa, Giacomo Alletto. Erano giovani, svelti. In breve ottennero appalti sempre più importanti. Il primo a maritarsi fu Giacomo. Sposò una splendida ragazza di Montelusa, Renata Dimora, che era stata compagna d'università di Giacomo e di Rocco, ma che aveva poi interrotto gli studi. L'anno appresso macari mio cugino si maritò una picciotta di Favara, Anna Zambito. Ebbero un figlio, che è quello che vive a Roma...»
«Sì, me l'ha già detto.»
«Commissario, lo so bene che la sto annoiando con questa storia che pare una di quelle complicate genealogie della Bibbia. Ma, vede, se non le racconto la situazione, finisce che non si capisce niente. Una sera Rocco mitelefonò da Montelusa, voleva vedermi da solo.

Fissammo un appuntamento in un caffè periferico. E qui mi disse che da tempo era l'amante di Renata, la moglie del suo socio. Di Renata, ai tempi dell'università, erano innamorati tutti e due, Rocco e Giacomo. Lei era stata per qualche mese con Rocco, poi l'aveva lasciato per mettersi con Giacomo. Dopo il matrimonio di Rocco, la storia con Renata ripigliò. Era stata lei a ricominciare, mi confidò mio cugino, come se non sopporta sse l'idea che lui avesse un'altra donna, sua moglie. E Rocco non aveva saputo resistere. Io lo supplicai di lasciar perdere, ma capii che non c'era niente da fare. Di giorno in giorno diventava sempre più nervoso, intrattabile.»
«Amava ancora sua moglie?»
«Proprio questo era il punto! Mi disse che l'amava ancora di più dopo che era ricominciata la relazione con Renata. E poi adorava il bambino. Insomma, come si dice, aveva un cori d'asino e unu di liuni. D'altra parte,macari Renata si trovava nella stessa situazione.»
«Renata e il marito avevano figli?»
«Fortunatamente no.»
«Senta, signor preside, Montelusa è, tutto sommato, una piccola cittadina. Come mai Alletto non ebbe modo di sospettare la relazione della moglie con il socio?»
«È inspiegabile, ma è così. Non sospettava. E macari questo era motivo di tormento per Rocco.»
«Può spiegarmelo meglio?»
«Rocco è persona leale. La condizione di doppio traditore, della famiglia e dell'amicizia, gli pesava in modo insopportabile. Se Giacomo lo venisse a sapere, mi diceva, ne sarei in un certo senso contento, potremmo avere una spiegazione, finalmente. Allora perché non glielo dici tu? domandavo io. E lui: Renata non vuole. Finché un giorno Giacomo ricevette una lettera anonima. Precisa,circostanziata. Non solo dava l'indirizzo dell'appartamentino dove la moglie si vedeva con l'amante,ma diceva macari il giorno e l'ora dell'incontro successivo. Insomma, un vero e proprio invito ad andare a sorprenderli sul fatto. E a spararli.»

«Rocco le ha mai confessato che era stato lui a scrivere la lettera anonima?» spiò calmo calmo Montalbano. La bocca del preside Burgio si spalancò in un misto di stupore e ammirazione.
«No» fece quando si ripigliò. «Ma mentre lei me lo diceva, io mi sono fatto capace che non poteva essere stato altrimenti. Sì, sicuramente fu mio cugino ad avvertire Giacomo del tradimento della moglie e dell'amico.»
Fece una pausa, taliò il pavimento. Gli era venuto un pinsèro.
«E forse voleva veramente che Giacomo li sorprendesse, forse voleva veramente, desiderava, che Giacomo l'ammazzasse.»
«Che fece invece Giacomo?»
«Invitò a pranzo Rocco e sua moglie Anna in una villetta che aveva qua a Vigàta, sul mare, dalla parte di Montereale. Erano solo loro quattro, Renata aveva preparato il mangiare. Dopo il caffè, Giacomo tirò fuori dalla sacchetta la lettera anonima e la lesse ad alta voce.
Fu un momento tremendo, Rocco me lo contò. Senza dire manco una parola, ma con una specie di lamento, Anna si alzò e se ne scappò verso la spiaggia. In quel momento Rocco capì che lei da tempo sospettava qualcosa. Uscita Anna, Giacomo spiò alla moglie e a Rocco cosa doveva fare di quella lettera. Né Renata né Rocco
aprirono bocca, peggio che se avessero confessato. Giacomo strappò il foglio e disse: "Io questa lettera non
l'ho mai ricevuta, ma se dovessero spedirmene un'altra, allora le cose cambierebbero". Tutto però si era guastato. Dopo pochi giorni Rocco lasciò la famiglia e andò a vivere da solo, lo stesso fece Renata che tornò a casa dei genitori. Gli affari di Rocco e Giacomo principiarono ad andare male, i due non si parlavano più. Decisero di sciogliere la società e ognuno se ne andò per la sua strada. Poi, dopo qualche mesata, Renata, forse perché amava il marito, forse sotto le pressioni dei suoi genitori, tornò a vivere con Giacomo. Io, personalmente, mi sentii sollevato, sperando che Rocco si ricongiungesse con la famiglia. Anna, con la quale m'incontravo spesso, non aspettava altro. Senonché un giorno Rocco mi rivelò che la relazione tra lui e Renata era ripresa. Solo che ora si quartiavano,

prendevano più precauzioni. Dottore, mi deve credere: mi parse una pietra dal cielo, improvvisa e violenta. Una sera, questo lo si seppe nel corso del processo, Renata e Giacomo litigarono. Adesso era una cosa che capitava spesso tra di loro. Conclusione: Giacomo se ne andò a dormire nella sua villetta vicino a Montereale, Renata si recò da un'amica per passarvi la nottata. La mattina appresso, Giacomo non andò nel suo nuovo ufficio, mentre Renata tornò a casa, decisa a riconciliarsi. Ricevuta la telefonata dall'ufficio dove aspettavano Giacomo, Renata rispose che il marito aveva dormito nella villetta. Telefonarono, ma non ebbero risposta. Allora Renata ci andò con un impiegato. La porta era aperta, nel salone era chiaro che c'era stata una colluttazione. Di Giacomo però non trovarono traccia. Polizia e carabinieri lo cercarono per mare e per terra, niente. Alcuni si persuasero che si fosse trattato di un caso di lupara bianca, negli ultimi tempi Giacomo aveva ricevuto minacce e intimidazioni per un certo appalto. Altri pensarono a un allontanamento volontario dopo il peggioramento dei rapporti con la moglie. Il capo della Mobile di Montelusa aveva invece una sua opinione. E cioè che a far scomparire Giacomo fosse stato Rocco, folle di gelosia perché il marito si era ripreso Renata.»

«Secondo logica, o quello che è, Rocco avrebbe dovuto ammazzare Renata. In un certo senso, lei ora lo tradiva col marito» commentò il commissario.

«Questo lo pensai pure io» continuò il preside. «In conclusione, in tre mesi di ricerche né polizia né carabinieri trovarono tracce di Giacomo. Pareva essersi sciolto nell'aria. Un giorno, nella villetta, ci fu una perdita d'acqua. Renata, che ogni tanto ci andava, chiamò l'idraulico. E questi fece una scoperta tremenda. Sul tetto c'era un cassone in eternit che costituiva la riserva d'acqua, lei sa, dottore, che l'acqua da noi la danno come viene viene...»

«Non me ne parli» disse Montalbano che più volte era restato a santiare sotto la doccia senza un filo d'acqua, bianco di sapone.

«Bene, l'idraulico sollevò il coperchio e vide un corpo. Quello di Giacomo. Qualcuno l'aveva prima strangolato e poi nascosto lì.»

«Era facile arrivare al cassone?»
«Ma quando mai! C'era una porticina che si apriva sul tetto e dalla quale, camminando canala canala, col pericolo di scivolare a ogni passo, si arrivava al cassone. Quindi: Giacomo non si era allontanato volontariamente e non si era manco trattato di lupara bianca. Il capo della Mobile fece una supposizione. E cioè che Rocco era andato a trovare Giacomo e che la discussione era degenerata.
Quindi Rocco aveva strangolato Giacomo e ne aveva nascosto il cadavere nel cassone. Interrogò Rocco che non seppe fornire nessun alibi per quella notte.»
«Come mai?»
«Era rimasto a casa per tutta la serata. In parte, posso confermarlo. Gli telefonai verso le otto per domandargli se voleva venire a cena da noi. Rispose che avrebbe mangiato a casa, perché dopo aveva un impegno.»
«Le disse quale?»
«No. Ma io me l'immaginai.»
«Che immaginò?»
«Che da lì a poco sarebbe uscito per andare nell'appartamentino dove s'incontrava con Renata. Ma, al processo, lui disse solamente che era rimasto a casa sua, che non si era mai mosso. E non aveva testimoni, dopo di me nessuno gli aveva più telefonato.»
«Quindi, macari se aveva detto la verità, non c'era nessuno per confermarla.»
«Esattamente. L'accusa si basò soprattutto sulla mancanza di alibi. E moventi a carico di Rocco ce n'erano quanti se ne volevano. Quando l'arrestarono, la maggior parte dei suoi amici e conoscenti erano convinti della sua colpevolezza.»
«E Renata come reagì all'arresto?»
«Mah, come dire, in modo contraddittorio. Certe volte sosteneva, sempre privatamente, l'innocenza di Rocco e altre volte invece pareva dubbiosa. La notte del delitto era rimasta a casa della sua amica, che al processo confermò. Il Pubblico Ministero andò oltre l'ipotesi del capo della Mobile, che si era orientato verso l'omicidio

non premeditato, e accusò Rocco di premeditazione. I giudici furono severissimi.»
«Erano guerci, povirazzi» disse Montalbano.
Il preside lo taliò strammato.
«I giudici erano guerci? Non ho capito, commissario.»
«Signor preside, all'epoca i giudici avevano un occhio solo, quello che permetteva loro di taliàre i reati comuni, omicidio compreso, con inflessibilità. L'altro occhio, quello che avrebbe dovuto taliàre la mafia, la corruzione dei politici e via dicendo, quello no, lo tenevano chiuso.»
«Ma la cosa che colpì tutti, me compreso, al processo, fu l'atteggiamento di Rocco.»
«Cioè?»
«Completamente abulico. Pareva che la cosa non lo riguardasse. Questo, ai più, parse un'indiretta ammissione di colpa. Gli avvocati fecero ricorso. Tra il primo e il secondo processo, che confermò la condanna, Renata si risposò.»
«Come?!» scattò Montalbano.
«Sissignore. Formalmente, non c'era niente da dire. Semmai, era una questione di buon gusto, avrebbe potuto aspettare un'altra annata. Come le ho detto, Renata era bellissima e aveva ereditato da Giacomo una consistente ricchezza. Molti gettarono l'occhio sulla vedova. Ma lei preferì maritarsi con Antonio Lojacono.»
«Chi era?»
«Antonio Lojacono era un geometra, due anni più giovane di lei, che aveva da sempre travagliato prima nella società di Giacomo e Rocco e dopo in quella di Giacomo.
Nel corso del secondo processo, l'atteggiamento indifferente di Rocco s'accentuò. Pensi che durante l'arringa del Pubblico Ministero, acchiappò a volo una mosca.»
«Fermo qua» disse sgarbato Montalbano.
«Eh?» spiò il preside intordonuto.
«Mi ripeta esattamente quello che ha detto.»
«Che ho detto?»

«La faccenda della mosca.»
«Pigliò a volo una mosca proprio mentre tutti lo taliàvano perché il Pubblico Ministero, quello del secondo processo, stava in quel momento parlando della premeditazione. E proprio da quel gesto, visto da tutti, il magistrato prese appiglio per dimostrare che essere spregevole e cinico fosse Rocco. Se lo vuole sapere, dottore,
quel gesto tutti lo pigliarono per una confessione. Agghiacciammo.»
«Mi dica della mosca.»
«Eh?»
«Signor preside, non sto babbiando. Volava? Era ferma?»
«Ma che importanza ha, Dio mio?»
«Lasci perdere e mi risponda.»
«Credo fosse ferma. O volava, non so. Perché lui, Rocco, da qualche istante era come paralizzato, non faceva un movimento, guardava il corrimano che c'era torno torno al banco dove stava seduto... forse la mosca era lì e lui l'osservava...»
«Chi c'era?»
«Dove?»
Il preside era strammato, non si capacitava delle domande di Montalbano. Che senso avevano? E poi c'era che il commissario aveva cangiato atteggiamento, pareva un cane da caccia che puntava vicino a una macchia di saggina.
«Nell'aula. Chi c'era nell'aula oltre a lei?»
«Di amici, dice? Di curiosi? Beh, esattamente non...»
«Ci rifletta e mi dica: c'era Renata?»
«Non ho bisogno di riflettere, non c'era.»
Montalbano parse deluso.
«Però...»
E questa volta il commissario si calò con la testa in avanti verso il preside, il cane aveva fiutato la selvaggina.
«Però c'era il marito» continuò il preside Burgio, «il nuovo marito, il geometra Lojacono.»
Montalbano si rilassò con un respiro fonnuto, come se fosse appena assumato da sott'acqua.

«Vada avanti» disse.
«C'è poco da andare avanti. Gli avvocati fecero tutto quello che c'era da fare, ma di loro iniziativa. Rocco li seguiva passivamente. Venne condannato. Nel primo colloquio che ebbi con lui in carcere, mi disse due cose: che ~non era stato lui ad ammazzare Giacomo e che badassi a Nicola, suo figlio. E io l'ho fatto, cercando di tenere vivo l'amore di un bambino, che diventava via via ragazzo, giovane, uomo, per suo padre carcerato ingiustamente. E, almeno in questo, ci sono riuscito.»
Si stava commuovendo, ma le parole che gli rivolse il commissario lo sbalordirono:
«Torniamo alla mosca.»
Il preside Burgio non arriniscì ad articolare manco una sillaba.
«Che ne fece della mosca dopo che l'ebbe pigliata?»
«Ni... niente» balbettò l'altro.
«Come, niente?»
«Beh... aprì lentamente il pugno e la fece volare via.»
Il preside gli aveva spiegato dove si trovava la villetta nella quale era stato ammazzato Giacomo Alletto.
Dopo il suo matrimonio col geometra, Renata non aveva più voluto andarci e l'aveva venduta a un commerciante di Vigàta che Montalbano conosceva. D'Arrigo, il commerciante, alla telefonata del commissario aveva risposto che poteva andarlo a trovare come e quando voleva. E Montalbano gli aveva detto che entro una mezzorata sarebbe arrivato.
«No» disse D'Arrigo, «ho lasciato la villetta com'era. L'ho solo fatta tutta puliziare e ripittare dintra e fora.Ho fatto cangiare il bagno, la cucina e, naturalmente, il cassone dell'acqua.»
E arridì, contento della sua battuta.
«Mi fa vedere come si fa ad acchianare sul tetto?»
«Certamente.»
Davanti alla porticina del tettomorto D'Arrigo si fermò. «Guardi che è molto pericoloso» disse, «se lei vuole andare fino al cassone, ci vada, ma io non ci vengo. E poi ha piovuto e i canala sono scivolosi.»

Montalbano oltrepassò la porticina, tenendosi però saldamente allo stipite. Non se la sentì di fare un passo. Il cassone distava una decina di metri, ma a ogni metro uno che non fosse pratico rischiava di catafottersi di sotto. Ridiscesero in salotto. E qui finalmente D'Arrigo s'arrisolvette a spiare al commissario il motivo della sua visita. Ma la pigliò alla larga.
«Ho saputo che in questi giorni a Vigàta c'è stato l'ingegnere Pennisi.»
«Sì» disse Montalbano.
«Povirazzo! Venticinque anni di galera sono tanti!»
«Già» disse Montalbano.
E qui D'Arrigo aggiunse una cosa che fece sobbalzare il commissario.
«Secondo Agustinu non può essere stato lui.»
«E chi è Agustinu?»
«Agustinu Trupia, il capomastro, quello che ha rimesso a posto la villetta dopo che l'ho accattata.»
«Perché Agustinu era convinto che non fosse stato l'ingegnere?»
«Perché Agustinu, trent'anni narrè, travagliava come muratore nella impresa di Alletto e Pennisi. In cantiere lo sfottevano, all'ingegnere. Darrè alle sue spalle, naturalmente.»
«Perché?»
«Non ce la faceva ad acchianare sui ponteggi, gli firriava la testa, gli venivano le vertigini. Agustinu mi disse che non era manco capace di farsi una scala di muratore. E perciò non si faceva pirsuaso come avesse fatto l'ingegnere, doppo avere ammazzato il socio, a carricarselo sulle spalle, acchianare nel tettomorto, farsi una decina di metri sopra i canala, scoperchiare il cassone, infilarci il catàfero,richiudere il coperchio e tornarsene narrè.»
«Scusi, D'Arrigo, è ancora vivo Agustinu?»
«Certo! L'ho incontrato passannaieri al mercato del pisci a Vigàta. Non travaglia più perché è sittantino. Ma sta benissimo.»
«Lei ce l'ha l'indirizzo?»
Il colloquio tra il commissario e il capomastro Agustinu Trupia si svolse, la matina appresso, nella casa della figlia di Trupia, Serafina,

la quale, in collaborazione col marito Martino, aveva sfornato otto figli. Il più grande aveva vent'anni, la più nica cinque. Il capomastro a riposo faceva da nonno a tempo pieno e aveva una sua cameretta dove ricevette Montalbano. Però il dialogo fu lo stesso difficoltoso data la rumorata che arrivava dalle càmmare allato. Intanto, doppo avere sentito il commissario, Trupia volle precisare che D'Arrigo non aveva riferito esattamente quello che lui aveva detto.
«L'ingegnere non soffriva di vertigini?»
«Certo che ci soffriva. Ma nun era veru ca u pigliàvamu pi u culu.»
«Non lo sfottevate?»
«Nonsi. La prima vota ca capitò, c'èramu quattru pirsune, a parti l'ingegneri Pennisi. C'èramu iu, Tanu Ficarra, Gisuè Licata e l'ingegneri Alletto. L'ingegneri Pennisi arrivò tardu, quanno noi èramu già supra u ponteggiu. Allura l'ingegneri Alletto gli disse d'acchianare macari lui. Però Pennisi, appena fu sopra u ponteggiu, principiò a variare a sritta e a mancina, pariva `mbriacu. Poi s'agguantò a un palu e non si cataminò cchiù. Aviva i capiddri dritti supra la testa, gli occhi sgriddrati. Allura lo pigliammu rigito ca pariva un baccalà e lo portammu a terra. Ni mìsimu a ridiri quannu ca vìttimu ca l'ingegneri s'avia pisciatu dintra i pantaluna. Ma l'ingegneri Alletto ci dissi ca se ci mittivàmu a ù diri un'autra volta ci licenziava. E da allura in poi non èbbimu occasioni di ridiri pirchì l'ingegneri Pennisi non s'azzardò cchiù ad acchianare supra i ponteggi.»
«Mi dica una cosa, Trupia, perché questo non l'ha detto al processo?»
«Pirchì nisciuno mi lo spiò. E po' iu con la liggi non ci voliva aviri a che fari. Cu si trova ammiscato con la liggi, cu lu tortu o cu la ragioni, ci perdi sempre le spise.»
«E perché ora mi sta contando tutto? Io sono un orno di legge. E lei lo sa benissimo.»
«Egregiu signuri, vossia non considera ca iu haiu sittant'anni passati. E perciò minni pozzu fùttiri tantu di vossia quantu di la liggi ca vossia rappresenta.»

"Gentile ingegnere Pennisi, il commissario Montalbano sono. Abbiamo avuto modo di cenare insieme qualche sera fa in casa di suo cugino, il preside Burgio. Il giorno appresso suo cugino mi ha rivelato che il nostro incontro era stato da lui combinato. Il preside è sinceramente e profondamente convinto della sua innocenza malgrado la sua condanna: forse da me desiderava una specie di avallo ufficiale, con prove certe, alla sua convinzione. Questo avallo lei però, nel corso della cena, si è rifiutato di domandarmelo: a un certo punto lei deve avere capito l'inutilità di ogni mio intervento. Inutilità forse non davanti alla legge, ma davanti all'avvenuta distruzione della sua esistenza, distruzione irreparabile. Io non potrò mai ridarle la giovinezza negata, gli affetti perduti, le gioie e i dolori non vissuti o vissuti attraverso il filtro delle sbarre: lei ha capito l'inutilità, a questo punto, dell'innocenza.
"È perciò controvoglia che le scrivo queste righe. Ho avuto il suo indirizzo romano dal preside, al quale ho raccontato una bugia e cioè che, dovendo recarmi presto a Roma, avrei avuto piacere d'incontrarla. Lei può domandarmi perché le scrivo, visto che lo faccio controvoglia. Sono uno sbirro, ingegnere. Suo cugino ha messo in moto il meccanismo che disgraziatamente ho in testa e questo meccanismo non è più capace d'arrestarsi se non produce qualche risultato. E quindi ho svolto delle indagini, consultando anche gli atti processuali. Quando fu che ebbe la prima rivelazione della macchinazione che era stata ordita servendosi di lei? Azzardo un'ipotesi che potrà, se lo vuole, confermare o negare. Lei, la notte dell'omicidio, dichiarò di essere stato sempre a casa sua. Ma era falso. Lei, da casa sua, si era allontanato per recarsi nell'appartamentino preso in affitto per gli incontri con Renata Alletto. Il pomeriggio del giorno avanti Renata le aveva fatto sapere che avrebbe passato la notte con lei. E quindi lei andò nell'appartamento, ma, inspiegabilmente, Renata non si fece vedere. Da quel momento non avete avuto più modo d'incontrarvi privatamente, la sparizione dell'ingegnere Alletto, con le perquisizioni e le ricerche, aveva necessariamente alterato i ritmi quotidiani di Renata. In più

gli occhi di tutti erano puntati su di voi e quindi dovevate agire con estrema prudenza. Queste, credo, dovettero essere le giustificazioni di Renata per evitare d'incontrarla. Poi capitò la scoperta del cadavere nel cassone dell'acqua e lei, formalmente incriminato, venne arrestato. Solo Renata poteva rivelare agli inquirenti l'accordo che c'era stato tra voi due e cioè che lei avrebbe dovuto aspettare nell'appartamentino il suo arrivo per trascorrere la notte con lei. Certamente non sarebbe stata una conferma totale dell'alibi, ma avrebbe in qualche modo alleggerito la sua posizione. E naturalmente un estroso inquirente avrebbe potuto accusare Renata di complicità. Era un rischio che lei forse immaginava che Renata avrebbe, per amore, volentieri corso. Invece Renata non parlò mai di quell'appuntamento, né durante gli interrogatori né quando testimoniò al processo. L'amica confermò che Renata aveva trascorso la serata e la notte sua ospite e che mai aveva accennato a un appuntamento con lei. E diceva il vero, Renata l'aveva tenuta all'oscuro di quanto le aveva scritto o telefonato riguardo a quell'incontro notturno. Al quale non si sarebbe mai recata, proprio perché, nel suo piano, lei doveva venire a trovarsi nella condizione di non avere un vero alibi. E forse il suo avvocato le riferì dell'atteggiamento ambiguo di Renata quando le capitava di parlare di lei: a volte si diceva certa della sua innocenza, a volte appariva dubbiosa, esitante. Lei cominciò a capire qualcosa, e dovette impiegarci sicuramente molto tempo: sulla dedizione, l'amore, la passione di Renata lei non aveva, fino a quel momento, nutrito alcun dubbio. Allora decise di giocare una carta estrema, la prova del nove dell'intenzione di Renata di farlo apparire colpevole. Vale a dire, apposta omise di dire che lei non era assolutamente in grado di compiere quelle acrobazie sul tetto, cadavere in spalla, ipotizzate dal Pubblico Ministero.Aveva dei testimoni i quali avrebbero potuto giurare alla corte che lei soffriva di vertigini. Ma non fece i nomi degli eventuali testi all'avvocato. Di fronte alla sua condanna, Renata tacque. La sua prova del nove aveva funzionato. Forse lei aveva pensato di fornire all'avvocato solo in appello la notizia della

malattia, o quello che era, che le impediva di salire sui ponteggi. Certamente, di fronte a questa novità, il Pubblico Ministero avrebbe potuto ribattere che lei aveva avuto un complice, si era fatto aiutare da qualche suo operaio. La sua innocenza non sarebbe stata inequivocabilmente dimostrata, ma il castello accusatorio ne avrebbe sofferto. Senonché, tra il primo e il secondo procedimento, lei venne a conoscenza che Renata si era risposata col geometra Lojacono. Il quale, al contrario di lei, era in grado di camminare benissimo su un tetto, magari con un cadavere sulle spalle. Insomma, lei allora capì che Renata e il geometra erano amanti da sempre, che lei non era stato altro che la ruota principale dell'ingranaggio da loro progettato. Perché non reagì? Ferito a morte per il tradimento della donna che amava? Troppo timoroso d'essere giudicato un imbecille per la tragica beffa subita? Voglia d'espiazione per le colpe che lei aveva verso l'amico Alletto, verso sua moglie, verso il suo unico figlio? Non voglio delle risposte, ingegnere, non m'interessano, riguardano solo lei. Per una di queste ragioni, o per tutte assieme, scelse d'abbandonarsi passivamente al corso dellecose. Ma voleva dire a Renata e al suo nuovo marito che aveva capito l'inganno. E quel giorno, mentre il Pubblico Ministero la accusava di premeditazione, lei, davanti a tutti, acchiappò a volo una mosca. Sembrò un gesto terribile di sprezzante indifferenza. Ma vede, ingegnere, ho lunga esperienza. Non c'è freddo assassino che, mentre gli vengono rivolte tremende accuse, abbia il coraggio di un gesto simile al suo. Un gesto, ripeto, di disprezzo e d'indifferenza. Solo che quel gesto era un preciso messaggio rivolto al geometra Lojacono, presente quel giorno in aula. E doveva essere letto così: `Voi due, tu e Renata, mi avete acchiappato come una mosca.
Tutto qua. E Lojacono lo capì perfettamente. Ed ebbe timore di una qualche sua ritorsione. Tanto è vero che se ne partì per la Bolivia dopo che la donna aveva riscosso la cospicua eredità.
"Questo, caro ingegnere, è tutto quello che credo d'aver capito della sua tragica vicenda. Non ne ho fatto parola con nessuno e meno che mai col preside Burgio.

"Io non le domando conferma alle mie supposizioni, che però non mi sembrano tanto campate in aria. Quello che io le domando è solo una cosa: mi dica che devo fare." NIENTE. Era la sola parola contenuta nel telegramma che il commissario tre giorni appresso ricevette firmato dall'ingegnere Rocco Pennisi. Niente. E Montalbano obbedì.

Gli arancini di Montalbano

Il primo a cominciare la litania, o la novena o quello che era, fu, il 27 dicembre, il Questore.

«Montalbano, lei naturalmente la notte di capodanno la passerà con la sua Livia, vero?»

No, non l'avrebbe passata con la sua Livia, la notte di capodanno. C'era stata tra loro due una terribile azzuffatina, di quelle perigliose perché principiano con la frase «Cerchiamo di ragionare con calma» e finiscono inevitabilmente a schifio. E così il commissario se ne sarebbe rimasto a Vigàta mentre Livia se ne sarebbe andata a Viareggio con amici dell'ufficio. Il Questore notò che qualcosa non marciava e fu pronto a evitare a Montalbano un'imbarazzata risposta. «Perché altrimenti saremmo felici d'averla a casa nostra. Mia moglie è da tempo che non la vede, non fa altro che chiedere di lei.» Il commissario stava per slanciarsi in un "sì" di riconoscenza, quando il Questore seguitò:

«Verrà anche il dottor Lattes, la sua signora è dovuta correre a Merano perché ha la mamma che non sta bene.»

E manco a Montalbano stava bene la prisenza del dottor Lattes, soprannominato "Lattes e mieles" per la sua untuosità. Sicuramente durante la cena e doppo non si sarebbe parlato d'altro che dei "problemi dell'ordine pubblico in Italia", così si potevano intitolare i lunghi monologhi del dottor Lattes, capo di gabinetto.

«Veramente avevo già preso...»

Il Questore l'interruppe, sapeva benissimo come la pensasse Montalbano sul dottor Lattes.

«Senta, però, se non può, potremmo vederci a pranzo il giorno di capodanno.»
«Ci sarò» promise il commissario.
Poi fu la volta della signora Clementina Vasile-Cozzo.
«Se non ha di meglio da fare, perché non viene da me? Ci saranno macari mio figlio, sua moglie e il bambino.»
E lui che veniva a rappresentare in quella bella riunione di famiglia? Rispose, a malincuore, di no.
Poi fu il turno del preside Burgio. Andava, con la mogliere, a Comitini, in casa di una nipote.
«È gente simpatica, sa? Perché non si aggrega?»
Potevano essere simpatici oltre i limiti della simpatia stessa, ma lui non aveva voglia d'aggregarsi. Forse il preside aveva sbagliato verbo, se avesse detto "tenerci compagnia", qualche possibilità ci sarebbe stata. Puntualmente, la litania o la novena o quello che era si ripresentò in commissariato.
«Domani, per la notte di capodanno, vuoi venire con mia?» spiò Mimì Augello che aveva intuito l'azzuffatina con Livia.
«Ma tu dove vai?» spiò a sua volta Montalbano, inquartandosi a difesa. Mimì, non essendo maritato, sicuramente l'avrebbe portato o in una rumorosa casa di amici o in un anonimo e pretenzioso ristorante rimbombante di voci, risate e musica a tutto volume. A lui piaceva mangiare in silenzio, un fracasso di quel tipo poteva rovinargli il gusto di qualsiasi piatto, macari se cucinato dal miglior cuoco dell'universo criato.
«Ho prenotato al Central Park» rispose Mimì. E come si poteva sbagliare? lì Centrai Park! Un ristorantone immenso dalle parti di Fela, ridicolo per il nome e per l'arredamento, dove erano stati capaci d'avvelenarlo con una semplicissima cotoletta e tanticchia di verdura bollita. Taliò il suo vice senza parlare.
«Va beni, va beni, come non detto» concluse Augello niscendo dalla càmmara. Subito però rimise la testa dintra: «La virità vera è che a tia piace mangiare solo». Mimì aveva ragione. Una volta, ricordò, aveva letto un racconto, di un italiano certamente, ma il nome del-

l'autore non lo ricordava, dove si contava di un paisi nel quale era considerato atto contro il comune senso del pudore il mangiare in pubblico. Fare invece quella cosa in prisenza di tutti, no, era un atto normalissimo, consentito. In fondo in fondo si era venuto a trovare d'accordo. Gustare un piatto fatto come Dio comanda è uno dei piaceri solitari più raffinati che l'omo possa godere, da non spartirsi con nessuno, manco con la pirsona alla quale vuoi più bene.

Tornando a casa a Marinella, trovò sul tavolino della cucina un biglietto della cammarèra Adelina.

"Mi ascusasi se mi primeto che dumani a sira esento che è capo di lanno e esento che i me dui fighli sunno ambitui in libbbirtà priparo ghli arancini chi ci piacinno. Se vosia mi voli fari l'onori di pasare a mangiare la intirizo lo sapi."

Adelina aveva due figli delinquenti che trasivano e niscivano dal càrzaro: una felice combinazione, rara come la comparsa della cometa di Halley, che si trovassero tutti e due contemporaneamente in libertà. E dunque da festeggiare sullennemente con gli arancini. Gesù, gli arancini di Adelina! Li aveva assaggiati solo una volta: un ricordo che sicuramente gli era trasùto nel Dna, nel patrimonio genetico.

Adelina ci metteva due jornate sane sane a pripararli. Ne sapeva, a memoria, la ricetta. Il giorno avanti si fa un aggrassato di vitellone e di maiale in parti uguali che deve còciri a foco lentissimo per ore e ore con cipolla, pummadoro, sedano, prezzemolo e basilico. Il giorno appresosi pripara un risotto, quello che chiamano alla milanisa (senza zaffirano, pi carità!), lo si versa sopra a una tavola, ci si impastano le ova e lo si fa rifriddàre. Intanto si còcino i pisellini, si fa una besciamella, si riducono a pezzettini `na poco di fette di salame e si fa tutta una composta con la carne aggrassata, triturata a mano con la mezzaluna (nenti frullatore, pi carità di Dio!). Il suco della carne s'ammisca col risotto. A questo punto si piglia tanticchia di risotto, s'assistema nel palmo d'una mano fatta a conca, ci si mette dentro quanto un cucchiaio di composta e si copre con dell'altro riso a formare una bella palla. Ogni palla la si fa rotolare

nella farina, poi si passa nel bianco d'ovo e nel pane grattato. Doppo, tutti gli arancini s'infilano in una padeddra d'oglio bollente e si fanno friggere fino a quando pigliano un colore d'oro vecchio. Si lasciano scolare sulla carta. E alla fine, ringraziannu u Signiruzzu, si mangiano! Montalbano non ebbe dubbio con chi cenare la notte di capodanno. Solo una domanda l'angustiò prima di pigliare sonno: i due delinquenti figli d'Adelina ce l'avrebbero fatta a restare in libertà fino al giorno appresso? La matina del 31, appena trasì in ufficio, Fazio ricominciò la litania o la novena o quello che era:
«Dottore, se questa sira non ha meglio di fare...»
Montalbano l'interruppe e, considerato che Fazio era un amico, gli disse come avrebbe passato la serata di capodanno. "ontrariamente a quello che s'aspettava, Fazio si scurò in faccia.
«Che c'è?» spiò il commissario, allarmato.
«La sua cammarèra Adelina di cognome fa Cirrinciò?»
«Sì.»
«E i suoi figli si chiamano Giuseppe e Pasquale?»
«Certo.»
«Aspittasse un momento» fece Fazio e niscì dalla càmmara.
Montalbano principiò a sentirsi nirbùso.
Fazio tornò doppo poco.
«Pasquale Cirrinciò è nei guai.>~
Il commissario si sentì aggelare, addio arancini.
«Che viene a dire che è nei guai?»
«Viene a dire che c'è un mandato di cattura. La Squadra Mobile di Montelusa. Per furto in un supermercato.»
«Furto o rapina?»
«Furto.»
«Fazio, cerca di saperne qualche cosa di più. Non ufficialmente, però. Hai amici nella Mobile di Montelusa?»
«Quanti ne vuole.»
A Montalbano passò la gana di travagliare.
«Dottore, hanno abbrusciato la macchina dell'ingegnere Jacono» fece, trasendo, Gallo.

«Vallo a contare al dottor Augello.»
«Commissario, stanotte sono entrati in casa del ragioniere Pirrera e si sono portati via ogni cosa» gli venne a comunicare Galluzzo.
«Vallo a contare al dottor Augello.»
Ecco: accussì Mimì poteva salutare la nottata di capodanno al Central Park. E avrebbe dovuto essergliene grato, perché lo sparagnava da un sicuro avvelenamento.
«Dottore, le cose stanno come le ho detto. Nella notte tra il 27 e il 28 hanno svaligiato un supermercato a Montelusa, hanno caricato un camion di roba. Alla Mobile sono certi che Pasquale Cirrinciò era della partita. Hanno le prove.~>
«Quali?»
«Non me l'hanno detto.»
Ci fu una pausa, poi Fazio pigliò il coraggio a quattro mani.
«Dottore, ci voglio parlare latino: lei stasira non deve andare a mangiare da Adelina. Io non dico niente, questo è sicuro. Ma se putacaso quelli della Catturandi fanno la bella pinsàta di andare a cercare Pasquale in casa di sua madre e lo trovano che si sta mangiando gli arancini con lei? Dottore, non mi pare cosa.»
Squillò il telefono.
«Commissario Montalbano, vossia è?»
«Sì.»
«Pasquale sono.»
«Pasquale chi?»
«Pasquale Cirrinciò.»
«Mi stai chiamando dal cellulare?» spiò Montalbano.
«Nonsi, non sono accussì fissa.»
«È Pasquale» disse il commissario a Fazio, tappando con una mano il microfono.
«Non voglio sapiri nenti!» fece Fazio susendosi e niscèndo dalla càmmara.
«Dimmi, Pasquà.»
«Dottore, ci devo parlare.»
«Macari io ti devo parlare. Dove sei?»

«Sulla scorrimento veloce per Montelusa. Telefono dalla gabina che c'è fora al bar di Pepè Tarantello.»
«Cerca di non farti vedere in giro. Arrivo al massimo fra tre quarti d'ora.»
«Monta in macchina» ordinò il commissario appena vide Pasquale nei paraggi della cabina.
«Andiamo lontano?»
«Sì.»
«Allora piglio la mia macchina e la seguo.»
«Tu la macchina la lasci qua. Che vogliamo fare, la processione?»
Pasquale obbedì. Era un bel picciotto che aveva da poco passata la trentina, scuro, gli occhi vivi vivi.
«Dutturi, io ci voglio spiegari...»
«Dopo» fece Montalbano mettendo in moto.
«Dove mi porta?»
«A casa mia, a Marinella. Cerca di stare assittato stinnicchiato, tieni la mano dritta sulla faccia, come se avessi malo di denti. Così, da fora, non ti riconoscono. Lo sai che sei ricercato?»
«Sissi, per questo telefonai. Lo seppi questa matina da un amico, tornando da Palermo.»
Sistemato nella verandina, davanti a uno scioppo di birra offertogli dal commissario, Pasquale decise ch'era venuto il momento di spiegarsi.
«Io con questa storia del supermercato Omnibus non ci traso nenti. Ce lo giuro supra a me' matre.»
Un giuramento falso sulla testa di sua madre Adelina che adorava non lo avrebbe mai fatto: Montalbano immediatamente si persuase dell'innocenza di Pasquale.
«Non bastano i giuramenti, servono prove. E alla Mobile dicono che hanno in mano cose certe.»
«Commissario, non arrinescio manco a indovinare quello che hanno in mano, dato che io non ci sono andato, ad arrubare al supermercato.»

«Aspetta un momento» fece il commissario.Trasì nella càmmara, fece una telefonata. Quando tornò nella verandina aveva la faccia scuruta.
«Che c'è?» spiò teso Pasquale.
«C'è che quelli della Mobile hanno in mano una prova che t'incastra.»
«E quale?»
«Il tuo portafoglio. L'hanno trovato vicino alla cassa.
C'era macari la tua carta d'identità.» Pasquale aggiarniò, poi si susì all'impiedi dandosi una gran manata sulla fronte.
«Ecco dove l'ho perso!»
Si risedette subito, aveva le ginocchia di ricotta.
«E ora come mi tiro fora?» si lamentiò.
«Contami la facenna.»
«La sira del 27 io ci andai a quel supermercato. Stava per chiudere. Accattai due bottiglie di vino, una di whisky e doppo salatini, biscotti, cose accussì. Li ho portati in casa di un amico.»
«Chi è quest'amico?»
«Peppe Nasca.»
Montalbano storcì la bocca.
«E vuoi vìdiri che c'erano macari Cocò Bellia e Tito Farruggia?» spiò.
«Sissi» ammise Pasquale.
La banda al completo, tutti pregiudicati, tutti compagni di furti.
«E perché vi siete riuniti?»
«Volevamo giocare a tressette e briscola.»
La mano di Montalbano volò, s'abbatté sulla faccia di Pasquale.
«Comincia a contare. Questo è il primo.»
«Scusasse» fece Pasquale.
«Allora: perché stavate insieme?»
Inaspettatamente, Pasquale si mise a ridere.
«La trovi tanto comica? Io no.»
«Nonsi, commissario, questa è veramente comica. Lo sapi pirchì ci siamo visti in casa di Peppe Nasca? Abbiamo combinato un furto per il 28 notte.»

«Dove?»
«In un supermercato» fece Pasquale, principiando a
ridere con le lagrime. E Montalbano capì il perché di quella gran risata.
«Quello stesso? L'Omnibus?»
Pasquale fece cenno di sì con la testa, le risate l'assufficavano. Il commissario gli riempì nuovamente lo scioppo di birra.
«E qualcun altro vi ha preceduti?»
Ancora un sì con la testa.
«Guarda, Pasquà, che la situazione per te resta seria. Chi ti crede? Se gli racconti con chi stavi quella sera, ti mettono dintra senza remissione. Figurati! Quattro delinquenti come siete che vi fate l'alibi reciproco! Questa sì che è da fottersi dalle risate!»
Trasi nuovamente in casa, fece un'altra telefonata. Tornò nella verandina scuotendo la testa.
«Lo sai a chi cercano, oltre a tia, per il furto al supermercato? A Peppe Nasca, a Cocò Bellia e a Tito Farruggia. La vostra banda al completo.»
«Madunnuzza santa!» disse Pasquale.
«E lo sai qual è il bello? Il bello è che i tuoi compagni vanno in càrzaro perché tu, come uno strunzo, sei andato a perdere il portafoglio proprio in quel supermercato. Come metterci la firma, lo stesso preciso che fare una spiata.»
«Quelli, quando vengono arrestati e sanno il pirchì, alla prima occasione mi rompono il culo.»
«Non hanno torto» disse Montalbano. «E comincia a prepararteIo, il culo. Fazio m'ha macari detto che Peppe Nasca è già al commissariato, l'ha fermato Galluzzo.»
Pasquale si pigliò la testa tra le mani. Taliàndolo, a Montalbano venne un'idea che forse avrebbe salvato la mangiata d'arancini. Pasquale lo sentì traffichiare casa casa, raprendo e chiudendo cassetti.
«Vieni qua.» Nella càmmara di mangiare il commissario l'aspetta-

va con un paro di manette in mano. Pasquale lo taliò ammammaloccuto.
«Non mi ricordavo più dove le avevo messe.»
«Che vuole fare?»
«T'arresto, Pasquà.»
«E pirchi?»
«Come, pirchì? Tu sei un ladro e io un commissario. Tu sei un ricercatoeio quello che t'ha trovato. Non fare storie.»
«Commissario, vossia lo sapi benissimo che con mia non c'è bisogno di manette.»
«Stavolta sì.»
Rassegnato, Pasquale s'avvicinò e Montalbano gli serrò una manetta attorno al poìso mancino. Poi, tirandolo, se lo trascinò nel bagno e l'altra manetta la serrò attorno al tubo dello sciacquone.
«Torno presto» disse il commissario. «Se ti scappa, puoi farla comodamente.»
Pasquale non fu capace manco di raprire bocca.
«Avete avvertito quelli della Mobile che abbiamo fermato Peppe Nasca?» spiò trasendo in ufficio Montalbano.
«Lei mi disse di non farlo e io non lo feci» rispose Fazio.
«Fatelo venire nella mia càmmara.»
Peppe Nasca era un quarantino dal naso enorme. Montalbano lo fece assittare, gli offri una sigaretta.
«Sei fottuto, Peppe. Tu, Cocò Bellia, Tito Farruggia e Pasquale Cirrinciò.»
«Non siamo stati noi.»
«Lo so.»
Le parole del commissario lasciarono a Peppe intordonuto.
«Ma siete fottuti lo stesso. E lo sai perché non hanno potuto fare altro, alla Mobile, che spiccare un mandato di cattura per la vostra banda? Perché Pasquale Cirrinciò ha perso il portafoglio al supermercato.»

«Buttanazza della miseria!» esplose Peppe Nasca. E si esibì in una sequela di santioni, biastemie, gastìme. Il commissario lo lasciò sfogare.
«E c'è di peggio» fece a un certo punto Montalbano.
«Che ci può essere di peggio?»
«Che appena trasite in càrzaro i vostri compagni di galera vi piglieranno a fischi e a pinta. Avete perso la faccia. Siete dei ridicoli, dei quaquaraquà. Andate in prigione pur essendo innocenti di quel furto. Siete i classici cornuti e mazziati.»
Peppe Nasca era un omo intelligente. E che lo fosse, lo dimostrò con una domanda.
«Mi spiega perché vossia è convinto che non siamo stati noi quattro?»
Il commissario non rispose, raprì il cascione di mancina della scrivania, pigliò un'audiocassetta, la mostrò a Peppe.
«Vedi questa? C'è una registrazione ambientale.»
«Mi riguarda?»
«Sì. È stata fatta a casa tua, nella notte tra il 27 e il 28, ci sono le vostre quattro voci. Vi avevo fatto mettere sotto controllo. Progettate il furto al supermercato. Ma per la notte appresso. Siete stati però preceduti da gente più sperta di voi.»
Rimise la cassetta nel cascione.
«Ecco come faccio a essere tanto sicuro che voi non c'entrate.»
«Ma allora basta che vossia fa sentire a quelli della Mobile la registrazione e si vede subito che noi non c'entriamo.»
Figurati la faccia di quelli della Mobile se avessero sentito la cassetta! C'era un'esecuzione speciale della Sinfonia n. I di Beethoven che Livia gli aveva registrato a Genova.
«Peppe, cerca di ragionare. La cassetta può essere a vostra discolpa, ma può rappresentare macari un'altra prova a vostro carico.»
«Si spiegasse.»
«Sul nastro non c'è la data della registrazione. Quella,la posso dire solo io. E se mi saltasse il firticchio di sostenere che quella

intercettazione risale al 26, la notte prima del furto, voi paghereste con la galera e quelli più sperti si godrebbero i soldi in libertà.»
«E perché vossia vuole fare una cosa simile?»
«Non ho detto che voglio, è un'eventualità. A farla breve: se io faccio sentire questa cassetta a qualche vostro amico, non alla Mobile, vi sputtano per sempre. Non ci sarà ricettatore che vorrà la vostra roba. Non troverete più nessuno che vi dia una mano, nessun complice. Avete chiuso con la carriera di ladri. Mi segui?»
«Sissi.»
«Quindi tu non puoi fare altro che quello che ti domando.»
«Che vuole?»
«Voglio offrirti la possibilità di una via d'uscita.»
«Me la dicisse.»
Montalbano gliela disse.
Ci vollero due ore a convincere Peppe Nasca che non c'era altra soluzione. Poi Montalbano riaffidò Peppe a Fazio.
«Ancora non avvertire quelli della Mobile.»
Niscì dall'ufficio. Erano le due e per strata c'era poca gente. Trasì in una cabina telefonica, fece un numero di Montelusa, si strinse il naso con due dita.
«Pronto? Squadra Mobile? State commettendo uno sbaglio. A fare il furto al supermercato sono stati quelli di Caltanissetta, quelli che hanno a capo Filippo Tringàli. No, non domandi chi parla sennò riattacco. Le dico macari dove è ammucciata la refurtiva che è ancora nel camion. È dintra il capannone della ditta Benincasa, sulla provinciale Montelusa-Trapani, all'altezza di contrada Melluso. Andateci subito, perché pare che stanotte hanno intenzione di portarsi via la roba con un altro camion.»
Riattaccò. A scanso di cattivi incontri con la polizia di Montelusa, pinsò che era meglio tenere Pasquale a casa sua, macari senza manette, fino a quando faceva scuro. Poi, insieme, sarebbero andati da Adelina. E lui si sarebbe goduto gli arancini non solo per la loro celestiale bontà, ma pure perché si sarebbe sentito perfettamente in pace con la sua coscienza di sbirro.

Finito di Stampare
nel mese di Giugno 2016
per **ETC EDIZIONI** - Milano